應發廣大菩提心　饒益一切有情

古農佛學答問

自利當以利他　利他即以自利

范古農◎著

范古農居士道影

古農佛學答問序

佛藏浩瀚、學者望洋、故古人接引初機、每多問答之作。然設爲問答、賅攝不宏、莫若就學者之來問而誘引之、則相說以解、犁然有當於心。此卽古農居士所謂問者問所欲知、答者答在問處、作者易爲力、讀者易爲功也。古農居士佛學淵深、行解相應、凡有撰述、悉爲利他。曩者任佛學半月刊編輯、特設問答一欄、開示來學、五載以還、積稿至巨、亦旣將佛典之法義、修行之進程、一一指出無遺矣。顧以分期登載、檢閱至難、不便讀者。爰有劉居士士安、爲之分類編輯、同條共貫、以次相從、分爲七門四十九目、名曰古農佛學答問。書成、余受而讀之、不覺歡喜讚歎、作而曰、此眞闇室之明燈、度世之寶筏也。有志學佛者、手此一編、卽得門而入、無復河伯望洋之感矣。夫無范居士之苦口婆心、辯才無礙、則不能有此書、而無劉居士之辛勤審量·以線貫珠·亦不能成此書·是則二居士之法施功德·寧有量哉。是爲序。

民國二十五年七月蔣維喬敘於因是齋

佛學答問自序

佛學論文不易作，即作也，而透機不廣，若不透機，則作者徒勞，讀者無益，不若設爲問答，使問者問所欲知，答者答在問處，庶幾作者易爲力，讀者易爲功矣。此固宏法之方便。而亦論文與問答之大較也。民十九年，上海佛學書局發行佛學半月刊，農 濫竽編輯，設問答一欄，接引發心學佛同志，相與研究討論。五載以來，積稿甚巨。雖其間法義雜陳，程序錯綜，若統而觀之，亦足以覘我國一般學者對於佛法認識之態度與進程之狀況矣。然以分期登載，初無條貫，如欲研求，不易檢閱。於是李君經緯有分類編輯之議。而劉君士安慨任其事，按條文以定子目，由子目而結大綱，歷時半載，詳審考核，定爲七門四十九類。編成交農 統閱一遍。閱訖而覺此編之輯，有數利焉。刊物有時間性，一時閱後或便散失，苟有此編，則可以垂久保存，其利一。過去刊物，存者無幾，後有定閱，難窺全豹，苟有此編，則可以遍覽無遺，其利二。在問者有所問時，可先檢閱此編，如已有者，可省筆墨，其利四。斯編之輯，除半月刊外，劉君復益之以農所曩著，則閱者可兼數書之益，其利五。農數年來隨問隨答，自亦渾忘，得劉君斯編之輯，令我亦得自檢其今昔之得失。劉君之勞績，更殊令我感佩不置也。因書此以爲序，并以誌謝云爾。

民國二十四年除夕范古農識於嘉興月河之幻庵

編輯大意

余障重慧淺，於如來無上甚深微妙法，未能徹底窮究。此書既承本局囑爲編輯，兼隨喜范公以無礙辯才答海內學佛諸君問，確有無量功德，故應勉爲之。編輯既終，爲便閱者明瞭此書編法起見，固不可因編者人微學淺而不附一言也。

一　本書材料，係採取佛學半月刊中佛學答問，（自民國十九年十二月十六日出版之第五期起，至二十四年十二月十六日出版之第一百十七期止，足有五年）又酌選范公從前佛學問答，及搜錄佛教居士林林刊所載之問答。完全係范公一人所答，故定名古農佛學答問。

一　本書錄取材料時，見其問詞缺略只有答詞者，概不採入。因既莫明所問，於閱者利益較微，倘爲代擬問題，究難符合，且有失去本來面目之嫌。自應實事求是，僅錄取問答之完全無缺者，以免失眞。

一　本書材料雖豐，倘於編輯之先預標門類，以攝取材料，則所有材料多難强合，欲求充實各類，必等於削足納履之艱。故祇好先看材料爲分類之標準。書中所以如是分門類者，原無固定之成見，係隨材料之狀況而酌定耳。

一　本書共分七卷，每卷一門。爲表示敬仰及起人欣慕，故以四聖應化，列於第一。欣慕之心，固由於見有良好模範與極可悅樂之境界，然非深知火宅難安，輪迴可畏，並起厭離之心，則欣慕之心不切。故次以六凡輪轉，列之第二。欣厭分明矣，欲由生死此岸，超涅槃彼岸，達到離苦得樂之目的，則我佛金口所宣諸法之意義，不可不先爲究明。故次以法義研求·列之第三。了解法義·固不可謂能事已畢·而無量劫來根深蒂固一切不良之習氣種子·與夫宿世現生所造惑業·勢將遇緣成熟受諸苦報者·當思何以化除·則尤須因解起行·行解相應。故次以自利行願·列之第四。而欲眞實自利·速成無上菩提者·自修之外·應發廣大菩提心·饒益一切有情·蓋自利當以利他·利他卽以自利。故次以利他功德·列之第五。既知自他兼利之行狀矣·然欲終身行之不致退轉·尤須有充分之信力·斯能不爲異說所動·見異思遷。故次以護持正法·列之第六。此分門次第之大要也。至第七卷之佛化常識·猶其餘事耳。

一　本書如僅分門不分類·或僅分類不分門·似未嘗不可。然有門無類·則失之籠統·有類無門·則仍覺無秩序。故欲求其綱舉目張·秩序井然自非分門別類不可。

一　本書分類時有許多條文歸之甲類可歸之乙類亦可歸之丙類亦無不可究竟應歸何類爲尤妥曾因此多費考慮總以所有材料各適合其所分之類確乎不可移易爲佳。

一　本書分門分類似乎已足然每類之中倘不審定其各條之先後則仍覺淩亂而不清爽。故分類之後即注意其條文之次序。其例如一類之中問答之事此條與彼條大意相同而所說有淺深詳略之異者則簡者在前而詳者在後。一類之中有談事者有言理者則理前而事後取以事證理之意。其中有多條同問一經中各節之義者則順該經原文次序以爲次序。其一類中有問幾種經而每種經之問答又復有多條者則每經問答併歸一處接連排列甲種未完決不使乙種間雜。如一類中問者疑情較重．稍涉詰難者．多列在先．取斷疑然後起信之意。聊舉數端．略明梗概。至其他審其脈絡使相連貫之處．不遑備述。固多有一望而可知者。所以每類中雖多人所問．亦恍如一人之語氣。爲此則條文次序之大概也。

編輯意旨．既已如上稍稍陳述．雖未十分精審．然有意力求精審者．原爲一勞永逸計．並使將來有人續編此種答問時．亦得有所依據．或藉資參考．可免多費心神。且如此編法．使之一氣貫成．較爲具有條理．原希望一般閱者尤易一目了然．倍添法樂。並希望成爲初機學者一種有統系而便於研究之善本．不僅便於考查已也。亦惟如是．或不負范公度生之宏願歟。因此悟入佛之知見．乃至出離衆苦充滿之火宅者．或亦恆河沙數之不可爲喻歟。衆生度盡．范公應證菩提。如編者一罪苦衆生．或亦有得度之因緣乎。
中華民國念四年十二月宜豐劉士安謹述於上海佛學書局

古農佛學答問目錄

卷一……1

四聖應化門

一 釋迦佛之事略

二 佛德

三 佛相

四 佛像

五 佛身

六 佛土

七 觀世音菩薩

八 地藏王菩薩

九　一切聖境之研究
卷二……87
六凡輪轉門
一　三善道
二　三惡道
三　一切神識昇沈變化之研究
卷三……137
法義研求門
一　因果
二　四諦
三　十二因緣

四　六度
五　性理
六　唯識
七　禪定
八　淨土
九　密宗
十　戒律

卷四

自利行願門
一　皈戒
二　禮拜

三 供養
四 懺悔
五 回向
六 持齋
七 閱書
八 誦經
九 持咒
十 念佛
十一 雜修

卷五

利他功德門

一　福親
二　化度
三　慎終
四　利幽
五　護生

卷六

護持正法門

一　宗乘之校量
二　經典之考據
三　出家之意義
四　外道之辨別

五　眞理之研究
六　對於懷疑佛法者之答辯

卷七

佛化常識門

一　法會之儀式
二　病恙之療治
三　夢境之解釋
四　感應之認識
五　俗務之指導

古農佛學答問卷一

四聖應化門

（一）釋迦佛之事略

問何者爲佛。　答佛者得無上正遍智之人．教主之德號。其義爲覺者．所謂自覺覺他覺行圓滿也。

問何謂如來。　答佛有十種德號．此居其首。不變曰如．隨緣曰來。佛有不變之體．隨緣之用．故號曰如來。按十種德號．謂如來．應供．正徧知．明行足．善逝．世間解．無上士．調御丈夫．天人師．佛世尊。

問每見佛學半月刊等論文內首序稱我佛如來．然佛卽如來．如來卽佛．又何必稱我佛如來耶。　答佛具十號．連舉兩號．亦無不可。蓋取作文之便耳。

問佛是人歟。　答在人道所見者是人．此爲佛之應身。

問何爲應身。　答赴感而來曰應．佛身有三．法報二身玄奥難知．故今且言應身。

問佛是何國人。　答印度古國迦毗羅王子。

問迦毗羅王之國．今爲何地。　答據英人恭寧翰考．在今烏德城東百里．名哥爾克波爾．爲佛本生處。

問佛旣是人．何時誕生。　答周昭王二十四年．甲寅之歲．四月八日誕生．迄今第五十甲子。

問世尊聖誕．俗云卽四月初八日．而佛學大綱則謂是二月初八．玉歷又謂是四月十五．未知孰是。　答據浴佛經云．一切佛皆四月八日生．瑞應經亦云四月八日生．玄奘法師云．相傳以巳月爲降生．西域以寅月爲歲首．與夏正同．故當以古曆四月初八日爲是。

問四月初八日．俗稱浴佛日。攷春秋莊王七年夏月辛卯夜．恆星不見．夜中星隕如雨．相傳是日爲佛降生之日。按辛卯爲四月初五日．然則初八浴佛．沿三朝洗兒之例．佛誕當是初五日。不知何時沿訛至今。　答此說據費長房歷代三寶紀．但紀云「姬周曆十一月爲正．言四月者．卽今二月。辛卯五日．魯史爲謬。沙門道安著二教論．用姬曆推還．合八日」故知八日爲正。

問佛父母爲誰。　答父爲淨飯王．母爲摩耶夫人。

問佛爲王子．何以成佛。　答王子年十九出家．修道三十歲．於摩竭陀國菩提樹下得無上正遍智．時在周穆王二年癸未二月八日．卽今臘八日也。

問佛何姓名。　答姓釋迦，名牟尼。

問釋迦牟尼何義。　答釋迦此云能仁，大慈之義。牟尼此云寂默，大智之義。

問本師釋迦牟尼佛又稱釋迦文佛，文佛不知是何意義。　答文字卽牟尼兩字之合音，並無其他意義。

問本師釋迦天人之師，歷劫修成，覺行圓滿，然婬欲爲生死根本，自當永遠斷絕，無娶妻生子之事。爲何未出家以前，尚納瞿夷和耶輸陀羅二妃，身處王宮，極受五欲之樂，以致生育羅睺羅等佛子耶。此理不明，望詳開示。　答此正所以示在家之模範，而爲天（欲天亦有妻子）人師也。又示業果不空，未至修道，必有塵緣也。他日釋迦自身出家成佛，二妃及子亦受化而出家得果，又以示出家之模範，而爲天人（指出家衆）師也。夫受五欲而卒能離五欲·有妻子而卒能令妻子得道·此正所以為覺行圓滿也。婬欲為生死本·佛能於此了生死·自己成佛·妻子得道·皆各永遠斷絕生死根本·此正是歷劫修成之效·又何恝乎。佛十九歲出家·三十歲成道·今之青年能之乎。

問釋迦牟尼在雪山修行·禪宗直指謂行住坐臥俱可用功·然則修行何必雪山。　答行住坐臥俱可用功·與在雪山修行未嘗抵觸。問意得毋有誤會處·茲且不論。但就世尊在雪山修行之旨言之·要有二因。作事須要緣·勝容易成辦·雪山閑靜·修資成就·故在彼修行·一也。雪山一地·當時修道者多處之·世尊為欲化彼外道·故在彼修行·二也。

問佛所修何道。　答知一切法惟心所作·專於心地拂除障垢·而達光明自在之域。所謂破無明·證法身也。

問世尊十九歲出家、三十歲成道、十二年的工夫、便證無上菩提。今之僧伽不少戒行謹嚴者、抑何坐破蒲團、迄無成就。豈今人之不如古人耶。

答世尊成佛、乃其最後一生。若究其修行、已經三大阿僧祇劫、豈僅十二年工夫所可成就。

問釋迦成佛後作何事業。　答即以自己成佛之法、教化世間。

問教化何等人令得何益。　答教化凡人令成聖種、教化羅漢令作菩薩、教化菩薩令入佛位。（凡人即庸愚之輩、六道衆生皆是）

問靈山在何處、是否世尊說法之地。　答靈山具稱靈鷲山、梵語耆闍崛山、在古印度摩竭提國舊都東北十四五里、（此舊都名上茅宮城、在今巴哈爾城西南六十里、）是世尊說法之地。

問佛說法時、放光現瑞、天人圍繞、如此排場、當時竟不驚動國人、何也。

答有緣者見無緣者不見故不甚驚動然當時有緣者前往聽法皆此放光現瑞之號召謂之驚動亦無不可。

問釋迦如來在給孤獨園說法除諸大菩薩外尙有釋提桓因一切天人阿修羅等此天人阿修羅等除大菩薩等具天眼通者能見未審凡人亦能見否。　答凡人不能見或仗佛力亦能見之。

問地藏本願經佛在忉利天宮爲母說法其時佛已否涅槃如何昇天其諸大弟子如舍利弗等曾否隨侍。　答在佛未涅槃前三月佛身騰空而上弟子等均隨從。

問佛在祇樹給孤獨園中說金剛經……彌陀經……及地藏經等斯時是否涅槃如已涅槃此後又常住於何處又各佛有各淨土凡人得見否。

答佛十九歲出家三十歲成道說法四十九年至八十歲而涅槃涅槃

之後應身已歿報身住實報淨土法身住常寂光土。此等佛土惟法身大士乃能見之。

問本師釋迦牟尼佛住世說法四十九年其所說法之區域並不出五印度。何以大悲經起首一句爲如是我聞佛在普陀落迦山觀世音宮殿。是否吾國定海之落迦山或當時在印度別有一山名爲普陀落迦耶。

答我佛說法不出五印者凡夫之境界也。若菩薩境界則不以此限。吾國定海之普陀洛迦乃觀音應現之所雖亦凡夫境界而名記聖境者表示凡聖同居之義。一切大乘經典莫不皆然但隱顯差別耳。

問釋迦牟尼佛是怎樣昇天的其諸大聲聞弟子等是否同行。俗謂十二月初八日（即臘八日）爲佛得道日確否。

答佛之得道是斷盡諸障得大智慧身相改變辯才無礙並非昇天也。況未得道前並未成佛未有弟子。臘八是佛成道日。

問釋尊棄王太子之榮貴，十九歲出家，三十歲成佛，說法四十九年，最後在毗舍離附近地方，身已患病，便於娑羅雙樹間入滅，此說不審是否。

答此爲吾佛應化娑婆成佛之迹。若論其本，成佛久矣。

問金鎗馬麥之報，爲佛史上二椿故事，見於經律異相，現此書尚未購來，可否將世尊受報事實，勞神開示。

答金鎗實是木槍，卽木片也。佛在羅閱祇城，乞食，有破剛木者，有木片長尺二，迸在一邊，當佛而立。佛躍虛空，木槍逐之，隨佛上下，地水火風不能阻礙。佛旋返入僧房，展足受刺，木槍足趺上下，入徹過入地，時地六反震動。佛說因緣，昔爲船主，因海水至，另一船主與之爭船，佛船主以矛刺傷其足，命終。佛船主以殺人故，備受三途苦報，至成佛時，猶受餘報，木槍之害。（佛說興起行經卷上）馬麥之報・見中本起經卷下。時佛在舍衞國受婆羅門阿耆達請・三月安居。阿耆達爲魔所迷・忘却供養。弟子乞食亦無所得。乃有馬師減馬食之麥以供世尊。三月既滿・往辭阿耆達。阿耆達悲怖交至・禮佛懺悔・留佛七日・備具供養。佛說因緣・昔維衞佛成佛之後返國・王及臣民廣設供養・時有梵志謗曰此人應食馬麥何供養爲。以此口過歷劫受苦。

問玄奘法師臨終稍有病苦・疑所譯經或有錯誤・有菩薩慰言・汝往劫罪報・悉於此小苦消之・勿懷疑也。文佛臨終示現背痛・豈亦往劫罪未消耶。古德緇素無疾而終者甚多・豈佛不及古德。請示其故。　答病死並不相屬。有病而不死・有死而無病・有亦病亦死・其中有何優劣可分・而云及不及耶。又文佛背痛・乃是示現・以示業報不亡。儆人勿造惡也。

問文佛臨終示現背疼。見於何書。背疼而云示現。是否無致背疼之惡因。故意示此現象。教人精進。勿貢高我慢。　答釋迦譜卷九引雙卷大般泥洹經云。（佛疾生。身背痛。）又云「爲欲調伏衆生。故現身有疾。」經上迦葉菩薩。亦以佛病發疑問佛。佛告迦葉。是諸衆生。不知大乘方等密語。便謂如來眞實有疾云云。示現之象。如問所云也。

問何謂涅槃。　答涅槃此云圓寂。謂善無不備。惡無不息。蓋佛斷德之果號也。

問一切佛般涅槃後。再作佛事否。　答佛般涅槃。就是佛事。所謂應以涅槃身得度者。卽現涅槃身而度之。須善領會。復須知之。佛本無生。因衆生機感。故非生而現生。佛本無滅。因衆生機盡。故非滅而示滅。生滅皆佛事也。

問釋迦佛現在說法否。　答法華云「佛常在靈鷲山、及餘諸住處、衆生見劫盡、大火所燒時、我此土安隱、天人常充滿、」參參。智者大師親見靈山一會、儼然未散。可證知現在說法也。

問釋迦佛滅度後居何處。　答常寂光土。若其應化、則無處不在。

問每一佛化期正象末法、動經劫數、獨本師釋迦牟尼佛化期今已到末法、始終尚未滿一大劫。可謂奇短。　答都是衆生業感所致。

問世尊降生以前之歷史。　答世尊降生以前爲護明菩薩、在迦葉佛時爲一生補處菩薩、命終往生兜率內院、教化天道衆生。此爲降生前最近之歷史。至若往昔修因本事、無量無邊、不可紀數。見於經論者、如曾爲尸毗王代鴿施身。爲普明王持不妄戒、以身就死。爲忍辱仙人被歌利王割截身體、慈忍不動。爲大施太子求如意珠雨寶濟貧、筋骨斷壞、終不懈廢。爲螺髻仙人．深入禪定．鳥生卵於髻．俟雛出飛。爲劬嬪大臣．分閻浮提均故息諍。又如底沙佛時．世尊爲弟子．覓師入山．見寶龕中佛入火界定．威光赫奕．忘下一足．經於七日．以偈讚佛．得超九劫．先彌勒成佛。又在然燈佛時．爲儒童菩薩．買五華以供佛．布髮掩泥．令佛蹈過．得受佛記。若此之類．書不可盡。但事在往古．藉天眼宿命一切種智．方能知見。非如晚近俗事之可以歲月甲子計也。

問文佛在因地上曾捨身飼虎．與自殺何異。　答文佛因地捨身飼虎．乃大悲心之所驅使．菩提願之所節發．將圓滿檀度之作略。豈可以世法論。又豈可以憤懣捨身者比耶。請將金光明最勝王經捨身飼虎品讀之。

（一一）、佛德

問釋迦佛自具之德如何。　答佛德無量．說不可盡。佛德微妙．言不可及。然約略言之．有十力．四無所畏．十八不共法．大慈大悲等。

問何謂十力。　答一是處非處力．二業智力．三定力．四根力．五欲力．六性力．七至處道力．八宿命力．九天眼力．十漏盡力。此乃佛所得如實智用．通達一切．了了分明．無能壞．無能勝．故名力。

問何謂是處非處力。　答佛知一切諸法因緣果報定相．從是因緣生如是果報．從是因緣不生如是果報。如惡業得受樂報．無有是處。淨行得生淨土．定有是處。如是等是處不是處．佛悉偏知．無能壞．無能勝．故曰是處非處力。

問何謂業智力。　答佛知一切衆生過去未來現在諸業諸受．知造業處．知因緣．知果報．皆悉偏知．無能壞．無能勝．故曰業智力。

問何謂定力。答佛知一切諸禪解脫三昧定垢淨分別相。如實徧知。無能壞。無能勝。故曰定力。

問何謂根力。答佛知他衆生諸根（宿具智慧。能生修行功德。猶樹之根。）上下相。如實徧知。無能壞。無能勝。故曰根力。

問何謂欲力。答佛知他衆生種種欲。如實徧知。無能壞。無能勝。故曰欲力。

問何謂性力。答佛知世間種種無數性。如實徧知。無能壞。無能勝。故曰性力。

問何謂至處道力。答佛知一切道至處相。如實徧知。無能壞。無能勝。故曰至處道力。

問何謂宿命力。答佛知種種宿命。一世二世乃至百千世。我在衆生中。

如是姓名飲食苦樂壽命長短．彼中死是間生．是間死還生是間．此間生名姓飲食苦樂壽命長短亦如是．如實徧知．無能壞．無能勝。故曰宿命力。

問何謂天眼力。　答佛天眼淨．過諸人眼．見衆生死時生時．端正醜陋．若大若小若墮惡道．若生善道．如是業因緣受報．如實徧知．無能壞．無能勝。故曰天眼力。

問何謂漏盡力。　答佛諸漏盡．故無漏心解脫．無漏智慧解脫．現在法中自識知我生已盡．（故不滅）持戒已立．不作後有（故不生）如實徧知．無能壞．無能勝。故曰漏盡力．（漏猶言破綻．此破綻在因是敗壞義．即是一切煩惱。在果是墮落義．即是輪轉生死。無漏者．謂無煩惱生死也。）

問何謂解脫。答不受苦果繫縛．謂之解脫。心無煩惱．不受苦縛．則曰無漏心解脫。智慧通達．不受苦縛．則曰無漏智慧解脫。

問何謂四無所畏。答一切智無所畏．漏盡無所畏．說障道無所畏．盡苦道無所畏．佛力智內充．明了決定．在大衆中說如實法．毫無畏懼之相．故曰無所畏。

問何謂一切智無所畏。答佛於諸法．無不如實了知．故說我是一切智者．而無所畏。是謂一切智無所畏。

問何謂漏盡無所畏。答漏盡卽無漏之極致．謂佛於煩惱眞實已斷．佛於生死眞實已盡．故說我一切漏盡．而無所畏。是謂漏盡無所畏

問何謂說障道無所畏。答障道有二障．如理智．曰煩惱障。障如量智．曰所知障。佛說諸障眞實．詳盡而無所畏。是謂說障道無所畏。

問何謂說盡苦道無所畏。　答盡苦道者，爲出世間法也。佛說是法，能令行者決定脫苦，而無所畏。是謂說盡苦道無所畏。

問何謂十八不共法。　答一身無失，二口無失，三念無失，四無異想，五無不定心，六無不知已捨，七欲無減，八精進無減，九念無減，十慧無減，十一解脫無減，十二解脫知見無減，十三一切身業隨智慧行，十四一切口業隨智慧行，十五一切意業隨智慧行，十六智慧知過去世無礙，十七智慧知未來世無礙，十八智慧知現在世無礙。此十八者，乃極地之法，不與凡夫二乘及諸菩薩共有。故曰不共法。

問何謂身無失。　答佛無量劫來，常用戒定智慧慈悲以修於身，此諸功德滿足，故諸罪根本拔，故所謂一切不善煩惱習氣俱盡也。一切身業隨智慧行，故身無失。

問何謂口無失。　答無失因緣，如身無失中說。但彼是身業，此是口業。

問何謂念無失。　答佛四念處心，長夜善修故，善修諸深禪定，心不散亂故，善斷欲愛及法愛故，諸法中心無著故，得第一安穩處故。一切意業隨智慧行，故念無失。

問何謂四念處。　答觀身不淨，身念處也。觀受是苦，受念處也。觀心無常，心念處也。觀法無我，法念處也。

問何謂無異想。　答佛於一切衆生，無分別無遠近異想。平等普度，心無簡擇，如日出普照萬物。是謂無異想。

問何謂無不定心。　答佛心盡離一切微細亂，常在禪定。故無不定心。

問何謂無不知已捨。　答佛於一切法，悉皆照知方捨，無有一法不經心知而捨者。故名無不知已捨。

問何謂欲無減。答佛雖具足衆善，而常欲習諸善法，欲度一切，心無厭足。故曰欲無減。

問何謂精進無減。答佛身心二種精進滿足，常度一切，未曾休息。故名精進無減。

問何謂念無減。答佛於三世諸佛法，一切智慧相應，故滿足無減。是名念無減。

問何謂慧無減。答佛得一切智慧，十力，四無所畏，四無礙智，成就圓極。故名慧無減。

問何謂四無礙智。答知諸法義，了達無滯，義無礙智也。諸法名字，分別無滯，法無礙智也。殊方異語，辯說無礙，辭無礙智也。隨生樂聞，演說無礙，樂說無礙智也。

問何謂解脫無減。　答佛具二種解脫、故名解脫無減。

問何謂二種解脫　答一有爲解脫、謂無漏智慧相應解脫也。二無爲解脫、謂一切煩惱都盡無餘也。

問何謂解脫知見無減。　答佛於一切解脫中知見、了了分別。故名解脫知見無減。

問何謂一切身業隨智慧行。　答佛先知、然後隨知起一切身業、故有所現處、無非佛事、利益一切。故名身業隨智慧行。

問何謂一切口業隨智慧行。　答如身業中分別。

問何謂一切意業隨智慧行。　答如身業中分別。

問何謂智慧知過去世無礙。　答佛智慧照知過去世、盡過去際所有一切、若衆生法、若非衆生法、悉徧知無礙也。

問何謂智慧知未來世無礙。答佛智慧照未來世，盡未來際，徧知諸法無礙也。

問何謂智慧知現在世無礙。答佛智慧照現在世，盡現在際，徧知諸法無礙也。

問何謂大慈。答佛住大慈心中，以大慈善根力，故能實與一切衆生世間樂及出世間樂，故云慈能與樂，若四無量慈中，雖心念與樂，而衆生實未得樂，故不名大慈也。

問何謂大悲。答佛住大悲心中，以大悲善根力，故能實拔一切衆生世間苦，分叚生死苦，及變易生死苦，故云悲能拔苦，前四無量中悲，雖心念救苦，而衆生實未得脫苦，不名大悲也。

問佛與樂拔苦，何以能盡一切衆生。答此有二種，一能作與拔之因，謂佛住大慈大悲三昧·慈悲之力·冥熏衆生·隨所應得樂應免苦者·各得安樂無害。一能作與拔之緣·謂因慈悲三昧之力·普現三業·隨有應得樂免苦者·若見若聞·各獲安樂無害。

問何謂分段生死及變易生死。　答分段生死者·分段身之生死也·凡身命短長隨因緣力有定齊限·謂之分段身·此爲凡夫及未斷人我執之菩薩·又未入涅槃之羅漢·皆具此身。變易生死者·變易身之生死也·由悲願力改轉身命無定齊限·謂之變易身·此爲已斷人我未斷法我執之菩薩身·又名意生身。

（三）　佛相

問佛身相好莊嚴如何。　答應化佛身·以三十二相八十種好而爲莊嚴。

問三十二相請次第說。　答一曰足平安相·謂足下安立·皆悉平滿·猶如盒底也。二曰足下千輻輪相。謂足下轂網輪紋，衆相圓滿，有如千輻輪也。三曰手指纖長相。謂手指纖細圓長，端直傭好，指節參差，光潤可愛，勝餘人也。四曰手足柔輭相。謂手足極妙柔輭，勝餘身分也。五曰手足縵網相。謂手指中間縵網交合，文同綺畫，猶如鵝王之足也。六曰足跟滿足相。謂足之踵圓滿具足也。七曰足趺高好相。謂足之趺高起，如眞金之色，趺上之毛，青琉璃色，種種莊飾，妙好圓滿也。八曰腨如鹿王相。腨股也。謂足腨漸次纖圓，如彼鹿王之腨，纖好第一也。九曰手過膝相。謂雙臂修直，不俯不仰，平立過膝也。十曰馬陰藏相。謂陰相藏密，猶如馬陰不可見也。十一曰身縱廣相。謂身儀端正，竪縱橫廣，無不相稱也。十二曰毛孔生青色相。謂身諸毛孔，一孔一毛，生相不亂，右旋上向，青色柔輭也。十三曰身毛上靡相。謂身諸毫毛，皆右旋向上而偃伏也。十四曰身金色相。謂身皆金色．光明晃曜．如紫金聚．衆相莊嚴．微妙第一也。十五曰身光面各一丈相。謂身放光明．四面各一丈也。十六曰皮膚細滑相。謂皮膚細膩滑澤．不受塵水．不停蚊蚋。十七曰七處平滿相。謂兩足下．兩手．兩肩．項中七處皆平滿端正也。十八曰兩腋滿相。謂左右兩腋．平滿而不窊也。（窊烏瓜切不滿貌）十九曰身如師子相。謂身體平正．威儀嚴肅．如師子王也。二十曰身端直相。謂身形端正平直．不傴曲也。二十一曰肩圓滿相。謂兩肩圓滿而豐腴也。二十二曰四十齒相。謂常人恆有三十六齒．唯佛具足四十齒也。二十三曰齒白齊密相。謂四十齒皆白淨齊密．根復深固也。二十四曰四牙白淨相。謂四牙最白而大．瑩潔鮮淨也。二十五曰頰車如師子相。謂兩頰車隆滿．如師子王也。二十六曰咽中津液得上味相。謂咽喉中常有津液．上妙美味如甘露流注也。二十七曰廣長舌相。謂舌廣而長、柔輭、紅薄、能覆面而至於髮際也。二十八曰梵音深遠相。謂音聲弘雅、近遠皆到、無處不聞也。二十九曰眼色如金精相。謂眼目清淨明瑩、如金精色也。三十曰眼睫如牛王相。睫目旁毛也、謂眼睫殊勝、如牛王也。三十一曰眉間白毫相。謂兩眉之間、有白玉毫、清淨柔輭。如兜羅綿、右旋宛轉、常放光明也。三十二曰頂肉髻成相。謂頂上有肉、高起如髻、亦名無見頂相。謂一切人天二乘菩薩皆不能見故也。

問何謂八十種好。　答相好義類、而有總別之異。相若無好、則不圓滿。輪王（經云劫初有金銀銅鐵四種輪王治世）釋梵（釋謂忉利天主釋提桓因、梵謂大梵天王、）亦有相、以無好故、相不微妙。言好者、可愛樂也。以八十種好莊嚴身、爲天人一切之所愛樂、故云好也。

問八十種好其名若何。　答一無見頂相。二鼻高好孔不現相。三眉如初月紺瑠璃色。四耳輪輻相埵成。五身堅實如那羅延。六首際如鈎鎖。七身一時迴如象王。八行時足去地四寸而印文現九爪如赤銅色薄而細澤。十膝骨堅著圓好。十一身淸潔。十二身柔輭。十三身不曲。十四指長纖圓。十五指文藏覆。十六脈深不現。十七踝不現。十八身潤澤。十九身自持不逶迤。二十身滿足。二十一容儀備足。二十二容儀滿足。二十三住處安無能動。二十四威振一切。二十五一切樂觀。二十六面不長大。二十七正容貌不撓色。二十八面具滿足。二十九唇如頻婆果色。三十言音深遠。三十一臍深圓好。三十二毛右旋。三十三手足滿。三十四手足如意。三十五手文明直。三十六手文長。三十七手文不斷。三十八一切惡心衆生見者和悅。三十九面廣姝好。四十面淨滿如月。四十一隨衆生意和悅與語。四十二手孔出香氣。四十三口出無上香。四十四儀容如師子。四十五進止如象王。四十六行法如鵝王。四十七頭如摩陀那果。四十八一切聲分具足。四十九四牙白利。五十舌色赤。五十一舌薄。五十二毛紅色。五十三毛輭淨。五十四廣長眼。五十五孔門相具。五十六手足赤白如蓮花色。五十七臍不出。五十八腹不現。五十九細腹。六十身不動。六十一身持重。六十二其身大。六十三身長。六十四手足輭淨滑澤。六十五四邊光各一丈長。六十六光照身而行。六十七等視衆生。六十八不輕衆生。六十九隨衆生音聲不增不減。七十說法不著。七十一隨衆生語言而說法。七十二發音報衆聲。七十三次第有因緣說法。七十四一切衆生不能盡觀相。七十五觀無厭足。七十六髮長好。七十七髮不亂。七十八髮旋好。七十九髮色青珠。八十手足有德相。

問佛出自印度迦毘羅，現屬何國。現印度人甚是黑醜，佛及諸弟子有三十二相，種種莊嚴，是何種族。　答迦毘羅，現在泥泊爾境內。印度人是棕色人種，與金色近，故佛弟子都有金色身者。

問何謂閻浮檀紫金光手。　答閻浮檀，此云勝金。金之以產地名也。佛手金色而有光，故曰紫金光手。

（四）佛像

問佛像何時創造，造者何人。　答佛在世時，往忉利天為母說法，優塡王不見佛容，渴想無已，欲以栴檀木刻佛像而供養之，目連尊者知王心意，乃攝三十二匠往彼天宮，瞻覩佛容，而為彫作，三返乃成。此為世間有佛像之始。嗣後仿作，漢明帝時，佛法東來，經像偕至，據係栴檀像之第四刻者。

問吾輩不獲親覲佛容．僅能於寺塔中瞻禮金色身像．敢問身像與眞容爲同爲異。　答身像本像佛而作．豈有不同。但相好不能盡現耳。

問佛菩薩像赤足者何義。　答有二義。佛勝應身千丈盧舍那現於色究竟天。（色界最高之一天）天國土淨．天赤足．佛示同天身故亦赤足。佛劣應身丈六．釋迦生於印度．印度炎熱．人赤足．佛示同人身．故亦赤足。菩薩則常隨佛學．依佛而住．人天二身．示現類佛．故亦赤足。此示同人天之義也。又佛身爲微妙淸淨功德之聚．具足無邊相好．如三十二相中足相有六．一足安平相．二千幅輪相．（足下紋相）三足縵網相．（趾間相連）四足跟滿足相五足趺高好相六足柔軟相．如是諸相．若不赤足．無由表顯．令生得益。又佛行住均有蓮華承足．以表佛土莊嚴之相．或行時足去地四寸．（八十好之一）令穢不能染．顯身淸淨．

不同人間、恐足汚損、必須著履。菩薩如係法身大士、分證實報身土莊嚴類佛、故亦赤足。此表德益生之義也。

問寺中正殿中供佛像、是釋迦佛否。　答是釋迦佛。

問有供三佛像者何歟。　答有說是三世佛、有說是三方佛。

問何謂三世佛、何故盡供。　答三世、謂過去現在未來也。若指一佛而言、則法身常住、故盡供以表之。若別指三佛、則前爲迦葉佛、現爲釋迦佛、後爲彌勒佛。以表佛統源流、故盡供之。

問何謂三方佛、何故合供。　答三方、爲東方西方此土也。若指一佛而言、則法身圓滿遍於十方、舉三攝十、故合供之。若指三佛、則東方爲淨琉璃世界藥師琉璃光佛、西方爲極樂世界阿彌陀佛、此土娑婆世界、即本師釋迦。蓋藥師彌陀均於此土接引衆生、助佛教化、故合供之。

問佛旁左右立者何人。　答亦有二說、一謂是左迦葉、右阿難。一謂左舍利弗、右目犍連。

問此二說各有何義。　答前說以迦葉尊者是傳佛心印弟子、爲後世宗祖、阿難尊者是傳佛教法弟子、爲後世教祖故也。後說以舍利弗尊者是佛弟子智慧第一、目連尊者是佛弟子神足第一、知行雙運、而佛法以宏故也。

問諸佛菩薩聖像、或塑就金身、或印畫圖幅、頭面眉目耳鼻唇口及法身肢體、種種相好、端嚴無異。惟兩眉中間有一小圈、胸前有一卍字、不知喚何名色、有何作用。歷觀其他神像、非羅漢已上果位、皆無此圈卍字、獨佛方有。究是何故。　答兩眉間小圈、爲眉間白毫宛轉之相、佛及大菩薩有之。胸前卍字相、惟佛獨有、是表佛萬德莊嚴之相、即名爲萬字。

問佛菩薩像上、頭部有一圓圈、是否卽是圓光。　答佛身有光、頭部爲顯。故畫像以圓圈表之。

問持梭之佛、普通咸謂是藥師佛、或云是過去七佛、持塔者乃藥師佛。未知孰是。　答藥師佛持一種藥果。所云持梭、當是果形。

問愚業瓷有坐像佛三尊、一手托金鉢、一託金珠、一託金塔、未詳此佛爲何名。所持各物、其用意何在。坐位誰應居中誰左誰右。　答此三尊佛、似係釋迦托鉢、藥師托珠、彌陀托塔。釋迦佛受四天王鉢、合成一鉢。藥師佛持如意珠、滿足衆生利益。彌陀佛托塔者、或是手執金臺耳。坐應釋迦居中、藥師居左、彌陀居右。農未見像相、姑作是解。

問近來印送佛像單張、未始不善。無奈受之者未必皆敬、其中不免褻瀆。褻瀆固有應得之咎、而施與者恐亦難辭其責。未審是否。　答佛像固應施與能供養之人，施者自應慎重出之也。無已，則於像紙角上注「自己不供轉送他人勿置穢處致遭過咎」十六字可也。

問凡送佛像者，如送畫者須裱好，送石印者須八寸以上，再加鏡框送人，令人懸掛供奉，不至褻瀆。再或彙集成帙，置諸案頭，亦不至汚壞。總之送佛像切不可以作宣傳品，必須擇人而送，方不至有褻瀆之罪，然否

答所說甚是。

問佛像張掛太久，已模糊，或蛀壞，欲更新者，其舊像當如何處置，祈示。

答可化去。唯須恭敬，如送僧人闍毘，然當念佛恭送之。其灰即是法身舍利，可置淨器供佛壇上，或拋送大海中。

問佛像金身剝蝕，不知削金重裝算出佛身血否。　答不算。

問有僧勸出資爲釋迦佛裝金，及裝成，方知將藥師佛手中之梭取去，改

爲釋迦事先未知不知有無因果。答有心改裝不可。若其無心。或是因緣所在功德如故也。

（五）佛身

問佛是一種什麽東西什麽物質。答此問甚奇。既信佛教而不知佛眞是迷信矣。今與子言之。經曰。心佛衆生三無差別。又曰。觀身實相觀佛亦然。從此兩句觀之。佛卽是心。則是一種精神。佛卽是身。則是一種物質。合而言之。乃是精神物質不一不異的一種東西。故說佛有三身。應身者同於我人之身也。報身者同於我人之身而偉大美妙者也。法身者不具身相而以一切法爲相者也。

問娑婆爲大千世界之總號。何以佛不降生於他小世界而獨降生於吾人所居之小世界。且他小世界之衆生永不得見佛聞法。豈不大可憐耶。　答吾人所居之世界。乃一四天下中之南洲世界也。統論娑婆是大千世界之都名。共有萬億四天下。此萬億天下中之衆生。咸云有佛降生。亦咸謂佛降生我世界中。其實有萬億釋迦同時降生。故曰千百億化身佛。言千百億者。卽萬億數也。

問俗語有云。「千佛萬佛。只有一佛。」然歟否歟。　答佛體常一。名曰法身。佛相亦一。亦異。名曰報身。（自受用者同。他受用者異。）佛用千萬。名曰應身。隨方應現。各各不同。雖爲俗語。亦有足取。

問佛涅槃後。居何處。仍度人否。　答佛證法身。住常寂光。涅槃之相。應化佛度人之方便也。佛依本願。從法報身而垂應化。盡未來際。廣度衆生。菩薩發心求佛道者。正爲此耳。

問梵網經云。我今盧舍那。（自受用身卽他受用身）方坐蓮華臺。周匝千華上、復現千釋迦、（他受用身卽勝應身）一華百億國、一國一釋迦、各坐菩提樹、一時成佛道。未知入涅槃亦一時耶、或隨機不定耶。彌勒成佛時、亦是舍那化身耶。或另有名號、方坐蓮臺云云、　答百億國、卽三千大千世界。釋迦佛在一化境、如娑婆世界一時成佛、當亦一時入於涅槃。法身報身佛佛道同。彌勒當不異釋迦也。

問生身釋迦牟尼如來、與法身大毗盧遮那如來本願有別否。及其異同之點。　答生身卽應身、乃法身之用。法身卽應身之體、一實異名、故本願無別。

問華嚴經云、十方諸如來、同共一法身、是一而不別言同耶、（如屋之內外空）是異而相似言同耶。（如一室千燈）　答法身無相、當以空喻、不當以燈喻也。

問成佛何以必藉人身、而不能藉天身。彼釋迦彌陀都是凡間王子成佛、從未聞有帝釋或天帝太子抑在天上修行成佛者。蓋有則必具說於大乘經典矣。　答佛有三身、法身報身應身。法身者佛自體也。應身者、化他之用也。應身又有勝劣二者。成佛時人道所見、則爲人身、此劣應身也。若二乘及地前菩薩所見、在色究竟天示現最高大身者、勝應身也。大乘經典中、往往言之、又何嘗但現人身耶。又佛在人道成佛、所以爲人道示範。故蓋以三途多苦、天道多樂、不暇修不肯修、均難成佛。惟人道苦樂得中、易於起修、成佛亦易。佛恩偏眷、凡我人倫、可不勉哉。

問何謂化佛。　答衆生有成佛之機、故諸佛菩薩感現化佛身而爲說法、即所謂化身也。佛化現者、如阿彌陀佛光中化佛是。

問應身與化佛有異否。　答佛之應身、有胎生、有變化。故應身爲通名、化佛爲別號耳。

問何謂報身佛。　答菩薩修德成滿．於色究竟處（色界天盡處）示現一切世間最高大身者爲報身佛．亦卽菩薩所見佛身相好無邊者。

問現身佛與法身佛有何區別並作何解。　答現身佛．經云化身佛．因變化而現起．如世俗化裝然。又云應身佛．因衆生所感而應現．如對人道則以人身應而現人身。法身者．一切事理統稱爲法．身積聚義．又依止義．此佛爲一切法所積聚．又一切法所依止者．故名法身佛。此其解釋也。至於區別．法身爲體．現身爲用。如某之身忽現黨員身忽現醫士身。法身是實．現身是假。如天上月是實．水中月是假。法身是常．現身是暫。如江海之水是常．草頭之露是暫。

問法性法身與方便法身若何分別．祈詳示之。　答法性法身．卽通法報身佛之體相也。方便法身．卽應化身．佛之用也。亦稱法身者．用從體起故。

問嘗疑如來般涅槃．舍利弗不忍視而先滅．牛呞聞而同逝．慶喜心難自持．迦葉遠來奔臨．如喪考妣．而大菩薩如文殊彌勒籍屬五印．不見臨問．若無事者。豈菩薩所見者報身佛．視此化身之去來．爲不足悲耶。彌勒偈曰．去來化身佛．如來常不動。或以眞佛本無去來．而不作世俗態耶。　答所論菩薩不作世態處．極爲合理。

問在西方之彌陀佛法身乎．抑報身乎。　答佛佛皆具三身。中下二品人往生者．見應身也。上品人往生者．見報身也。彼土法身大士所見者．法身也。

問普賢行願品內．有極微塵中．一一各有一切世界極微塵數佛。觀經內載無量壽佛身高六十萬億那由他恆河沙由旬。眉間白毫如五須彌山。佛眼如四大海水。一則佛身大滿虛空。一則佛身小至微塵。豈即中庸所謂語大天下莫能載語小天下莫能破乎。或曰淨土依正莊嚴。難不可以此土事理比例。然法藏比丘胎生肉體之身。必不如前述之高大。果爾如此高大肉身。豈不稀奇難信。文殊彌勒本在娑婆而西方淨土亦有文殊彌勒。蓋法身聖人皆以法界為身。無土不偏。所謂八萬四千陀羅尼為髮。第一義諦為髻。種智為頭。慈悲為眼。無漏為鼻。四辨為口。四十不共法為齒。二智為手。如來藏為腹。三三昧為腰。定慧為足。諸法聚而為身。故大莫能容。毫繞五山。目如四海。非法藏比丘肉體之身。如前所述之高大也。此說是否正確。請慈悲宣說。　答法身無分別相。而徧一切處。報身依法身而顯。故相好圓滿難思。法藏比丘是阿彌陀佛之因地菩薩，當然無阿彌陀果佛之大身。其餘佛身大小及菩薩此土西方並現等說皆不錯也。

問阿彌陀佛當般涅槃時，六十萬億那由他由旬之身量，同時毀滅否。

答同時隱藏，此係報身，非是應身。無毀滅理。

問西方極樂世界阿彌陀佛為法身佛也。彼佛壽命及其人民，無量無邊阿僧祇劫。然悲華經……當來曠遠不可計劫，阿彌陀佛當般涅槃。……正法滅後，遇中夜分明相出時，觀世音菩薩於七寶菩提樹下成等正覺。……然則無量壽佛壽命，亦有窮盡乎。又觀音成佛，國土號「眾寶普集莊嚴」，一是於「極樂」一外西方又多一佛土耶。亦即由「極樂世界」一而變為「眾寶普集莊嚴世界」一耶。仁者多聞第一，請釋此疑　答佛具三身。阿彌陀佛壽命無量。此無量有二義，一為無量之無量，法身報身也一爲有量之無量（大數名）應化身也他受用報身亦應化身攝故彌陀有涅槃義或曰彌陀涅槃非眞涅槃猶方丈之退居也故觀音成佛會無間隔此釋與法報身佛無礙矣須知淨土橫具四土即彌陀圓具三身勿執一端可也至觀音成佛即此極樂變成衆寶普集莊嚴異名異相而不異其實也

問凡證涅槃者是否永遠不生不滅無壽數可以範圍之乎誠如是何以一切智成就如來壽命又只六萬劫淸淨蓮華目如來其壽命又只四十劫乎（見地藏經）　答無壽數者佛之報身有壽量者佛之應身無壽數之涅槃謂之無餘涅槃有壽量之涅槃謂之無住涅槃

問法身佛遍一切處何以凡人無感觸是否一佛有一法身佛果爾則法身佛將互受影響矣究作何解　答凡人在迷故無所覺法身無相諸

佛共證法身、亦無一異。如空合空、有何影響。

問經載佛說法時、各處佛菩薩前來赴會。此佛菩薩是否皆爲賴耶識體。但文殊彌勒千二百羅漢、則係肉體。如此神人雜湊、且有時互相談話、實難思議。又法華經多寶塔中之佛、南天鐵塔之金剛薩埵、是否爲長期入定之肉身。何以又會說話。　答佛說法時赴會之菩薩、與凡夫接者係化身、與菩薩接者是報身、與佛接者是法身。法華經多寶塔中之佛亦然。金剛薩埵是入滅盡定之肉身菩薩也。

問羅漢入定上昇兜率問彌勒、是神識升天、肉身猶在人間。世尊昇忉利爲母說地藏王經、爾時文佛尚未入滅、如何昇天。或神識上昇、或肉身飛行自在、殊多疑問。觀世尊到頻婆娑羅王幽閉之所說法、竟足步虛空還耆闍崛山。既云足步虛空、是肉身亦能上昇、不僅神識昇天也。仙能飛昇，何況於佛，然否。請開示。　答入定昇兜率，是神識昇也。佛昇忉利，是乘神足通昇肉身昇也，故優塡王慕佛而造像，及佛從忉利下，而有王及羣臣迎佛之事。足徵是肉身昇。

（六八）　佛土

問釋迦牟尼佛所主之娑婆世界，其佛土界限如何。　答釋迦佛所主之娑婆世界，有三千大千世界，即百億世界。一世界者，包括須彌四洲而言。

問商務印書館出版之辭源中有云，佛說吾人所住之世界，合一千則爲小千世界，合一千小千世界則爲中千世界，更合一千中千世界則爲大千世界，總稱三千世界。其上尙有華嚴世界等。此說未知可信否。

答吾人所住之世界，不可但指中華一國，當指一須彌山四大部洲爲一世界合千須彌爲一小千，合千小千爲一中千，合千中千爲一大千。言數則云三千，言量則云大千，皆以娑婆國土之一世界爲單位。是爲華嚴經中浮幢王剎之第十三層名娑婆世界也。其上更有七重，其下亦有十二重，周圍眷屬，只此一世界，尚有十三千大千世界微塵數圍繞。閱華嚴經可知。

問經云變化土者，卽應身如來變化之土也。然則釋尊降生印度，應機說法，豈印度國土爲釋尊所變化耶。請爲解釋，以開茅塞。　答釋尊應化此土，隱自己嚴淨之佛土，而示現同於娑婆之穢土。豈非釋尊所變化耶。

問方便土，實報土，寂光土，均在何處。　答土爲依報，隨正報而存在。小果聖人住方便土。地上菩薩住實報土。佛住寂光土。與我等凡夫所住之同居士，亦是非一非異。若就當人，則各各當下即是。若就他人，則凡不聖，小不知大，因不知果也。

問須彌山，指現在之何山而言。四面海中，各有一洲，中國既云在南贍部洲，他三洲皆在何處。請一一指實。　答我此地球，即南贍部洲。其他三洲，皆不在此大地上。非我人之境界，故不可指呈。須彌山在四洲中央，當在北海之外，日月且在山之半腰。吾人仰視青天，或即其山崖之突覆者歟。

問五臺山，或謂即寂光土。然吾輩凡夫所見，並不見其為寂光。凡夫與菩薩同住一處，而所見有異。未知何故。又菩薩所見之五臺境界，究竟如何。山邱土石，與寂光之關涉，又未知若何。　答寂光土乃佛菩薩所居。凡夫但住同居土，當然不見。凡夫與菩薩福報不同，故所見有異。菩薩所見・乃琉璃世界七寶莊嚴。山邱土石・乃寂光之影像・此其關涉之狀。

問鷄足山原係在摩竭陀國・補怛洛迦山原係在南印度・此出經中。然今雲南亦云鷄足・定海亦云普陀。理雖無礙・事必有元地・當如何解法。

答華嚴境界・一多不二・廣狹無礙・隨緣應現・在印度・在震旦・何常之有。

問娑婆世界是否卽地球。娑婆兩字是何意義。娑婆世界從何處來・是神製造耶・是佛製造耶。何以要分出娑婆世界及極樂世界之別。　答娑婆世界・是釋迦佛教化之區域・其單位爲四大洲・稱一天下・因有一日月・故一千個天下爲小千世界・一千個小千世界爲中千世界・一千個中千世界爲大千世界・此娑婆世界之範圍也。現在地球區域・祇抵四大洲中之一洲・是南贍部洲也。娑婆之名・本是佛國文字之音・有堪能忍耐的意義・因這個世界不是美滿的世界・惟有堪忍的性者・方能居住，故題此名，令人早發出世的心。世界是衆生居住之所，原屬於衆生，應說是衆生所共造的。神亦衆生之一，佛在衆生界內同居，均有製造之分也。極樂世界是娑婆世界外另一世界，有苦樂之不同，所以要分別言之。

問阿彌陀佛未知降於何國，生於何時，未生以前，雖無淨土之名，未知實有淨土之地否。據要解云，三千大千世界，通爲一佛所化，此一佛爲何佛，開闢以前之人耶，抑卽彌陀之化身耶。如必待彌陀發願而後始造此極樂世界，則彌陀未生以前，此土果稱爲何等世界耶。　答阿彌陀佛降生之國，卽此極樂國土。極樂，梵語須摩提。又有安養安樂淸泰等義。按鼓音聲王經所記，國名淸泰，阿彌陀佛父名月上轉輪聖王，母名殊勝妙顏，子名月明云云，可知。然此國土在阿彌陀佛未成佛前，爲聖王所居。即亦莊嚴。但不若阿彌陀佛成佛之後之莊嚴圓滿也。阿彌陀佛成佛以來。於今十劫。此劫當是一大劫。而大劫年數。若就現時娑婆人道而論。以一千六百七十九萬八千年為一小劫。二十小劫為一中劫。四中劫為一大劫。則須一百三十四億（千萬）三百八十四萬年。至要解所云三千大千世界。指我娑婆世界之範圍。一佛所化。即娑婆世界諸佛之任何一佛也。就現在教主言。即是釋迦牟尼佛。若以娑婆例極樂。則極樂之三千大千世界。為一阿彌陀佛所化耳。

問極樂世界本在六道以外。經云彼佛國土無三惡道。竊思不但無三惡道。即三善道亦俱無之。所謂上善人乃是無上之善。諸天神衆皆不可及。況修羅與人道耶。經何不概云無衆生道。而獨云無三惡道耶。　答一佛世界四土具足。一為凡聖同居土。即有六道衆生在內。二為方便有餘土，卽有聲聞緣覺二聖在內。三爲實報莊嚴土，卽有菩薩在內。四爲常寂光土，則爲佛所在。但娑婆世界是釋迦牟尼佛之凡聖同居土，故具足六道。而極樂世界爲阿彌陀佛之凡聖同居土，但有天人而無地獄餓鬼畜生之三惡道也。阿修羅有天人鬼畜四種，若分屬四道，則可省去不說六道，但說五道可也。諸上善人，既稱爲人，卽同人道。人相肖天，故就相言亦可同天道。若以諸佛菩薩出世聖人而論，本無一定身相，所謂意生身，隨緣化現耳。

問從是西方，何故阿彌陀佛必在西方，東南北方何以不在，是等諸方可得在否。彼佛在西方，是偶爾涖止，隨緣暫住，或有意選擇，永不捨離，或以他種因緣，故彼佛必在西方，西方定有彼佛，東南北方何以不能有此因緣。謂從是者。當從釋迦牟尼佛所在說起。下云西方世界，是從何處說起・相隔幾何佛土・與此西方是二是一・孰近孰遠。　答佛土圓融・本無東西・隨衆生機・始有定方。況方本無定・依中而立・以一佛土爲中・則一切佛土隨此中土衆生機緣所見各各安立・始有十方國土。彌陀佛土之在西方・以此娑婆世界爲中・隨娑婆衆生之緣而見有定方耳。若據悲華經云・無量劫前有轉輪王・名無諍念・時王發願・過西方世界作佛・彼國王者・今阿彌陀佛是。然則阿彌陀佛在初發心修行時・發願建佛國於西方・故今成佛已滿大願・而佛土在西方也。下文西方世界亦是從此娑婆世界說起。西方世界無量・佛亦無量・略舉七佛耳。遠近如何・經無明文・無從得知。

問過十萬億佛土・此數字是概言其遠・抑是確不可易・如係概言・究竟有無遠數可以指言。如係確數・何以不可多少・恰爲此數。所過佛土・是爲如何佛土。答十萬億之數當是確數。因佛土眞實有故。佛土如是安立亦是衆生機感所致不多不少也。所過佛土名字經無明文。

問有世界名曰極樂彼極樂世界名是彼佛所命或彼世界自命抑或釋迦牟尼佛以下稱此佛所命。是否眞實名稱有無攙想假定。命彼名者是以極樂名彼世界抑亦世界實彼極樂。彼名是彼方佛土所能獨有抑他方佛土概可共稱。由今十劫以前阿彌陀佛尙未成佛彼方世界是否亦名極樂不得彼名原名爲何。爾時彼方以外別有極樂世界如彼者否。有則是在何方已得何名。由今以後或一劫乃至十百千萬億劫某劫之內得別有極樂世界亦如彼否。有則應在何方當得何名。或有或否都以何故。答菩薩莊嚴佛土成佛時佛土之名往往由前佛授記。阿彌陀佛國土雖未見由佛授記之事然當法藏比丘（彌陀佛初發心時之身）初修行時、在世自在王佛前、攝取二百一十億諸佛妙土清淨之行、發願成佛時國土第一妙好、國內衆生快樂安隱、猶如泥洹。（泥洹卽涅槃苦集已盡常樂之境也）此國名安養或稱極樂之所由來也。彼佛國有安樂之實、（見彌陀經等）故有安樂之名、不但我佛稱之、卽他方世界佛亦如是稱之。極樂國土、爲彌陀造成、其前並無此名、此前世界何名、經無明文。他方佛土、如極樂國者亦有之、如東方琉璃世界藥師佛國土、藥師經云「然彼佛土一向清淨、無有女人、亦無惡趣及苦音聲、琉璃爲地、金繩界道、城闕宮閣軒窗羅網皆七寶成、亦如西方極樂世界功德莊嚴等無差別」此其證也。彌陀佛國、彼佛壽命及其人民無量無邊阿僧祇劫、可知未來久遠劫內當不復有其他極樂世界。然據觀音勢至授記經、阿彌陀佛正法滅後、觀世音菩薩號普光功德山王如來・其佛國土・衆寶普集莊嚴。然則淨土佛國名隨佛異・而衆生無盡・佛亦無盡・佛國亦無盡。

問世之學佛者・終日稱持南無西方極樂世界大慈大悲阿彌陀佛。……諸佛菩薩誕辰・悉依念誦集要法・則於觀世音稱普陀琉璃世界・……文殊稱五臺金色世界・……普賢稱峨嵋銀色世界・……地藏稱九華幽冥世界。……蓋此四世界亦屬娑婆之中・何又有此四種名號・抑非屬娑婆耶。但此四大名山・嘗聞朝參遊歷之士・述及道場勝境・較之他山香火踴躍・並非金銀琉璃建設而另成世界。即九華幽冥世界・亦非幽暗之象。不過因諸菩薩成道於各山・爲一教主・故有如是名稱。設若此論・阿彌陀佛亦成道西方・爲一極樂世界教主・則彌陀經中種種極樂勝景・成就如是功德莊嚴・恐如琉璃金色銀色幽冥之讚詞・則西方淨土・豈不亦如此土乎。然已發心學佛求生淨土之輩・首先具信願行三字・信其必有極樂世界・固然深信不疑。未發心者・必疑極樂與此四世界名稱相同・而實境亦如此土・何必終日喃喃求生西方・分娑婆穢土極樂蓮邦爲二世界乎。　答四大名山・爲四大菩薩於娑婆人道中應化之境・即是凡聖同居土。琉璃金色銀色三世界・是三菩薩之實報莊嚴土。雖同在一處・聖自受用・而凡不見。幽冥世界・是地藏菩薩攝化衆生之土・亦是凡聖同居土・但與三惡道同居・而非與人道同居・故人亦不見・讚三菩薩舉勝土・所以讚其智也。讚地藏舉劣土・所以歎其悲也。若阿彌陀佛之極樂世界・分明在娑婆西方十萬億佛土之外・原與娑婆不涉・雖亦圓具四土・而其凡聖同居・亦是淨而非穢・不若四大名山之爲同居土・但穢而非淨也。總之普陀五臺峨嵋九華・皆是娑婆穢土・而西方即是極樂淨土本不相侔、豈可等觀。琉璃金銀等世界、惟菩薩各自受用、而我人不得受用、故疑其虛。極樂世界不惟彌陀受用、卽我人之往生者皆得受用、豈容疑哉。

問常寂光土、未知是否卽是不生不滅如如不動之眞如。　答常寂光土卽指法性。來問是也。

問彌陀經中之淨土莊嚴、是否指同居土。其方便實報寂光三土、又不同耶。　答是同居淨土。至方便實報、當然勝進。寂光土則但是眞如之理、爲三土之體、非別有一土者。

問有多種書皆謂西方淨土、爲彌陀願力化現、且由百億淨土中擇出。尊答（半月刊內）引鼓王經謂卽彌陀降生之國。成佛後更加嚴飾者。未知孰是。　答此應分別說之。但說淨土、都指彌陀報身佛土。鼓音王經、是指彌陀應身佛土。前者爲實報莊嚴淨土、後者爲凡聖同居淨土。

問極樂四土、一曰常寂光土、二曰實報莊嚴土、三曰方便有餘土、四曰凡聖同居土。四土各據一方乎、抑常寂光居中、再外爲實報莊嚴土、再外爲方便有餘土、再外爲凡聖同居土乎。　答眞性無爲、不落諸數、一尙不有、焉有四乎。國土亦唯心也。十方世界、各有淨穢。唯極樂之四土、皆淨而無穢也。四土原在一處、斷斷不可作上下中邊之見。人若向自心中去得一分垢、世界就露出一分淨。譬如有姿色淫女當前、破戒人見之則好、持戒人見之則惡、女身一也、美惡二也。經云境緣無好醜、好醜由於心。足證唯心之旨。

問西方淨土無成住壞空等劫、阿彌陀佛有無量壽、壽既無量、何以觀音勢至授記經內云、阿彌陀佛正法滅。請訓示。　答彌陀佛正法滅、觀音即成佛以繼之，猶是正法不滅之象。佛壽無量，云涅槃者，猶世間寺中住持一期退位耳。不同化佛之涅槃。

（七）觀世音菩薩

問觀世音菩薩在空王劫前早成佛，竟號正法明如來，以大悲故，現爲菩薩。然經載久遠劫前，蓮華化生二童，一名寶意，一名寶上，問佛以花香等供養以何爲勝，而佛答以慈心回向菩提爲最勝，二童乃發菩提大悲之願，後作觀音勢至二大士。是則觀音先成佛歟，抑先爲蓮花化生之童子歟。倘先成佛，則已妙覺，不必去問香花供養之孰貴。倘先作此童，則觀音後證佛果，而勢至大士竟未成佛，果何故耶。祈開示，解所知障。　答菩薩境界不可思議。已成佛後，既可再作菩薩，其隨緣化現或先或後，何庸多作計較。

問經謂觀音即過去正法明佛今人以菩薩稱之得毋謬歟。　答所云正法明乃觀音之本也。人所稱觀世音是正法明果後示現之迹也。迹是菩薩稱之何妨。

問觀音大士生於何時何地　答菩薩大士已證無生不可作凡夫有生計度。然觀音是彌陀輔弼則亦往生極樂人也。

問心經中觀自在菩薩是否觀音大士。　答就別而言是觀音大士。就通而言則凡行深般若者皆得受自在之號。

問俗語有送子觀音千手觀音之別經目又有十八臂四十八臂之異。敢問一人四名乎抑四人四名乎。　答大士普門示現法身是一應身有多何止四名已也。

問六觀音中有準提觀音一種世俗所奉準提大士即係觀音化現然乎

否乎。　答準提是觀音化現。

問準提菩薩像與千手觀音相似、人都謂一、未知相差在何。　答準提十八臂、觀音千手、準提面上三眼、觀音眼在手掌、此其不同也。

問觀音大士與白衣觀音大士、是一是二。　答觀音大士化身甚多、白衣觀音是其一也。

問觀音菩薩有白衣飄海送子千手等種種之別、未知是一是異。或謂觀音菩薩念六字大明咒而頓超八地、未知究竟如何。又楞嚴經有觀世音如來之名、未知其傳記如何。又謂觀音菩薩於往劫中已成爲佛、名正法明如來、未知本蹟如何。　答觀音應化、不一不異。六字大明咒功德、當閱經說。觀世音如來是觀音菩薩最初發心時所受教之佛、無別傳記。正法明如來亦然。

問觀世音菩薩於往劫中、久已成佛、號正法明如來。又見觀世音菩薩成等正覺、號普光功德山王如來。是否二號可同稱。　答正法明是過去佛名、普光功德山王是當來佛名。一加過去二字、一加當來二字可也。

問觀世音菩薩如何具千手千眼、是何妙用。請詳示。　答菩薩誦大悲呪後、頓生千手千眼。眼爲察看衆生之用、手爲救護衆生之用。欲廣度衆生、所以需多手眼耳。

問觀世音菩薩千手千眼、是否爲察看救護衆生之用。但無量數衆生、豈千手眼所能足用。又何以其他佛菩薩均無、而觀音獨有。　答千手千眼之千字、不可泥作定數、總之表數無量而已。觀音菩薩昔以傳說大悲呪因緣、弘願所感而現是相。一切佛菩薩均能化身無數、若合爲一身、亦可有無量手眼也。但未有表示事實耳。

問觀音大士未成佛時，有云男身，有云女身。且塑畫大士像，多係女身。未知孰是。　答大士三十二應身，有現作女身者，故今塑畫有作女身耳。並非定是女身也。

問閱魚藍寶卷，金沙灘將遭水災，而荷觀音大士現賣魚郎救度之。現在黃河水災如此之大，彼大士何勿本大慈大悲救苦救難之心，現身而一加援救乎。藉此可以增進衆生信心，棄惡爲善，豈不一舉而二善哉。　答此次水災中，蒙大士救免者，時有所聞。倘人人能信仰大士，則早不成此災矣。

問觀音神變，屢見記錄。前報紙載南海故事，姑嫂往普陀進香，舟抵南海，姑適經期至，乃守居舟中，待嫂上山禮佛，畢已午，飯後憶及小姑肚飢，即攜飯入舟，小姑云方有一老嫗攜來白飯一碗，已充飢矣。又觀音靈感近聞二編載彭烈文居士在戰場上疲餓已甚遥見火光趨至一老嫗售粥幸得果腹此皆大士化身所賜惟此飯此粥從何而來要求居士解答。　答觀音係法身大士古佛再來已證法性於法自在既能變化有情之老嫗又何不能變化無情之粥飯乎。況此等變化得神通者類能爲之本不足奇。若論原理則以一切色法皆四大種之所造此四大種性具於如來藏卽吾人之心性無法不具者也。有定力者心力强。心力强者能隨心變化矣。

問普門品中「悲體戒雷震慈意妙大雲澍甘露法雨滅除煩惱燄」是何解義。　答此喻菩薩慈悲說法滅除衆生之煩惱。悲體卽悲性是憤怒相故喻如雷震之警戒也。慈意是擁護相故喻如大雲之普覆也。所說之法能拔苦益物故喻如甘露之澍也。三者備而煩惱除矣喻如燄滅也。

問普門品云，佛告觀世音菩薩，當愍此無盡意菩薩。……果位同是菩薩，似猶有高低之別，其差別何在。　答菩薩六度萬行，莊嚴佛果，精進不懈。無盡意菩薩一聞供養觀音功德，即解瓔珞以供觀音，乃菩薩行道之本分，非有高低於其間也。

問華嚴經普賢行願品觀自在菩薩章，「伊尼鹿皮作下裙」一句，殊深疑惑。蓋大士住大悲行門，教化衆生，何以鹿皮護身，爲學者表率，且伊尼二字何解。　答此菩薩現居士身，故不妨以鹿皮作裙相。菩薩大悲能令鹿出三界，原不在區區忍其皮也。至謂爲學者表率，則華嚴境界，情與無情同一法界，正不得生取捨於其間矣。伊尼鹿名。

問「諸佛菩薩殊勝因緣」載二月十九爲觀音聖誕，六月十九爲觀音成道。九月十九為觀音勝緣。云與此土眾生有緣。故於九月十九亦列為紀念日。除二月六月外。九月當別有所本。求詳示。　答菩薩紀念大概只有一次。而觀音獨有三次者。即是其應現之繁。與眾生多緣之事實。但二月十九為誕日。載在叢林清規中。其餘二日。未見出處。

（八）　地藏王菩薩

問地藏王菩薩究司何事。　答此大士誓願宏深。常救地獄眾生出苦。所謂地獄未空。誓不成佛。且閱地藏本願經。便知其詳。

問地藏於遠劫前。為長者子。發願言「我今盡未來際不可計劫。為是罪苦眾生廣設方便。盡令解脫。而我自身方成佛道」。但十方世界眾生無邊。欲求度盡。勢不可能。然則地藏因發宏願。將永無成佛之一日乎。

答眾生無邊。菩薩願亦無邊。豈有不可能者。至成佛與否。原是受報與不受報之語・豈眞地藏之德尚不及佛者乎。觀音文殊・皆是古佛再來・安知地藏菩薩非早已成佛乎。

問閱地藏本迹靈感錄第三頁・知列地藏菩薩兩邊者・右爲道明和尚・左爲道明之父閔公。今閱佛學半月刊第四十九期・慧舟答景瑞居士問中稱列地藏左邊者名目連和尚・列右邊者名道明大師。二說未知孰是・　答以靈感錄爲是。（半月刊第五十二期第二十六頁已更正・）

問世俗傳傅蘿蔔者・卽目連尊者也。又說目連尊者・卽地藏菩薩也。因目連曾以錫杖打破鐵圍城・舍利珠照開地獄門。而讚地藏偈中又有云・手中金錫・振開地獄之門・掌上明珠・光攝大千世界。因此故又稱目連卽地藏也。祈開示以免誤會。　答目連尊者卽佛之大弟子摩訶目犍連・譯義爲采菽氏。地藏菩薩・卽常恆發願度脫苦惱衆生之大士。有地藏本願經及地藏十輪經專載其事。不可混淆。錫杖爲比丘行道之器。宜目連所執。明珠乃地藏利生之具。舍利珠杜撰可笑。傅蘿蔔俚俗不堪。不足道矣。

（九）　一切聖境之研究

問何爲聖種。　答凡夫造業受報。常在六道生死輪轉。不得出離。反是即謂之聖。其種有四。一聲聞。二緣覺。三菩薩。四如來。

問何爲聲聞。　答聞佛說法音聲而得道果。故曰聲聞。其類有四。一須陀洹。二斯陀含。三阿那含。四阿羅漢。

問聲聞四果其義若何。　答須陀洹此云預流。謂初預聖流。七番生死。得阿羅漢。斯陀含此云一往來。一番生死。便得阿羅漢。阿那含此云不還。盡此一生便得阿羅漢。阿羅漢此云無生。謂永不復來三界受生也。此爲四果之極。

問何爲緣覺。　答謂觀因緣生法而證覺道・故曰緣覺。其出離三界・與羅漢同・而德乃較勝。

問從初果須陀洹至妙覺・其間修證次第地位・可否簡單示明。或應看何經論・可以備知。　答須陀洹是小乘果名・妙覺是大乘果名・應分別論之。小乘位有七賢四聖。七賢者・五停心別想念總想念煖頂忍世第一也。四聖者・須陀洹（入流）斯陀含（一往來）阿那含（不來）阿羅漢（無生）也。大乘位有十住十行十迴向十地等覺妙覺之四十二位。如初住中開出十信・則爲五十二位。若第十迴向中開出四加行・則爲五十六位。妙覺是佛位・通常除佛位・故稱菩薩四十一位或五十一位或五十五位。若欲詳悉其名・可考教乘法數・及大小佛學辭典・若欲明其修證小乘果位看俱舍論賢聖品大乘果位看大乘入道次第章及華嚴經楞嚴經再如統大小乘而比較之則看天台宗之四教儀（有集註）及教觀綱宗或賢首宗之五教儀。

問斷盡何惑方證須陀洹果證須陀洹果者已證眞諦否。　答證須陀洹果者纔見眞諦未證眞諦也。

問三界唯識而有然阿羅漢已超三界則情識破盡固不待言既情識已盡則能所已忘因何謂之偏空抑情識未净耶。　答羅漢但證人空未證法空是以但得自度而無度人方便故曰偏空。

問何爲十六羅漢。　答十六羅漢皆佛弟子羅漢中之長老其名曰賓度羅跋羅墮闍尊者迦諾迦跋蹉尊者迦諾跋釐闍尊者蘇頻陀尊者諾距那尊者須跋陀羅尊者迦理迦尊者伐闍弗羅尊者戍博迦尊者半托迦尊者・羅怙羅尊者・那伽犀尊者・因竭陀尊者・代那波斯尊者・阿氏多尊者・住茶半托迦尊者。

問諸羅漢名・其義可得聞乎。 答曾見經論者・如賓度羅跋羅墮闍・即賓頭盧頗羅墮・此云不動利根。諾詎那・即諾矩羅・此云鼠狼山。須跋陀羅・此云善賢。羅怙羅此云執日。餘均未見翻者。

問十八羅漢出自何時・其歷史有可考否。 答皆出佛世。其略史載大阿羅漢難提蜜多羅所說法住記。

問何謂菩薩・ 答具稱當云菩提薩埵。此謂覺有情。爲內懷佛道外現凡相者。

問何謂四向。 答謂聲聞衆之未獲四果者。即須陀洹向・斯陀含向・阿那含向・阿羅漢向。以其趣向果位而造修・故曰向。

問何謂三賢。　答菩薩修行成佛。經歷四十一位。初三十位爲十住十行十囘向。此三十位謂之三賢。以其尚未證眞。故但曰賢。

問何謂十聖。　答卽四十一位之後十一位。所謂十地等覺。則爲十聖。以既證眞。故曰聖也。

問何爲十住。　答修菩薩行者。已滿十種信心。得住佛種。（將來發達卽成佛果）故曰住。其十次第曰發心住。治地住。修行住。生貴住。具足方便住。正心住。不退住。童眞住。法王子住。灌頂住。

問何爲十行。　答十住已滿。自德已立。堪以度人。故曰行。其十次第曰歡喜行。饒益行。無違逆行。無屈撓行。無癡亂行。善現行。無著行。難得行。善法行。眞實行。

問何爲十囘向。　答十行已滿。不居其功。故曰囘向。其十次第曰救護衆生離衆生相回向・不壞回向・等一切諸佛回向・至一切處回向・無盡功德藏回向・入一切平等善根回向・等隨順一切衆生回向・眞如相回向・無縛無著解脫回向・入法界無量回向。

問何爲十地。　答回向已滿・方登佛地・漸次圓滿。其名曰・歡喜地・離垢地・發光地・燄慧地・難勝地・現前地・遠行地・不動地・善慧地・法雲地。

問十地及等覺有十一位・何以祇稱十聖。　答等覺一位・爲第十地之極・故與十地合爲一位・而祇稱十聖也。

問千百年前之羅漢與菩薩・已成菩薩與佛者・當不知凡幾。今仍沿用舊稱曰羅漢曰菩薩。在已成佛菩薩者・原無所計較。在崇信佛菩薩者・似不能不作一問題。不識有研究之必要乎。　答學佛者當依法不依人。今之稱羅漢菩薩與佛者・俱依其法而稱之也。但依經典定名・不應妄生分別。

問菩薩名位·不知緣何而起·得衆共認。印度自佛滅後·菩薩阿羅漢代有其人。而吾國獨付闕如。卽若比丘中之智者杜順南岳六祖等·居士中之傅大士龐公等·縱不敢上躋馬鳴龍樹無著·至語功德於獅子覺等小菩薩·恐未遑多讓·而竟無以菩薩稱者·何耶。　答佛法入我國後·已在像法時代。雖有六德·無人證明其行位·故未便濫稱。

問華嚴經言菩薩境界·爲十信十住十行十回向十地·未知至何級斷見思·何級破塵沙·何級豁無明。又何謂圓教別教通教·如六祖能大師之境界·已能超輪回證無生否。　答天台宗以佛教法應機不同·分爲四類。見思惑重者·爲說三藏教。見思惑輕者·爲說通教。見思者·三界內凡夫之惑也。無明重者·爲說別教。無明輕者·爲說圓教。無明者·根本煩惱界外菩薩之惑也。圓教機初信、先斷見、七信斷思、盡與別教七住、通教已辦地、藏教四果齊。圓教機十信、斷界內外塵沙、盡與別教十回向、通教菩薩地（但界內）齊。圓教機初住、豁破無明、與別教初地齊。別教十地、與圓教十住齊。別教等覺、與圓教初行齊。圓教二行以後所斷微細無明、非別教所能知矣。詳見教觀綱宗。能大師已證無生。按菩薩見思惑盡、即證無生也。

問有人謂孔顏乃菩薩化身。江易園先生亦云、孔老乃菩薩示現覺世者。衡諸觀世音菩薩三十二應身之文、似亦宜有然者。老居士於意云何

答從理而言、自可云然。就事而言、未必盡是。蓋如來法身遍滿法界、所謂溪聲便是廣長舌、山色無非淸淨身。無情且可爲佛之化身矣。況孔顏哉。然應具道眼觀之、不可同於俗眼也。

問準提有稱準提王如來者、有稱準提王菩薩者、究竟以何爲是。並又有稱佛母準提、此名爲何。亦請示知。　答菩薩因名、如來果名、可俱用也。因此等菩薩、都是已證佛果、還作菩薩者。佛母即菩薩之異名。

問普賢行願品、偈語既是普賢菩薩所說、何以有「如彼普賢菩薩行願、我與彼皆同等願、諸智慧悉同彼、」等之語。且偈語中如此者甚多、不知何故。　答有二義。一謂代衆生作發願口吻、二謂泛指一切能修普賢行願之菩薩也。按菩薩以其德行爲名、原無人我之相、固不可以凡夫知見爲例、

問余嘗疑佛弟子除諸聲聞外、若菩薩中之文殊慈氏藥王藥上、現有生地、其餘即普賢未必實有其人。或者說大乘經時所化之假名、故動云數萬億。其名字純以表德、漫無姓氏國籍、如莊列中所託之某子而已。

普賢更可疑。往往自贊曰修普賢行。豈遠劫前有菩薩名普賢者。而襲用其名。如吾地羿與子都之類歟。　答菩薩有從他世界來。故記載不詳。以德立名。凡聖同例。有何疑乎。

問文殊表智。普賢表行。觀音表德。鄙意以文殊亦具普賢行。觀音德。普賢亦具文殊智。觀音德。觀音亦具文殊智。普賢行。此即帝網行重重相攝。未知然否。　答誠然。所以分別者。爲應度者說耳。

問太虛法師所講佛說八大人覺經「……天魔即他化自在天魔。欲界六天之魔王。能害人之善事。故名爲天魔。天魔亦有粗細。粗者爲欲界自在天魔。……細者爲住不可思議逆行菩薩。……」查華嚴經十地菩薩。多作各種天王。夫菩薩既已超出六道。爲何要作天王。爲何要作天魔之細者。菩薩作天王。或爲護法起見。但作天魔而阻人修行。眞是不可思議祈賜教。　答菩薩作天王，乃示現爲度人起見。菩薩願力廣大，人間未能暢其本懷，故作天王也。示現作天魔者，爲逆行菩薩。所以警誡世人之毀法，與磨鍊修行人之道力也。

問阿闍世是仙人應化，非菩薩應化。觀無量壽佛經四帖疏卷二第九頁，載頻婆娑羅王患年老無子，不待仙人三年命終，來爲其子，速遣使殺之。仙人曰，卿當語王，我命未盡，王以心口遣人殺我，若與王作兒者，還以心口遣人殺王等語。是報復心未息，瞋癡惡毒俱熾，後殺父禁母，罪大惡極，何足以爲菩薩。若謂阿闍世是菩薩應化，則現今主張廢倫廢孝者，豈不有所藉口。　答釋迦本師應現世間，凡與有關係者，俱是歷劫法緣。阿闍世王以造五逆，而發起念佛法門，稱爲逆行菩薩。若就仙人之轉生爲王子而論，祇可說是仙人之業報，不可以云應化也。因彼而發起念佛法門、無異助佛教化、故稱爲菩薩應化耳。但此菩薩稱爲逆行、況後來悔改捨邪歸正廣行佛化乎。

問泉州地方各巷冲壁處、每建有小亭中安石佛像、其佛像與釋迦坐身同樣、其名稱爲泗洲文佛、未知別處亦有此種形式否。又未知泗洲文佛出自何經何史耶。　答此種情形、恐唯泉州有、他處無之。泗洲文佛、名實不倫。查唐中宗睿宗時、有番僧配住淮安龍興寺、詔入宮、甚得帝尊、及圓寂、送至泗洲普光王寺塔焉、後有聖僧萬回曰、此僧是觀音化身、因號泗洲大士。泉州所供者、殆即此大士歟。

問寺山門內所供南向者、爲彌勒佛否。　答是彌勒菩薩化身、定應大師之像。大師在五代梁季示生於浙江四明之奉化、皤腹常歡喜、手持布袋、故稱布袋和尚。今奉化縣岳林寺、爲大師行道處。然彌勒是未來世佛，現在尚是菩薩，故稱彌勒菩薩爲宜。

問立於彌勒菩薩後者，爲何菩薩。　答是韋馱菩薩，賢劫當來第千尊佛也。

問菩薩須降生修行方能成佛，成佛後要否降生。　答降生修行成佛，乃應身佛出世之常規，所謂八相成道也。至於報身化身，則不拘於此。（八相者謂一從兜率天退，二入胎，三出胎，四出家，五降魔，六成道，七轉法輪，八入涅槃，）又應身佛未出世前，爲一生補處菩薩，常居兜率天，故有降生之言。否則但云示生，不必說降生也。

問一小劫中，約有幾佛出世。　答小劫中佛出世與否無定數。據經現在賢劫有千佛出世，皆在住劫。其出興次第，則第八小劫前無佛出。第九小劫始有四佛出，釋迦即第四佛也。第十小劫彌勒佛出。第十五小劫中有九百九十四佛相續出興。第二十小劫中樓至一佛出。餘小劫均無佛。

問何謂七佛。　答由釋迦前追溯過去之佛·至前第六佛止·即迦葉佛·拘那含牟尼佛·拘留孫佛·毗舍浮佛·尸棄佛·毗婆尸佛·連釋迦佛共七佛。亦有他方七佛·如立七佛柱所刻名號·曰多寶如來·寶勝如來·妙色身如來·廣博身如來·離怖畏如來·甘露王如來·阿彌陀如來。

問何謂賢聖劫·期間有若干久·賢聖劫即賢劫否·大劫小劫云云·起算於何時。現時屬何劫。佛典中輒云第幾佛第幾佛·來歷如何。歷劫來最先成道者爲何佛。彌勒既已成佛·何以尙住兜率天宮。釋迦繼六佛而成道·似釋迦以前只有六佛·何以佛言我念過去無量阿僧祇劫於然燈佛前得值八百四千萬億那由他諸佛。豈釋迦成佛別有道統相承·故言羅六佛成道耶。　答賢聖劫卽賢劫，賢劫卽現代時之大劫名稱。凡一大劫分爲四個中劫，一中劫分爲二十個小劫。世界從空初成，至於成了，爲一個中劫，名曰成劫。世界既成，暫住不壞，至將壞時，又爲一個中劫，名曰住劫。從初壞至壞完，又爲一個中劫，名曰壞劫。世界壞盡，則成虛空，此空所經時，又爲一個中劫，名曰空劫。二十個小劫，以住劫爲標準。而計其久遠，則又以住劫之初，八萬四千歲，漸減至人壽祇有十歲，再從十歲人壽增加至八萬四千歲爲止，爲一小劫，故二十小劫以人壽一增一減爲分劑，卽以此計算其年代，又以人壽遞減約每百年減一歲，增時亦然，如此算來，可成算式（84000—10）×100×2=X 求其結果，爲一千六百七十九萬八千年，此爲一小劫時間之約數。現在適當賢劫住劫第九小劫減劫，人壽在六七十歲之時。衆生無始，故佛亦無始說有一佛最先成道者・非佛教也。彌勒爲釋迦佛之補處菩薩・故居兜率天內院・須至第十小劫減劫之初・人壽八萬四千歲時・方乃成佛・現在並未成佛也。在本世界成佛・從釋迦佛溯過去至第七佛・稱爲七佛・猶人家之上溯七祖也。但七佛之第一二佛・蓋在前一大劫・劫名莊嚴劫・佛名毘婆尸佛・尸棄佛・在賢劫於今有五佛・卽毘舍浮佛・拘留孫佛・拘那含牟尼佛・迦葉佛・釋迦佛也。

問彌勒菩薩至今尚未成佛・何以知之。　答據佛說彌勒菩薩上生經下生經・卽知現在彌勒在兜率天內院・俟第十小劫（現在第九小劫人壽七十歲）人壽滿八萬四千歲時・乃下生成佛。

問佛有定數・如下次成佛者爲彌勒・是則欲卽身成佛・恐決難辦到。然乎。

答來問以世尊曾記賢劫千佛・謂彌勒次釋迦成佛・疑佛有定數。須知此千佛有千佛之因、使其次第成佛。未嘗謂千佛之外、不許衆生在此期間成佛也。但即身成佛之說、則又不可不辨。成佛之義、須論六即。六即者何、爲理即佛、名字即佛、觀行即佛、相似即佛、分證即佛、究竟即佛是也。理即佛、凡夫也。名字即佛、初發心人、猶是凡夫也。觀行即佛、相似即佛、則地前菩薩。分證即佛、爲地上菩薩。惟究竟即佛、乃眞佛耳。禪宗密宗均有即身成佛之說、淨土宗亦有即身成佛之義、謂此土念佛時、極樂蓮胎已成就者、然所成之佛、至觀行即佛而已、豈眞究竟佛哉。按觀行即佛者、謂方修觀時、如禪宗大悟時、密宗三密相應時、念佛一心不亂時、心與佛性相應、則佛性功德開顯、若出觀時、依然故我也。

問欲查考藥師佛之來歷、有何書可查、並請言此佛消災大意。　答讀藥師如來本願功德經自知。

問阿彌陀佛是否萬能。　答阿彌陀佛是無量光無量壽義。當然能力充塞空間時間也。
問釋迦佛自言我於天人之中最尊最勝。而大慈菩薩發願偈。則謂十方三世佛。阿彌陀第一。何也。　答釋迦自謂最尊者。乃於天人之中。非謂諸佛之中。以釋尊爲大千一界之教主。所以爲九法界之至尊也。大慈菩薩引物欣向此土衆生。與彌陀之緣最深。故稱彌陀爲第一。普令一心皈命。非彌陀與諸佛較優劣也。
問佛教得馬鳴龍樹後。猶之儒家之得孟子。其道大昌。有此事否。二師何時人。何宗幾祖。有何著述。　答此說近似。此二菩薩。乃大乘各宗之祖。馬鳴生在佛滅六百年後。著有大乘起信論。龍樹生在佛滅後七百年間。著有十住毘婆沙論。中論。十二門論。大智度論等。就禪宗列祖次第。

則馬鳴爲十二祖、龍樹爲十四祖。

問二月十五日、十一月十七日、十二月初八日、是佛之何紀念日。　答二月十五日、爲釋迦佛涅槃紀念。十一月十七日、爲彌陀佛誕日。十二月初八日、爲釋迦佛成佛紀念。

古農佛學答問卷一終

古農佛學答問卷二

六凡輪轉門

（一）三善道

問何爲天。答在人間之上。有欲界色界無色界三類。共二十八天。

問天上是否亦與地面一樣分列各土。答有分各土者。如四天王天有四天。即四天區也。忉利天有三十三天。若色界天有四禪天。每禪天亦各分三天及八九天等。

問二十八天其名若何。答地居有四王天。忉利天。（此即三十三天。以有三十三個天國故。）空居有夜摩天。兜率天。化樂天。他化自在天。此爲欲界六天。有飲食男女睡眠之欲。與人間同。色界有十八天。曰梵衆。梵輔。大梵。初禪所生。曰少光。無量光。光音。二禪所生。曰少淨。無量淨。遍淨三禪所生。曰無雲福生廣果四禪凡夫所生。此外無想天外道所居。無煩無熱善見善現色究竟三果聖人所居此十八天雖離欲網尚具色身故曰色界。此上有空無邊處識無邊處無所有處非想非非想處四天。只有心識而無色身故曰無色界。

問二十八天最高者何天最低者何天。　答最高者為非想非非想處天離地約六十四萬億由旬。最低者為四天王天居須彌山半離地高四萬二千由旬。

問二十八天之下共有幾天。二十八天之上共有幾天。　答三界豎論自四王至於非想共有二十八天。非想以前即出界外無天可言即有乃上方世界之天也。四王以下尚有恆憍天持鬘天堅首天此三天乃四王所統之鬼神實非天也。

問無量諸天統三界二十八天。即欲界六天。色界十八天。無色界四天。欲界六天內之一天。是否倘有三十三天。　答欲界六天內之第二忉利天。即是三十三天。但同在一層中央一天。八方各四天也。

問各書均言天有二十八。而佛法談天一書。欲界天多魔天。色界天多梵身光淨嚴飾摩醯首羅五天。其故安在。　答魔天爲第六欲天之別出者。梵身。光淨。嚴飾。爲初二三四禪各初天別出者。魔醯首羅爲色究竟天之別出者。蓋以二十八分天者其大槪耳。非定數也。

問三十三天天主聞是迦葉佛時三十三女人造塔功德轉生。未知出何經典。　答所說見智者大師維摩詰經疏卷一。引何經典。並未明言。然大師之疏。章安所記。當出自正經無疑。又見翻譯名義集四卷釋提桓因條下。

問玉皇大帝卽天上何神。　答乃欲界第二忉利天主。

問玉皇大帝能超脫輪迴否。　答玉皇大帝、按之佛經說天、當是欲界天中第二層天、卽釋提桓因。倘爲六道凡夫、安得不受生死。然能念佛往生西方、亦可超脫輪迴也。佛法本是人天公法、故佛號爲人天師。

問釋提桓因、既有五衰、卽有色身、何以能統轄無形鬼神耶。　答鬼神亦有形。三界中唯無色界四天無形耳。餘皆有色身、但麤細不同也。

問六欲天之衆生、塵欲未離、何以能有天眼天耳。　答欲天因地均能減省塵欲、故得天眼等報。

問他化自在天天壽萬六千歲、少出多減、何謂少出多減。　答過者少、不及者多也。

問大梵天究是何天。　答爲色界初禪三天之第三天。

問神仙未知是否屬於大梵天。修仙道者・是否往生此天。　答神仙之高等者・屬於此天。但不能生此天。因此天爲天主・非臣民所得與共處也。

問壇經云・皮肉是色身。又云因有色身可見・故稱有色界。然則色界諸天・豈不是化生・化生亦同吾人之由父母胎生乎。請詳示之。　答天道衆生・都是化生。化生亦可有色。但較微妙耳。

問八識頌云・眼耳身三二地居。謂初二禪天人無鼻舌二識・但有眼耳身三識。既無其識・必無其根。然則天人究竟係何相貌。　答上界天人相貌原同下界・以彼福德增上・表相較之下界最極勝妙。初禪雖有覺觀終日在定時多・非無鼻舌二根・實無香味二塵。以境不現前・根無所偶・識無用處・寂然隱於淨色根中・非全無也。若遇初禪・幷覺觀又離・定力復勝於前・故二禪支林功德稱爲內淨喜樂一心・雖有鼻舌根識・無所施用。故說無也。二禪以光明爲教體。眼見光相。即知伊所說法義。或有時耳聞法音。定中常發八觸。其光相法音八觸。乃眼耳身三根所對之塵。以根與塵交識乃有用。所謂二地居者。即此意也。

問世人之身體爲肉體。天上人之身體爲何體。　答世人作業。有善惡雜沓。故感粗色垢身。天人因地作業純善。故感細色妙身。

問天道衆生壽命長短若何。　答四天王天壽五百歲。以人間五十年爲一晝夜。忉利天壽一千歲。以人間百年爲一晝夜。再上四天。遞各倍增。初禪三天壽一劫。二禪三天壽二劫。三禪三天壽三劫。四禪前三天壽四劫。無想天五百劫。無煩天千劫。再上四天。遞加一千劫。四空天中第一天一萬劫。第二天二萬劫。第三天四萬二千劫。第四天八萬四千劫。

問天王衣皆長身過半。此過半之衣。既無身而穿。何必要此無用之過半衣。又衣既過半身之長．如何行動．想天人常懸空間．以過半之衣而蔽之下體乎。是不能無疑。請示。　答天衣用幅布披身．印度人衣服仿之．長身過半．舉其長度．於用無礙也。

問修到非想非非想天．神通已大．寧不知有天劫．何以不能即由此天預先修成正覺．以超脫夫還墮輪迴之數．猶會令其五衰相現．束手無策乎。　答非非想天．即認自天受用以爲極妙．寧知佛法而修行耶。至五衰相現．乃欲色界天人之苦．非非想天是無色界天．既無色身．安有相現。

問生於天者．（菩薩等亦然）既具五通．則世尊給孤園中說法．可於天上見之聞之．何必定要到孤獨園去耶。　答有天眼天耳通者．亦有神足通．來去自在．又何必不來親近世尊耶。

問寺院山門側供四大偉像是何人物。　答是四王天之四個天王。東方曰持國天王。爲乾闥婆主。南方曰增長天王。爲鳩槃荼主。西方曰廣目天王。爲龍主。北方曰多聞天王。爲夜叉羅剎主。此四天王誓以神力保護佛法。故居門首。俗稱四金剛。以其爲金剛神之類也。（有神手執金剛杵者。係金剛神。）

問各地佛院山門。多塑持國增長廣目多聞四大天王之像。以其護法之功甚大焉。惟四天王手執法寶各異。未卜執何法寶而係何位天王。希爲逐位示明。　答手執琵琶。是持國天王。執寶劍者。是增長天王。執蛇者。是廣目天王。執傘者。是多聞天王。

問吾輩人道。究有若干類。佛如何說。　答佛說人道。以所居之地。別爲四類。地分四大洲。在東者曰勝身。在南者曰贍部。在西者曰牛貨。在北者曰勝處。身量壽命長短有殊。若論果報。南洲爲下下。若得值佛。南洲爲上上。佛生印度。是在南洲之中。我國中華。是在南洲東部。按贍部叉譯閻浮提義謂勝金。

問轉輪聖王分管四洲。我所居之南贍部洲。現在何輪王主管。請分別訓示。　答經稱輪王治世。乃指世界初成之劫初而言。現在並無何人爲此輪王者。輪王者聖王。能以十善治天下。試問今地球上有何國能行此仁政者。

問北俱盧洲之人。福澤較勝於三洲。思食得食。思衣得衣。然何以獨無聞佛法之福。　答北洲人因地。福德偏多。善根偏少。故福報自在。而不聞佛法。

問前世人非今世人。今世人非後世人。何能食果受報。　答軀體雖異。心識無殊。故有不昧前因者．如結草銜環之類。

問心識乃軀體之作用．軀體既易而云心識不改何耶。　答子但知心識爲軀體之作用而不知軀體乃心識之表相。惟心識有執受之力．故軀體得以壞於前而更成於後。若心識隨軀體而亡．則生物早已絕滅於世矣．安有今日爾我之軀體乎。

問人死後卽投生．自由投生歟．抑有冥官指使歟。佛經中諒亦有之．敢問。

答人死投生．實是業力牽引所致．不自覺知。若自由而實不自由也。冥官等亦是業力所感．然彼不過據業判定．非能指使。佛經中亦有言及者。

問昔阿祈達王臨終．爲驅蠅以拂面．一念瞋心．遂墮爲毒蛇。一婦人渡河失手．其子墮水．因撈子故．與之俱沒．以慈心故．得生天上。之二人者．自由投生乎、抑有冥王派送乎。　答投生之理、識神爲業力所牽、愛欲所縛而受後有。既非自由。亦豈有派送者乎。

問佛經所謂定業、天定乎、抑冥王定乎。　答非天定、非冥王定、是自己心王定。所謂有如是因、定招如是果。

問人死之後、其輪迴六道、是否有天地之神主之、抑係純出己識投生。

答此係己業所招、天地神明、但隨定業支配耳。

問前見佛教刊物、載有人死復醒、易一靈魂、言動竟換一人。又有靈遊陰界、誤投畜胎、產生畜類、經擲死畜身、後靈魂復還本身而醒。此等屢見不鮮。按佛理第八識生則先來、死則後去、今何以第八識竟不離去、可投胎可奪身。若照上種事實、似乎換一第七識而已。請爲解惑。　答八識去來本極甚速、不經中陰、如秤低昂。其不經入胎住胎、而但於胎兒出胎之際，取而代之，此乃生理之變態，胎兒與彼，必有宿緣，故能相讓耳。第八識為前七識之本，安有本不動而枝葉他適之理。所云換第七識一句，非通論也。

問佛學起信編有云，投胎與借尸一樣。為何借尸之人，能知前生一切事，投胎之人，不能知前生一切事。　答投胎者，經過入胎之迷，與受在胎出胎之苦，所以昏迷不能知也。

問佛說輪迴，自屬可信。然有嬰兒生後即殤者，若謂係討債，則數小時亦討不成債。若謂在此時間，嬰兒尚無神識，則無此理。此中因緣何在，乞示。　答兒在母胎，母不自在，或增病苦，其出胎時，母之性命在呼吸間，惶怖慘痛，同於地獄，尚謂討不成債耶。債有錢債，則母因產兒，亦不免化錢。債有命債，則母受劇苦，亦足以傷其身矣。思之。

問人死既非斷滅，何以以父子血統精氣神之關係，昕夕冥想，絕無感召，迄不入夢。其已受生他往乎。乞以理示慰。　答令郎親恩未報而歿，即是討債而來，債已清訖，則情已斷，何能入夢。即得夢亦是單方面之妄想耳。

問倫常以外無大道，倫常為三教所同尊，倘一經輪迴，則現世之母子，安能保其來世仍為母子乎。是亂倫之事，難必其絕無也。以此理推之，殊覺疑悶難解。　答人無天眼，不識宿命，亂倫之事，當然難免。故佛悲憫，教人出世修梵行也。

問有人於此，平日無惡不作，臨終却能悔過發菩提心。就造業受報之說觀之，必生惡道無疑，就臨終一念觀之，此人或生善道。未知佛經有說及否。　答作惡報惡，勢所必然。臨終發心，百無一二。到得此時，果能改

悔發心亦是宿善成熟時也如人負債强者先牽乃我佛之常談經中焉得不說

問有二人一人平日喜行善事戒殺放生念佛若臨終時不能自主生煩惱心或愛心是否因是而即入畜生等諸惡道另一人平日不念佛不作善事而臨終時能自主念佛是否因是而生佛道或天道　答吾人生死相續即是因熟成果之關係臨終而起惡念則是惡因熟而惡果成若發善念則是善因熟而善果成故臨終念佛願生西方者即得生西方若平日不念佛想於終時念佛恐無是事

問凡人命終必生七趣對於前生應不記憶然每有臨死之人見親屬祖先亡者皆至若謂幻想錯覺則有未嘗謀面而衣物容貌一一宛然若謂眞係鬼來則親屬祖先豈有盡居鬼趣盡未投生之理若既投生前

生親屬何由更知前生相貌，何由更現。又中元祭祖，每有小兒見祖宗皆來，亦同一不可解也。又凡人見鬼，盡肖生前。修淨業人，臨終淨土相現，亦多有已生親屬皆肖生前者。若此之類，是否幻化原容俾人易識。抑亦本應歷生形貌均相似耶。此其未能了然者也。　答七趣衆生天仙鬼趣，均有神通能知前世事，人亦間有得通者。臨死人見親屬祖先亡者，當係幻想所成。間有鬼物托冒，使存者爲之禱禳以獲享也。中元祭祖所見者，亦此之類。所見肖生前者，卽與見者發生感應之條件，以不肖則見亦不知矣。

問人有知前世事者，其理由若何。　答吾人心念相續作用，本有憶念過去之功能。故往昔之事，一經追想，如在目前，知前世事理猶是耳。但心受劇烈感觸之後，憶念功能易致消滅。前世事以曾經一番生死痛苦，故往往不復記憶。若能靜其念慮，復其功能，謂之宿命通。然或幼時能知，長則遺忘，或在定能知，出定則否，或但能略知而不能盡知。若悉知悉見者，唯佛一人而已。

問一切衆生不出輪迴，此理已明。但初生小兒無有知識，所有知識由經驗漸漸而來，何以知識不能與生俱來。　答知識之種，實是與生俱來。但隨經驗而發展耳。猶今歲田中之稻，雖經水土肥壅而生長，其穀種實由去年傳來也。

問佛說三世因果，皆假施設，此意余稍悟解。但據科學家調查，謂現在人類數目，均超過過去數目。此種原理，究由何而增加耶。　答三世因果，事理眞實，並非假設。至人類數目之增減，原不能以一期間爲定論。彼科學家調查不出數十百年，是否眞確，尙屬疑問。若論增加理由，就佛學言之，不是從三惡道中升入者多，即是從三界天中降來者多耳。

問，舉目曠觀，善人必少於惡人，則善者必超生西方，或天上人間，惡者則墮於惡趣，處惡趣之中，而欲其修善難矣。（如墮入畜生道中而爲雞則必食蟲，其爲惡也大矣，何能超生哉）以此論之，則娑婆世界之人，將漸少而絕滅矣。然今之較昔，人口有增無減，是何故耶。　答，娑婆世界共有三千大千世界，即百億個四天下也。今子所計，乃不出閻浮提一天下，安足以爲有增無減之證耶。況以善少惡多，及墮易升難而論，從惡道中升上者固少，從天道中降下者恆多，此亦增減之由矣。

問，世界人類，因惑造業，死後以第八阿賴耶識，成就一切心色，其功能發展，即可轉生，依惑業之善惡而受報，三世互通，循此信徵，惟一人之識與業，僅能轉生一人，抑可分而轉生多人。若一人止轉其一，則世界人數日見其多，其所多也，究從那一人之識業而受報。或云畜類之惡業圓滿，亦可轉生善道而爲人，但世界畜類亦未見其少，故儒家不說生死因果，科學家則絕對認係生理上之作用。祇是佛說既通三世，其究竟業報有確數比例否，有經典明載否。　答善世生善道者多，惡世生惡道者多。即今人畜界增，可知天道定必減少。比數經雖無文，升降之勢，必定如是。

問衆生輪迴業報，何不現生即報，使人共生畏懼，實爲賞善罰惡最良方法。而佛教因果報應必通三世，隔世無徵，勸懲匪易。不報在近而報在遠，此何故也。　答造業有先後，受報亦應有先後。如必欲其現世即報也，試問臨死最後之業，造畢而死，已墮後世，如其不報，則此固無果矣。因必有果，故其報不於後世，何可得哉。又初生者尚未造業，應無現報，苟無現報，如何得生。故初生之報，其業不在前世，又何可得哉。既有一相，即必有三世矣。又業報相償，有因有緣，因雖唯一，緣乃多端。緣有順逆，若遇順緣，其報即速。若遇逆緣，其報即遲。如是則一生之業，因其受報之緣有不同，遂生遲速先後之殊。致苟遲至死而緣猶未順，則其報勢必至後世而後受矣。此所以有生報也。若至後一世而緣猶未順，則必至再後世或後多世而後可受報。此所以有後報也。既有此現報生報後報三種受報之差，則由今望後，則成未來之三世，由後望今，則成過去之三世。再就因業而言，亦有強弱之不同，強者受報速，弱者受報遲，造業之強弱不次，則受報之順序，必至參差矣。此之參差，亦成三世。此乃業報之自然，古德所以嘆業海茫茫，而起無限之悲也，奈何奈何。

問　心識永遠不沒，且有六道輪迴，請將不沒及輪迴之事理，詳實舉示以釋羣疑。　答此問題含義甚廣・未能具談。且略說之・貴友以生理而談心理・故認心理現象爲卽生理之細胞作用。其實以心爲依身而存在猶可・若謂有身而無心則不可。（因彼從解剖物體而知有該項細胞時・實無心理現象在此細胞表示・故所云云但憑空推測・全非事實）夫心理上之感覺一部分誠有「依耳目諸官而有知」之必要・其他若思慮情想意志記憶等心理・不必藉諸官之接觸而能自由作用者・卽不能以身而範圍之・故就現實而論。無不以身心二端等爲人生之本也。佛學家言人生身心相依而心用爲勝。以身是色法有質有礙・心非色法無質無礙・故心在夢時卽能離身而起作用・心作觀時且能空其身而有作用。不過既屬人生・以業報關係身心相繫而有安危與共之勢・故身心相依而存亡。佛學亦有此說。然此所謂存亡・但就一世之身心而言。若統三世之身心而言·身爲物質所成·物質不滅·故身亦不滅·以還能組成故。心爲功能所集·功能不滅·故心亦不滅·以還能集起故。此亦科學與佛學相同之說也。其不同者·科學則主以心從身·佛學則主以身從心耳。今欲顯此以身從心之事實·且舉世人造業爲例。如對所需之物·必先作意欲取·然後舉手往取。又如建築某項工程·必先用心計劃·然後購料飭工以營之。習慣之事·若不用心·正由用心積累之力未衰·故能令身隨順而動·如機器然。當其正鼓動時·雖不藉於他力·然其最初一動·必藉他力而來。故身猶機器也·心猶原動力也·身若無心·猶機器之無原動力者·欲其能自動得乎。（身有病時·或不隨心·乃特別情形·不可以例常）佛學言心·有心王有心所。心王有八·眼耳鼻舌身識等·爲前五識·意識爲第六·尚有第七第八兩識。前六識·心爲世人所共曉，後兩識心爲佛學所發明。且前六識心有間斷，（熟睡無夢及悶絕時）後二識心無間斷。第八識名藏識，爲世間心色之起源，根身世界之基本也。此識不滅，世間不斷，故前身已壞，復成後身。又此識爲第七識所執藏，認爲自我，恆審思量，故前身已捨，復取後身。此輪回之所由致也。然第八識之成身，（同時並成身所依之世界）及第七識之執我，雖有此功能，若無意識所造之業力，亦不能使成熟而實現。猶生米煑飯須用火功也。且第八識之成爲後世身心世界之基本者，（此名爲異熟果，爲與業因異時而熟之果，）受前世善惡業力所感而異其苦樂之趣，何以故，此果爲酬因之報，必相應故。如造器然，其工優者其器良，其工劣者其器楛。此輪回之所以有六道之差別也。唯識頌曰，由諸業習氣，二取習氣俱，前異熟既盡，復生餘異熟，此之謂也。

習氣者・業取等熏習第八識而成之氣分也。第八識持此業取之氣分・至異時而成熟・則實現後世之身心世界。二取者・取名言取我執也。此中業習氣爲引發後身所趣之緣・名言習氣爲生所現後身之因緣・我執習氣即能使所現後身與他人後身不同者也。輪迴之理・不皎然明白哉。按識本生滅相續・若成佛時轉識成智・無生滅矣。故來問心識不沒・當作相續解・不能作不生滅解。且生滅相續・故有生死輪迴。若不生滅則爲涅槃矣。又輪迴事實・今古談因果之書汗牛充棟・所載皆有根據注明。如周安士全書・六道集節要・及近時報紙類皆有記載者・不遑列舉・何必親見然後爲信。昔有某居士詢某科學家曰・子之曾祖名誰・科學家告之・居士曰・子親見否・答曰・年代相懸・如何得見・居士曰・子既未親見・如何信有曾祖・某科學家恍然。寫至此・紀憶及去年大公報載有借尸還魂一事此段新聞當可憑信因錄附於後。

（濟南通信）據東平通信該縣城西四十里李家橋莊有褚懷義者。年四十六歲務農爲業家產富有宅舍峻壯子年已長有女九歲乳名小香夫婦珍愛之女嬌慧活潑繞膝嬉戲呼父呼母家庭景氣頗佳。不意於今春三月間女忽染患瘡疹竟致夭折褚某舉家悲傷然返魂無術亦祇有抱恨無窮耳。春去夏來倏至五月褚懷義因事赴周堤口探親道經王家樓時忽遇一乞婦幼女遽趨其前牽衣呼父且狀極親暱儼如至稔褚顧而愕然以彼窮女突而出此或意存別種作用當叱而逐之曰「誰是你父你瘋耶」一言竟拂袖而去女啼大作褚奔波中猶遙聞餘音哀哀可悲也。彼探親歸來與妻兒言及其異未予介意。嗣褚某之子後於蔣家集莊後亦遇其父所遇之幼女方在其地檢拾柴草女嘗見褚·急大呼阿哥·奔前相認·一若久別重逢·褚子駭怪·亦叱其去而自返·歸述於母。其母以先曾有聞·今忽又聽子言·不覺心動·思女心切·大哭不已·非尋其女返回不可·遂親往蔣家集莊訪覓·果在一王某家中見女·而女見褚妻·情益親密·撲入懷中·呼娘不已·細述褚家莊事·絲毫不爽。褚妻至是·以女爲借屍還魂·確信不疑·當向王某夫婦探詢究竟。緣王名長山·佃農爲生·褚鄰莊鷄鴨場人·夫婦二人·只生一女·名黑妮·嬌愛逾恆·不幸去歲·慘遭水災·失產流離·偕妻挈女乞食他鄉·遂移寓蔣家集·賃得破屋·權爲棲身·王窮途潦倒·已極堪憐·而愛女黑妮於春間三月間·身患寒病·遽以殤逝·蓋與褚女小香死期恰相同也。詎黑妮氣絕半日·又漸甦轉·舉目四矚·色頓驚異·向王夫婦問云「你們是什麼人·我爲什麼跑到這破屋子裏來了·」王夫婦當以女重病發昏所語。係神經錯亂之譫語。置而未理。但女病日痊。其舉止言語竟亦大異曩昔。遷延月餘而褚妻尋來相認。相親察情度理。王夫婦遂亦認為借屍還魂矣。褚妻得悉以往情形。即欲挈女同歸。惟王夫婦以家境雖窮。生只一塊肉。幸得死去活來。豈甘捨去。堅不允許。褚妻莫可奈何。嗣經鄉人通融調停。以王某家貧。女暫歸褚家養育。並訂明為褚家所共有。議定雙方贊成。現褚王兩家交往甚密。已儼然親屬矣。按此事載二十三年六月十五日天津大公報第三張。並有按語云。上述事實。為蔣家集小學教師周序春所談。並有該村長作證。鄉議紛紛。人言鑿鑿。非出虛構。深望科學家加以研究也云云。

問阿修羅為天龍八部之一。阿修羅道佛書居人道之下。其故安在。一說阿修羅亦可居人道之上。凡由人道而入阿修羅道者。究竟因修善而超昇抑因作惡而墮落。　答六道高下，都依果報之苦樂爲判。果報之苦樂，又視其因業之善惡而不同。阿修羅福報同天，而瞋慢惡德，不僅與天道不相應，且不免鄰於獸性。蓋其夙習使然。故就其惡性判之則居人道下矣。若就其福報判之，則居人道上矣。蓋以善惡參半之因，結此昇沉交錯之果也。

問佛說六道輪迴中之阿修羅道，化生歸天趣，胎生歸人趣，卵生歸鬼趣，溼生歸畜生趣。究竟阿修羅道之各趣眷屬所在何處。人類在口頭習慣上，何以命其名。彼等係與神作對者，是否即係一種妖怪天魔。　答修羅雖可分屬四趣，但畢竟是另一世界，不在人間。正法念處經云，修羅在地上衆山中，其力最劣，在須彌山外海下千由旬，有諸修羅具大勢力，能與天爭。又楞嚴經云，其所卜居，鄰於日月。則又在須彌山半矣，

（二）三惡道

問佛教所謂之地獄·係在地球何處。　答地獄有八寒八熱邊地孤獨四種。孤獨在地面上·餘三均在地中。

問地藏本願等經·載大地獄若干·小地獄若干·某獄受苦若干年·始移置某獄·又若干年又移置某獄·受滿獄刑·始得轉生。然綜而計之·實比一賢劫年份尤遠。然每遭一劫·下自地獄·上至無色·虛空陰陽·都成灰壞·何以地獄罪刑·獨能越劫存在。當此之時·此種地獄及吾人無始來所受不變性靈·究寄之於胡何有之鄉。　答大劫將盡·世界漸壞。有三災起·火災壞盡初禪天·水災壞盡二禪天·風災壞盡三禪天·四禪天以上·各依報盡而壞。於此期間·下界衆生命終之後·有善根者咸生上界·無善根者暫不緣生·直到未來劫成·各依本業·復漸緣生。惟無間地獄衆生。則移至他世界同樣地獄。繼續受報。越劫存在。正受苦無間之報也。故三界壞盡。悉成虛空。此時謂之空劫。（一大劫分爲四中劫。成刧住劫壞劫空劫。）一切衆生。惟住阿賴識之種子狀態而已。譬如電光影戲停演時。惟有一圈白光（喻空洞無物之象。非謂有光明也。）而已。此白光乃黑暗中之一股生機。正是衆生輪迴之因。此黑暗猶十二緣生之無明。乃輪迴之緣。若此白光不滅。黑暗不去。則必有再演之時。一旦白光與黑暗同時破滅。還復室內本來面目。方是朗然大覺成佛時矣。

問墮阿鼻地獄永不超生。與地獄不空我不成佛。殊覺矛盾。　答此二句言各有當。上句言其業重。下句言其願深。不必併爲一談。然卽按此二句正是相成。並非矛盾。因永不超生。故地獄不空。地獄不空。故我永不成佛也。

問地獄諸鬼王獄卒以及惡獸等是否因各自之罪業得受此身。其施痛苦於人。其本身亦有罪否。　答小乘經說。有實獄王卒自己亦要受苦。如閻羅王每日要受湯鑊之苦。在大乘經說。皆是地獄衆生心識所現。是一種幻化者也。

問地獄有八寒八熱邊地孤獨四種。孤獨在地面上。餘三均在地中。（見佛學半月刊佛學答問）地藏經白話解五十五頁云。據經論上說。地獄分三類攝盡。一是熱獄。二是寒獄。三是邊獄。熱獄有八重在閻浮海底下重疊而居。寒獄也有八重。在鐵圍山底下仰上居住的。邊獄分在山間水間曠野三處居住的。十八大地獄。分八熱八寒一正一邊云云。二說名稱住處均不同。何者較優。　答地藏白話解之邊獄。即攝邊地孤獨二獄。云邊獄在地中者，即指在寒熱正獄之外獄也。故二說實同。

問四洲均有地獄乎。抑唯南贍部洲有之。　答地下大地獄唯南洲有。餘三洲但有邊獨地獄。有說北洲無獄

問佛經謂無間地獄，一人亦滿，多人亦滿。請問一人亦滿之義。　答無間獄之因。必爲造逆罪而兼謗佛法僧。其罪既大，報亦隨之。此是一人亦滿之義。

問三災到時，天地亦壞。唯四禪天不壞。此時四禪天以下至阿鼻地獄之靈魂如何。　答火災壞初禪，水災壞二禪，風災壞三禪。此火水風三災仍自心三毒所感，不從外來。到此之時，少有微善，即生上界。其獄中靈魂不能出獄者。遣置他方不壞世界。故經云此界壞時，寄生他界，他界次壞，轉寄他方，他方壞時，展轉相寄。

問先生朋友中有無研究鬼學者。如有、祈示姓名、以便互相商榷。　答僕朋友中無研究鬼學者。然僕嘗學諸佛經矣。其言鬼爲六道衆生之一、總名餓鬼。其類有三。一無財鬼、常不得食故。二少財鬼、少得食故。三多財鬼、多得食故。（雖多得而貪心熾盛尙苦不足故猶曰餓鬼）此三種中復各有三。初無財三者、一炬口鬼、謂火炬炎熾常從口出。二針咽鬼、腹大如山咽如針孔。三臭口鬼、口中腐臭自惡受苦。少財三者、一針毛鬼、毛利如針、行便自刺。二臭毛鬼、毛利而臭。三大癭鬼、咽垂大癭自決噉膿。多財三者、一得棄鬼、常得祭禮所棄食故。二得失鬼、常得巷陌所遺食故。三勢力鬼、爲夜叉羅刹等所受富樂類於人天。（此種今人謂之神）諸鬼本處琰魔王界、（卽閻羅王、其國在此贍部洲下過五百踰繕那一十六里。）從此展轉散趣餘方。以上皆正理論說。又長阿含云．一切人民所居舍宅．一切街巷四衢道中．屠兒市肆及邱塚間．皆有鬼神．無有空者。凡諸鬼神皆隨所依．卽以爲名．依人名人．依村名村．依河名河．一切樹木極小如車軸者．皆有鬼神依止。又云．鬼以人間一月爲一日．乘此成月歲．後壽五百年．由諂誑心作下品五逆十惡．感此道身。據上經論所言．鬼實別有世界．人死爲鬼．乃人死而投生鬼道．然不盡投生鬼道也。若夫人甫死而尚未投生．則成中有身．形如小孩．體色微細透明．人目不能見．若投生機會未至．每隔七日再死．至七七日則必投生。或云投生之期無定．但以會至爲斷。此中有身．介乎前身與後身之間．不屬鬼趣。而世俗概以死卽爲鬼。苟非聖敎．安與正其謬。

問鬼之形狀．佛經謂如嬰孩。其見之者．則謂與人無異．惟尋常人不能見耳。而左氏傳又謂新鬼大故鬼小．究以何說爲是。　答佛經謂如嬰孩．

非鬼之形狀、是指中陰身之形狀也。能見鬼者有二種人。一大福德人、偶然見者有之。一倒運人、或爲宿冤所追、偶一見之、定獲不祥。的確與人無異。復有一種狗眼人、尋常能見、餘則不能見耳。左傳之言未詳。

問先室病故、我叔祖既非巫又非誑、屢見亡者於三七日祝享。又見其來享匆匆即去。甚疑其事、祈就佛理明之。　答六道鬼趣原多饑餓、來享宜也。鬼本非常人所能見、令叔祖或一時偶得特別之眼能見之耳。

問世俗多言鬼神、如史册所載、章章可考。即如余妹亦曾親見之。當先父故後、送葬於山、將返、而妹在家（適年方四歲）將登樓、忽狂呼且泣而下、云見先父同上、所服與生前無異、言尚未終、而送葬者已抵門矣。以妹之穉、且覩其情狀、未必欺人。是鬼神實有也。但佛言六道未及鬼神、未識鬼神果有否。如有、屬於何道。不知鬼神亦有一世界否。　答佛言六道。其中餓鬼一道。即是鬼神。因餓鬼有三品。所謂無財鬼少財鬼多財鬼。普通之鬼。即是少財者也。神。即是多財者。標名餓鬼者。指此無財鬼。舉其苦報之極也。既有一道。即是自成一世界矣。（與人接近者與人世界類。與人不接近者與人世界異。）

問俗謂鬼死為聻。此說果可信否。　答佛說六道。有餓鬼道。是衆生生而為鬼也。鬼既有生。亦必有死。但死後輪迴六道。不定為鬼。今聻之字從鬼。則仍為鬼道衆生矣。

問自殺之人。亦是前生注定否。其人在世並無作惡行為。因被逆境所迫致令自盡。死後亦有罪過與否。果就與平人同轉輪乎。或云自殺之人另有一界。然乎否乎。　答自殺之報。或係現業所招。不定是前生注定也。如無惡行。但為境迫。則當係前業所致。若自殺者。心無怨憤。則死後受苦縱有較常鬼甚者．亦不致再造惡業．（卽索命討替之類）而報盡當另受生也。橫死之鬼．自與常鬼稍異．故謂另有一界耳。然亦有因生前福業已熟．而死後卽在人天道中受生者。非可以一概論也。

問偶閱自殺以後的眞相．其中有北京都城隍白公降乩一節。其一云．世間庸庸之人．其鬼最苦。橫死者尤甚．又難超生。又周倉臨壇問畢命時痛苦．何以至今尙現。諦老法師乃說法開示之。但如何說法未曾記載．請解釋之。　答橫死時精神痛苦．逾於善死。死後作鬼．習氣難亡．勢使然也。周倉之經歷多年．非不可能之事。然乩法都靈鬼僞托．未可遽認爲事實也。

問產婦死於產厄．人謂係寃鬼投胎。佛經有此說否。　答因果之理．相待而成。作者爲因．受者爲果。故母因胎死．胎因母害．俱有因果存焉。雖未見經文、於理可信也。

問聞友言彼於前一二年閱上海某人書、載有某地某家之母猪產五猪兒、甫產出、背上均有伍某李某等已故之名人姓名云。先生曾親歷否、有聞否、有是理否。　答未親歷、未聞。然輪回之理既確、此不過表示之方法耳。至於何以作此表示、蓋爲令應以果報得度之機緣已熟者見之也。

（三）　一切神識昇沈變化之研究

問佛學救刧編起信章六道升沉總因第六七頁、載楞嚴經云、此中「衆生分內」「衆生分外」、「潤濕不升自然從墜」「夢想飛舉、純想即飛」「若飛心中」「若沉心中」「衆同分中兼有元地」是何精義。請詳示。　答分猶言界、衆生界內事曰分內、界外事曰分外。潤濕屬水，水必下降，故曰從墜。夢想卽妄想，想心輕靈，故曰飛舉。純想無情，心卽飛舉。故目此想心曰飛心。目此情念曰沉心。同生十方地獄者，曰衆同分各有元應所墮之獄，曰有元地。此言六道衆生之升沉由於情想二心也。

問海潮音文庫中有云，「佛說衆生有十二類，不知出何經典，係何十二類。　答十二類生見楞嚴經。胎生，卵生，溼生，化生，有色，無色，有想，無想，非有色，非無色，非有想，非無想也。

問四生中之化生有種子否。所以由化而生之理事如何。　答一切衆生皆由業感識變，四生皆然。惟緣有繁簡，化生最簡。溼生實兼化溼，卵生實兼化溼卵，胎生實兼四生也。

問神仙妖怪當屬何道，　答神屬鬼，卽餓鬼中之多財者。仙屬人，別得生理。或屬鬼・謂靈鬼等。或屬天・爲四王天所統攝。妖怪・則多鬼畜矣。

問有云神仙之壽・僅數千萬年。如呂純陽等・則亦有壽盡之日矣。 答仙神壽命雖長於人・而亦不及天・天且有壽盡之日・何況仙神乎。

問說八部鬼神者是何經。 答散見經論・難舉專經。無已・可檢翻譯名義集第四卷八部篇。

問何爲天龍八部。 答此乃聽法衆・亦護法衆也。其名曰天・龍・夜叉・乾闥婆・阿修羅・迦樓羅・緊那羅・摩睺羅伽。

問八部之名其義若何。 答天即二十八天・天王。龍謂龍王・有四種・一守天宮殿・持令不落。二興雲致雨・益人間者。三地龍・決江開瀆。四伏藏・守轉輪王大福人藏也。夜叉此云勇健・有三種・一在地・二在虛空・三天夜叉。此居下下天・守天城池門閣。乾闥婆此云香陰・天樂神也。阿修羅此云無酒，又云非天，居近須彌山大海中，好與天鬭，同天及人，俱是善業之所招感，故列於六道之三善道中。迦樓羅此云金翅，兩翅相去三百三十六萬里，金翅鳥神也。緊那羅此云人非人，似人而頭上有角，亦天伎神也，較乾闥婆小，司天絲竹。摩睺羅伽此乃大腹行，卽蟒神也，世間廟神，多爲此類。

問歷代所傳關聖帝君的靈蹟，多有載在各家紀錄者。惟帝君未修出世之道，如何亦不墮輪迴，且得永久爲神耶。　答帝君是護法神，係鬼神類衆生，並未超出輪迴。神壽較長，誰云永久耶。

問寺內供關帝，其故何歟。　答因關帝亦爲護法神也。按天台四祖智者大師傳載，大師荊州華容人，隋開皇十二年，旋鄉說法，以答地恩。初至當陽，望沮漳山色堆藍，欲卜清溪以爲道場，意嫌迫隘，遂上金龍池北百餘步，有一大木，中虛如菴，乃於其處趺坐。一日天地晦冥，風雨號怒，妖怪殊形，倏忽千變。有巨蟒長十餘丈，張口向內，陰魔陳列，砲石如雨，經一七日。師憫之曰，汝所爲者生死衆業，貪著餘福，不自悲悔，言訖衆妖俱滅。其夕雲開月明，見二人威嚴如王，前致敬曰，予卽關羽，漢末紛亂，九州瓜裂，曹操不仁，孫權自保，予義臣蜀漢，期復帝室，時事相違，有志不遂，死有餘烈，故王此山，大德聖師，何枉神足。師曰，欲於此地建立道場，以報生身之德耳。神曰，願愍我愚，特垂攝受，此去一舍，山如覆船，其土深厚，弟子與子平建寺化供，護持佛法，願師安禪七日，以須其成。師既出定，見淋潭千丈，化爲平地，棟宇煥麗，巧奪人目，神運鬼工，其速若是。（卽玉泉寺是也）師領衆入居，晝夜說法。一日神曰，弟子今日獲聞佛法，願洗心易念，求受戒法，永爲菩薩之本。師卽秉鑪授以五戒。

於是神之威德昭布千里矣云云。

問或問關公聖人何以與韋馱並侍於彌勒菩薩左右。又傳關公繼任玉帝究有實據否。　答關公之神曾受戒於智者大師以護法爲責任故寺中供之爲伽藍神。並無與韋馱侍彌勒之事。關公稱帝乃道家之事。如在佛門當在四天王下。

問關公現任玉帝。倡說固屬外道。然我佛門亦應有確實證明其實與否方免譏謗我佛道之不若彼也。　答玉帝即帝釋忉利天主也此天壽命天壽千歲計人間三億六百萬歲（阿毗曇論）豈前玉帝遽爾壽終乎。又經載過去世時摩伽陀國有婆羅門姓憍尸迦名曰迦陀有大福德與其同友三十二人共修善業命終皆生忉利天上各在一處本憍尸迦今爲天主三十二友即爲輔臣居在四面合三十二故名爲三十三天。此佛經說玉帝之事實如此。彼以關公當玉帝者，諒出於乩筆，乃靈鬼附會之說，豈足據哉。又天台智者大師傳，載關公爲玉泉山神，聽大師法受三皈五戒，威聲大振。所謂玉帝，乃玉泉山主之尊稱耳，非天帝也。

問城隍神是否屬鬼趣。　答有福德曰神，無福德曰鬼。城隍是有福德之鬼。以六道論，亦鬼趣所攝。

問陰間閻王，係受何人之請而爲之。　答閻王是地獄主，有爲往昔衆生自己發願成就，報得作者，有是地獄衆生業識所現者，前實後假也。

問何爲中陰身。　答未死以前，是前陰。既生以後，是後陰。死後生前，爲中陰。

問經云人命終時，一彈指頃，即隨業向三途六道中受報，固已明悉。今據業論而已亡十餘年之先人以及逆惡之人・世人每以放陰法查探・則知彼等仍在幽冥。似此罪重者應投他道・何得均在幽界。或謂「所見者係彼等之識神本識早向六道受生耳」・既本識已託生・何得尚有留識乎。按本識係主動・然主動已去・被動焉存。又佛惟說「三界六道・」一幽界鬼魂等衆・究屬於何道。若言係鬼道・則成七道。例如施作法事・多皆利濟該道。而於經中未見有示及該道・及其壽命長短苦樂如何也。　答此幽冥界非地獄道即餓鬼道。然人死後未得生處・尚有所謂中有身者。以其將墮三塗・故亦在幽冥中行。倘將生人天者・當在光明中行也。

問人死則爲中陰身・此中陰身不久即隨業投轉・則世間所燒之紙箔究何用。又此中陰身最多・能歷多時不投生・及能記憶生前事否。或現形於人前否。　答紙箔爲鬼道所需，亦是人心念力所感。又中陰身係氣質，故需煙薰以資之。中陰歷時，經論中云最多七七日，又云無定。能記憶生前事，但不決定。形似六歲小兒。人見若生前時形者，亦心力感應之故。

問感應必讀中有百年須知一則所謂「水大分離，汗浹滲出，此時中陰身出現，……中陰身若作環走形，則來世轉生人道」不知何謂中陰身。環走形是何形象。　答人死後未投生者，謂之中陰身。陰是五陰，即色受想行識。在前後兩世五陰身之間，故曰中陰身，似鬼而實非鬼也。環走者，平面走成環形，別於向上向下也。

問唯識家言，命終之人，六七識全滅，只剩賴耶，爲中陰身，於有緣處，見男女交合，起顚倒想，遂託生。夫中陰既無意根意識，云何又有思想慾念。

答中陰身六根六識皆具，並非只剩賴耶。賴耶但持一切種子，並無形體。心色現行，乃起中陰。經云中陰身如五六歲孩。是已有形體也。

問儒云祭則鬼享之，佛云人死則爲中陰。是乃祖乃孫之致祭，必若祖若父之中陰鬼享之也。若云經輪迴而轉生，則享其祀者誰耶。　答中陰期短，大都是已化生作鬼者。若轉生他途，不能來享矣。

問人死五十六日無往生者，卽變爲鬼。其間爲中陰身。此說未知出何經論。　答人死不卽投生者，先成中陰身。中陰身七日一死，至七七日必投生。此說見俱舍論瑜伽師地論。

問盧師佛乘宗要中，常病世人計鬼，直如舞臺以角色爲本位者，然唯識家說流轉生死，往來諸趣而恆存者，卽第八識。但不知無始以來所往來流轉者，止有此數耶。抑能合數有情之識，引生後一有情乎。抑能分前生一有情之識引生後數有情乎。若一識捨一身復受一身。除聖賢不受後有不計外。遂無生滅增減。則世界不爲此類之舞臺。而以識爲本位耶。疑業果招感不若是之印板。　答識本無形離諸數量。但有情爲我執所縛。遂成以一引一之狀。至於此界爲衆生依報。就別報而言亦一識引一世界也。

問請示人道業輕心靈鬼神則業重之理。　答人道善類也。鬼道惡果也。人爲萬物之靈。指心靈也。一墮鬼類唯覺受苦之不暇。卽有五通不得自由。雖有靈心爲業所繫。業不重不墮鬼趣。

問人道業輕心靈。神鬼所不及。何以人無五通而神鬼反有。　答人鬼是果報不是業因。不可相提並論。若同以果報比較人能造作世間出世間一切事業。而鬼神率爲饑餓所困。相去天淵矣。至於五通。亦甚微小。

人能察貌辨色。車馬飛行。何嘗遜於神通耶。

問衆生輪迴。是否因果報而致。　答是也。果報二字。但言其應。若言其感。則在惑業。惑者。煩惱也。其強者爲貪瞋癡慢疑邪見。此皆能發於身口。汩沒良心。令受苦報。故有生起。若業力消失。則一期報盡而死亡。然業力新陳代謝。陳者失而新者起。故又令其受報而更生。如是生死循環不息。故曰輪迴。是故欲斷輪迴。莫若不造惑業。此正我佛度人之道也。

問輪迴投生等理。未能明白。宜看何書。　答請看楞嚴經第七八九卷及瑜伽師地論第一二卷。若以淺顯言。則華嚴原人論合解下卷。及周安士全書中欲海回狂卷三。可檢閱之。

問或謂天堂地獄。決無其事。諸佛菩薩。不過假此以勉人爲善。與聖人神道設教之意相同。仁者之意何如。　答此不然。天堂地獄。佛菩薩及有天眼者皆能見之·佛經中歷舉其狀·詳細已極·實有其境·並非假設。況善惡因果理既不無·事亦隨施。如果虛妄假借·豈足爲法·尙能化人乎哉。

問天堂地獄是否鬼神造成。　答華嚴經云·若人欲了知·三世一切佛·應觀法界性·一切唯心造。夫地獄天堂·豈心外物乎。經云自作自受。非虛語也。

問易白沙言「佛家則謂大地河山乃由心造·人且非眞·鬼將焉附·惟小乘說法·頗有鬼神之談。」若照此論則佛家福善禍惡天堂地獄之說·均爲對下根人說法·大乘菩薩固無神鬼之談。但余深信因果·對易君無鬼論甚是懷疑。望指其錯誤之點（易君言見所著諸子無鬼論）

答六道衆生·皆由業感。造業之原·厥唯是心。故曰心造。心造之法·相有性無。雖曰非眞・亦當幻有。易君但知其眞・不知幻有。是其誤處。須知吾人未脫輪迴・終未離幻・在幻之時・幻卽是眞。如人在夢・夢中景象一切皆眞・待夢覺後方知其非。故知天堂地獄・並非空談也。

問佛經中言天堂地獄最詳者爲何經。　答小乘經中・正法念處經有地獄品觀天品最詳。此外言地獄者・有佛說泥犁經・佛說鐵城泥犁經・佛說四泥犁經。大乘經中・如楞嚴經第八九卷・及華嚴經等。他若小乘論之阿毗達摩俱舍論・立世阿毗曇論・皆廣說法相。

問天堂地獄・各教傳說各異。然究係各教有各教之天堂地獄乎・抑相同歟。若不相同・是佛世界外又有他教之世界。若云相同・而各說又難融會。祈詳示。　答雖有不同・然畢竟佛說最詳。非各有世界・乃所見有詳略正訛之殊耳。

古農佛學答問卷二終

古農佛學答問卷三

法義研求門

（一）因果

問佛以何等法爲教化衆生。答以因果四諦十二因緣六度四攝等法教化衆生。

問何爲因果。答一切事物必有由起·是之謂因。必有終趣·是之謂果。

問因果之法若何。答因果之法·以同類相應爲定律。故善因結善果·惡因結惡果。

問受因果之教者有何利益。答知有因·則受苦者不怨尤。知有果·則爲善者勸。

問有因必有果·有果必有因·喻如植物種子·種瓜得瓜·種豆得豆。但如此項種子落於石上·或被人藏於瓶中·不遇水土適當之緣·雖有種子亦難發生。然則緣與因同樣重要·設無適緣·因亦不能生果·因果律豈不破壞。而且因爲緣有强弱·果乃不同·植物種子之遇增上緣·或强或弱·（如水分充足不充足·及泥土肥沃不肥沃等·）似屬偶然·無有一定。因而疑及人之造善因者·如緣有一定·自感善果·設緣無一定·不啻偶然·雖有善因·難料其必感善果。且因爲緣有强弱·縱善因甚大·如遇弱緣·亦難得大善果。僕懷此疑·而及輪迴淨土。如此疑冰釋·則對輪迴淨土亦可深信矣。

答　因必有果·果必有因·此因果之定律·缺緣不生·違緣不生·緣有强弱·而生有變化者·此緣生之定理也。因果有必然·緣生或不定·所不定者·時間有早晚·分量有大小耳·非不生也。然須知萬法唯心·因由自造·緣亦自招。正惟緣之不定·應當抉擇取捨·不當委爲偶然。放任微倖也。又復應知因壞則果亡。欲壞其因。須修對治。對治者以善克惡。以淨克染。是故善因若長。則惡因自消。淨因若增。則染因自滅。如水滅火。如燈破闇。此輪迴之所以可出。而淨土之所以可生也。夫何疑哉。○按因果言體。緣生言用。但講因果而不講緣生。則成宿因論外道之說。非佛說矣。

問因該果海。果徹因源。如何解釋。　答此言因果相應。非截然兩事也。蓋因爲未成就之果。果不外因。故曰該。果爲已成就之因。因不隔果。故曰徹。海源者。果因之喩也。

問世間的成功。太虛法師講。是由於四大種子爲因。衆生業力爲緣。據此兩語。觀察衆生業力爲緣一語。似指情世間說。四大種子爲因一語。似指器世間說。尙不知其如何爲因。如何成功。請發明其理。　答因是生果之親因緣是生果之助緣因緣和合而乃果生。二語相因。不可分也。四大種乃色法之種子。色香味觸乃四大種所造之色法。又稱色種子。器世間者。卽此色種子所成。卽四大種所造。其所以能造者。非業力爲緣。則不得成。譬如造室以木石爲因。以匠人工作及室主計劃爲緣。孰謂器世間而不藉業緣耶。

問此報身壽命根於前生積業。然道家養生術能延長壽命。不爲業拘。何也。答業因招果。還藉助緣。養生術是一種助緣。能令招果發生變化。但須知此養生術亦是前生積業所招。故因果之法。係一種複雜之法也。

問佛經所謂欲知前生事。今生受者是。欲知來生事。今生作者是。今設有某甲無故爲某乙所殺。在甲論之。則爲前生之業。今生應受。在乙論之。

又爲新作之業・來生當報。然甲既爲前生之業・則乙何有後生之報。乙既後生應報・則甲何來前生之業。理實不解・敢請明示。　答業報往來・如擊懸球・往復不停。如不滅其動勢・終無得住。所以業報循環・惟有不報可以中斷。故佛教人持戒及忍辱也。

問定業不可轉移・何以又云業由心造亦由心轉。　答不定業可轉・故云亦由心轉。然定業之說・乃事後評判之詞・非事前可以斷定也。故剋實而言・業無有不可轉耳。但緣不具足・致不及轉・遂成定業矣。

問吾人從無量劫來所薰習善惡種子。其成熟受報是否次第抑以多者先受。又宗門中開悟見性之人・昔所薰之種子・是否消滅抑仍有餘習。

答成熟先後・視薰習淺深及有無障礙以爲斷。宗門見性是見道思惑種子尚未滅也。豈但餘習而已。

問楞嚴經說人羊互食。難道推至微細含靈，亦復如是乎。譬如拍殺一蚊蟲，未來世中亦欲報怨，此種理由，實難啓信，何以故，未來世中，此蚊何能認識此人而報怨耶。倘係人與人或人與牛犬之類，互殺互食、或偶有之。難道佛家歷史上，亦有蟲蟻類殺人報怨之證據乎。　答因果之理，無間鉅細。如何信彼不信此。業怨報復，乃業力使然，不必彼此認識也。蚊蟲螫人，傳植毒菌，可致人命，世固常有，奚必佛史乎。

問祖宗善惡，子孫得受其禍福否。若曰得受，則祖宗不受自果報，而因果之理不通三世矣。或曰祖宗仍受果報，則一因何有二果，倘子孫不受，則何以有「積善之家必有餘慶，積不善之家必有餘殃」等說。　答佛說三世因果，均論一己之受報，並無祖宗子孫之言，所舉原不盡合理。若曰餘殃餘慶，是就造業者言之。猶為善之能自利利他，為惡之能自害害他也。

問設今有二人爲惡·一貧一富·富者可請僧超度·貧者無力超度。則依理其受果報有異矣。但因果豈可有貧富之分哉。　答所云受報有異·是超度與不超度之分·與貧富何涉也。進而言之·貧富之分亦自有其不同之因耳。

問自古以來·每看奸貪之徒·富貴極樂·而得善終。賢聖之輩·寂寞清貧·無好結果。神道將何所在乎。　答此說全不盡然。惟爲富不仁·爲仁不富·亦分所當然·至云神道何在·則大誤矣。儒家談命·佛家言業·報於神道何涉耶。

問顏回仁而夭·盜跖暴而壽·於因果何說。　答因果之法·通乎三世。仁暴但植來世之因·果尚未至。夭壽乃食前世之果·因在曩時。若局於一世·

烏能窮因果之理，而徵相應之實乎。

問夷齊餓死，盜跖壽終，儒家懸爲疑案。司馬遷尤爲不平。佛法統三世論因果，究竟夷齊盜跖之後身，在何道，善惡報應如何。佛書必有記載，請開示。　答夷齊淸高，論理宜生欲天。盜跖暴厲，當墮地獄。佛經雖不載此我國人事，依因果之律，謹答如此。

問悟達受沉香之座，尙損福而招報。余不識此事之所以然，請將悟達歷史及事實，一一示之。　答唐懿宗十二年，師住持安國寺，上親臨法筵，賜沉香莊嚴寶座。後僖宗駕幸成都，召師赴行，及歸道經九龍山，忽於左膝上生瘡，狀若人面。入山遇寺，因留宿焉。明旦至泉所掬水洗瘡，瘡忽人語曰，西漢時公爲袁盎，吾爲鼂錯，錯被害，累世求報於公。公爲高僧，戒律精嚴，不得便。今汝受主寵，名利心起，於德有損，故能害汝。今蒙

迦諾迦尊者洗我以三昧法水、此後不復與汝為寃矣。師掬水洗之、痛極而暈、及醒而瘡已消、回顧寺宇、不可復見、因建庵焉

問作惡如處暗室之中、一聞大道而遷善、則如光明大作、暗氣全無、是以悔過遷善者、前罪已消盡於冥冥之中、是固然也。然余觀悟達國師事、則不覺有感焉。蓋國師者世之高僧也、修行已數世矣、其悔過遷善、亦可為甚矣、而不免人面瘡之業。此余所不解也。　答罪之輕者易消、罪之重者難滅。袁盎枉殺鼂錯、罪之重者也。然仗迦諾迦尊者之解寃、而罪即消、亦非終於不易也。須知情不盡、業不空、業不空、報不滅。達師榮情感報、賴法力空之而消。概可知矣。

問念佛一聲、能滅八十億劫生死重罪。梁武帝於佛道功德、較之念佛一聲、總在恆沙倍以上。何以困餓之厄、尚不能滅乎。使後人疑惑、而阻人

奉佛，均以梁武餓死爲藉口。或以功德雖大，而因果總不能滅乎。然八十億劫之生死重罪，無一非由惡因造成，既不能滅此因八十億劫重罪之果，當然亦不能滅也。經之云者何哉。歌利王無惡不作，又殘害忍辱仙人，罪等出佛身血，應罹無間地獄，何以反貴爲大臣，並蒙佛首先度之。如因果何。統祈明示。　答業報因果，無量劫來，彼此先後，殊爲複雜，豈可作一種因果簡單着想，業報相應，因果無錯，理實如是，幸勿以事迹參差而生疑惑。彼藉口相譏者，盍於業報因果之理一研究之。

問袁了凡先生之遇雲谷禪師，一事不知其間亦有數存焉否，若係定數，何以孔公算他不出。若云非數，則何以解於萬事皆有定數之定理。

答言數言命，均落邊際，故不能範圍萬法，惟佛說諸法緣生，依因緣之若何而發生變化，非有定量也。若就能知一邊而言，凡夫以推測知，聖人以神通知。又惟佛知最盡。定數者、即就所知之限量而言也。遇師發心、皆屬因緣、皆可言數。孔公不知者、孔公之智短耳。

問諺云、欲知前生事、今生受者是。則今世之果報、早種因於前世耳。則今人之一舉一動、亦必前定、人豈可違哉。故鄙人之得聞佛法、亦前之善因耳。我嘗觀了凡先生四訓。彼之言曰、數雖前定、然非大善大惡不足以易之、是人之能為大善大惡、亦前定耳。彼又云遇僧修善而數不驗。然則了凡先生之能遇此僧、又安知其非前定耶。倘先生之不遇此僧、又何能違數修道耶。然則其能如是、亦前善根所致耳。而彼謂人定勝天、吾是以惑焉。　答所疑甚是。但人定勝天之語、天即指前定之因。須知因雖前定、然得報之先後輕重則不定、所謂勝者、不過將善惡報提前先受、或變苦報之重者為輕耳。復次、此種因果、皆是唯識所變、而本識上之功能（稱種子）相順者。此生彼生。相違者此生彼滅。猶海中波浪起伏動靜。皆即水性風性之自爲乘除耳。

問定業難逃。雖釋迦佛尚受金槍馬麥之報。何以袁了凡能挽囘定業。是否當時袁了凡善業已經成熟。故能現此挽囘定業之現象。　答業性本空。安有定業。金槍馬麥之報。釋迦世尊爲增上慢人示現方便耳。袁了凡既能轉業。即是不定業矣。又可說世間法有定業。出世法無定業也。

問修行如能轉業。而佛在世時如何尚受金槍等報。倘不能轉業而修道人又何能業消慧朗障盡智圓。　答佛示受金槍等報。所以戒人增上慢也。然修道人在見道位後。即可業漸消而慧漸朗。至佛位而障盡智圓。要在精進修習也。

問阿闍世大逆不道，以佛法論，應墮阿鼻地獄，萬劫不復。乃觀其報應，僅徧身生瘡，奇疼難忍，蒙佛佑護，得免於死。是重罪輕報乎。抑尚有重報爲後學所不知乎。請問阿闍世如何死法。其重報若何。定業難逃，佛書所記者甚多，如二十四祖師子尊者，已斷惑證眞，功行圓滿，猶不免於罽賓國王之斷頭，而謂身犯根本重罪之阿闍世，僅報以瘡疾，殊難憑信。　答阿闍世亦是菩薩應化。作逆行，以從提波達多教。故後於文殊師利菩薩處聞法得悟。（見阿闍世王經）而普超經稱之爲不動菩薩。可知其宿根深厚，能轉定業也。

問教乘法數，九數內，佛有九惱，中有釋尊「乞食羅伐城，忽有木槍迸前，佛知定業，展足受刺」一節。據此佛尚不能出乎定業之外。何以袁了凡四訓立命篇說，「極善之人，數固拘他不定，極惡之人，數亦拘他不定。」然則佛尙不能稱極善之人乎。　答極善的業。必得樂果。極惡的業。必得苦果。此卽定業之說。至因此樂果改變同時的苦果。亦正是此苦果之因其業力不強之故。准此。則於定業之說。有何矛盾。至佛所受苦。正見其苦因業力之強。乃在未曾成佛時之惡業所致。與成佛後之善惡無有交涉也。

（二）　四諦

問何爲四諦　答一曰苦諦。二曰集諦。三曰滅諦。四曰道諦。諦者。詳審之言。眞實之法也。

問何爲苦諦　答佛說有八種苦。徧綸世間。一曰生苦。二曰老苦。三曰病苦。四曰死苦。五曰愛別離苦。六曰怨憎會苦。七曰所求不得苦。八曰五陰熾盛苦。

問世間豈無樂事乎。　答樂亦是苦。蓋世間之樂常易壞滅、樂壞滅時、其苦倍盛。樂爲苦因、是名壞苦。

問尙有不苦不樂時。豈亦是苦。　答是名行苦。雖不現苦樂之相、而身心遷變、流轉不停。故亦是苦。嘗見世人以無事爲苦、而欲尋事者、是可證也。

問何謂五陰熾盛。　答我人身心、可分爲五。一色、二受、三想、四行、五識。陰覆蓋也。常被籠罩、難可解脫、故曰熾盛。例如聲色之欲動、輒縱發、臨事有擾惱之苦、事後身心俱病、苦孰甚焉。且因其造業、感招後報、尤爲衆苦之先導者矣。

問何爲色受想行識。　答有質礙者、爲色、其相有四、爲地水火風、凡固體通名爲地、液體通名爲水、氣體通名爲風、其溫度則名曰火。身內如是、身外亦然。心能領納外色，名之曰受。心感受外色後，能如外色而想像之。是爲想。心想外色後，卽有好惡之念，發爲身口之業，是名曰行。對於外色種種分別記憶不忘，是名曰識。

問識有幾種。　答識有六種，緣眼見色，名曰眼識。緣耳聞聲，名曰耳識。緣鼻齅香，名曰鼻識。緣舌知味，名曰舌識。緣身覺觸，名曰身識。了別想像，是爲意識。按大乘法再開意識爲意及藏識，總爲八識。

問學佛淺說初機淨業指南諸書內，有人天之福，若享盡，仍不免苦業隨之。竊謂福卽樂也，福盡樂亦盡，但專享心性之樂，無罣無礙無煩惱，卽儒所謂孔顏之樂，又所謂爲善之樂，又所謂盡五倫八德之樂，不知此種樂亦懼享盡而苦業隨之否。　答所云福若享盡，則來苦報者，就其一段福業言之也，在因之福業不常，卽在果之福報有盡，借使其人常造福業，無有間斷，則其所享福報，當亦相續不已。人天之造福，是以無常之心造之也。因業無常，故果報亦無常耳。居士之心，無常否耶。居士亦人也，其心亦無常之心也。若其任運而行，一旦境運變遷，卽失所樂矣。故菩薩發心，必其念念相繼，無有間斷，身語意業，無有疲厭。又必須無我人之相，離六塵之垢，無他，不使其心有生滅耳。若能如是，則福報卽無盡矣。復次居士今享之樂，亦卽昔日福業所生之果。使居士昔日造福時，以無常心造者，則此樂終有盡也。若問此樂何日當盡，則答之曰，死之日，卽盡之日也。

問何謂集諦。　答佛說一切苦惱起於貪瞋癡三種惡意。以此三者有招集苦果之義，故稱曰集。

問何以言起於貪。　答貪則求，求而不得，則苦惱生。求而得之，非以爲足，則苦惱生。

問何以言起於瞋。　答尤人怨物。喪心致憤。則苦惱生。

問何以言起於癡。　答以無爲有。以妄爲眞。祈神禱鬼。空生畏怖。則苦惱生。

問何謂滅諦。　答佛說貪瞋癡滅。則苦惱滅。三種意惡。斷除淨盡。則苦惱眞實消滅。故曰滅諦。

問何謂道諦。　答佛說欲滅苦者。當修行八種聖道。一曰正見。二曰正思。三曰正語。四曰正業。五曰正進。六曰正定。七曰正念。八曰正命。

問何謂正見。　答識因果。明邪正。是謂正見。

問何謂正思。　答常思濟物。利人。是謂正思。

問何謂正語。　答遠離妄言兩舌惡口綺語。常作眞實和悅柔軟審思之語，是謂正語。

問何謂正業。　答不爲獵漁屠牧造酒等業。及製一切傷人之具者，是謂正業。

問何謂正進。　答見惡務去，見善務興，力行不怠，是謂正進。

問何謂正定。　答行佛教誡，堅持不動，是謂正定。

問何謂正念。　答於佛法僧常念不忘，是謂正念。

問何謂正命。　答不犯禁戒，清淨自活，是謂正命。

問說四諦法，有何義趣。　答令聞者知苦斷集，慕滅修道。

問能修道者有何效果。　答修正道，則煩惱斷。煩惱斷，則苦惱滅。苦惱滅，則身心得解脫而自在，不致爲業所牽，不復來世受生。而成阿羅漢果。

問因集成苦果，以道治集而滅之，何以苦諦中十使，其餘三諦亦有十使七使八使等，共成八十八使。尤其在滅諦中有之，更不明白。又何以集諦中反祇有八使少去二使。又何以人天二界須重複修習斷除。請開示。　答八十八使，是見惑之數，以其迷於四諦之理所起之煩惱。故就四諦爲分配。如苦諦下十使，卽是不了苦諦而起之煩惱，亦具足此十使者，卽是不了苦諦理也。如集諦下七使，卽是不了集諦而起之煩惱，唯此七使。集諦者，但是業因並無我體可執，故無身見。既無身見，卽無邊見。戒禁取見，乃外道修人天謬執之因，卽以於自身修苦行爲目的，故爲迷苦諦所攝，而不列於集諦，去此三見，但存七使。迷滅諦理，亦起七使。迷道諦理，則但起八使。多一戒禁取見者，以道爲出世因，迷此正因，故以戒禁取爲因，以戒禁取爲因，卽是戒禁取見。此乃欲界見惑共三十二使。至於色界無色界，各比欲界少一瞋使，故各爲九使六使六使七使兩共卽五十六使。三界見惑共計八十八使，至見道時一齊頓斷，故曰見惑。見道者，卽了解四諦理之謂也。

問修至若何地步，乃云得道。請舉例而引證之。　答修至煩惱業盡，我法執破，不受生死苦輪者，謂之得道。然道猶路也，有其初端，有其終盡。修行人見道之後，遵道而行，從始至終，進寸得寸，進尺得尺，皆曰得道。小乘之羅漢，大乘之菩薩，皆中途得道者也。究竟得道者，惟佛一人而已。

問永嘉證道歌云，悟則業障本來空，未了應須還宿債。末又云未了吾今爲君決。此中了字作何解釋，到何地步，方可稱爲眞了。實了吾實未了，請君爲我決了。　答了卽作悟字解。但悟有解悟證悟之別。前業障本空，解悟之了也。達業障已空，證悟之了也。業空安有債，決了者，示了之之力也。到業空地步，則眞了矣。若問業空境界，則須於業自在。

問三界見惑指何。　答惑者．煩惱也。見者．見道也。見道時（小乘須陀洹果）所斷之惑．謂之見惑。三界爲欲界色界無色界。三界衆生．對於苦集滅道四諦事理不能了解．有所迷謬．因而發生貪瞋癡慢疑惡見等煩惱．共有八十八數。如何支配請查法數。

問如何是三界思惑．應如何伏除之。　答修道時（小乘中二果及阿羅漢向）所斷之惑．謂之思惑。三界衆生分爲九地．（欲界一地色界四地無色界四地）各有九品煩惱。共八十一數。見惑粗．思惑細。修我空觀．證眞諦理．方淨二惑也。

問塵沙惑是否指無明惑。　答否。不了俗諦理所生之煩惱．其細如塵．其多如沙．故曰塵沙。無明惑者．迷中諦理而起之煩惱。卽所謂不了眞如法性也。

問見惑有八十八數・思惑有八十一數・其數可否列舉指實以明之。斷見惑思惑・謂之大徹大悟・徹悟後洞見本性・是否即具三身四智五眼六通。

答迷理之惑・謂之見惑。惑即煩惱・以十使論・爲貪瞋癡慢疑身見邊見見取見戒禁取見邪見。所迷之理・以世出世間因果之四諦而論・爲苦集滅道。能迷衆生以三界論・爲欲界及色無色界。如是支配有如次表。

界	諦	惑數
欲界	苦諦下	十惑（即十使全）
	集諦下	七惑（貪、瞋、癡、慢、疑、邪、見、取、）
	滅諦下	七惑（同上）
	道諦下	八惑（同上加戒禁取）
色界 無色界	苦諦	九惑（十使除瞋）
	集諦	六惑（除瞋、餘同欲界、）
	滅諦	六惑（除瞋、餘同欲界、）
	道諦	七惑（除瞋、餘同欲界、）

統上三界見惑共計八十八使也。

迷事之惑謂之思惑。小乘計欲界有貪瞋癡慢之四。上二界各有貪癡慢之三。共有十煩惱。大乘計欲界有貪瞋癡慢身見邊見之六。上二界除瞋各有五。共有十六煩惱。若以欲界之一地（五趣雜居地）色界之四地（離生喜樂地定生喜樂地離喜妙樂地捨念清淨地）無色界之四地（空無邊處地識無邊處地無所有處地非想非非想處地）爲支配則每地各分九品。（上上上中上下中上中中中下下上下中下下）共計八十一品。

見惑頓斷。斷後即得見道位。（小乘初果大乘初地之初）思惑漸斷。斷時即修道位。（小乘二向至四向大乘初地至十地中心）斷後即極果位。（小乘阿羅漢果大乘佛果）大徹大悟。係禪宗見道之位。已斷見惑。尚須修道以斷思惑。有謂思惑亦頓斷。但尚餘習氣須淨除。未至佛果。未具三身四智五眼六通。

（三） 十二因緣

問何為十二因緣。答此正明衆生三世因果相續不斷之法也。所從起者曰因。所依附者曰緣。數有十二。曰無明。行。識。名色。六入。觸。受。愛。取。有。生。老死。

問三世因果於十二因緣如何分配。答無明行二支。為過去所造之因。識名色六入觸受五支。為現在所得之果。愛取有三支。為現在所造之因。生老死二支。為未來所得之果。

問十二因緣相續不斷之狀若何。答無明為緣而生行。緣行生識。緣識生名色。緣名色生六入。緣六入生觸。緣觸生受。緣受生愛。緣愛生取。緣取生，有緣有而有生，緣生而有老死。

問何謂無明爲緣而生行。　答無明者迷於事理，妄有作爲，故生行。

問何謂緣行生識。　答既妄作爲，養成習慣於心坎中，染著不失，故曰緣行生識。識也者，卽習慣所成之第二天性也。

問何謂緣識生名色。　答識但是了別執取之功能，無相可得，惟有其名，然其所識則有相，故曰色。於一心識含有名色之二，此正識神托胎時也。

問何謂緣名色生六入。　答名色再分，成眼耳鼻舌身意之六根，爲六塵所入處，故曰六入，又曰六處。此正在胎成形時也。

問何謂緣六入生觸。　答由有六入能與六塵接觸，所謂眼觸色，耳觸聲，鼻觸香，舌觸味，身觸冷暖滑澀等，意觸法，此乃出胎後也。

問何謂緣觸生受。答既與六塵接觸，乃生感受，或苦或樂或爲無記，此在十歲內外時也。

問何謂緣受生愛。答感樂受者，心生愛著，感苦受者，心生憎惡，此在二十歲內外時也。

問何謂緣愛生取。答愛憎心盛，對於外物，心生貪著，此在三十歲內外時也。

問何謂緣取生有。答心既貪著，發諸身口，乃成事迹，故曰有。又此事迹各有所屬，善屬善道，惡屬惡道，乃作來生受報之因，故曰有。此在三十歲以後矣。

問何謂緣有而有生。答既作受報之因，必獲所感之果，卽於所感之處，得後有身，是爲有生。

問何謂緣生而有老死。　答既有生後、漸漸變易、曰老。復歸壞滅、曰死。

問此十二緣生、止於三世乎。　答因緣相續、何止三世、世世復三世、乃至無窮。

問緣此十二、烏得無窮。　答此十二緣、不但相續、乃復循環。

問循環之法若何。　答此十二緣、兩重因果、前後均略、中乃詳盡。若合言之、過去無明、卽現在之愛取、過去行、卽現在之有。是爲因。現在識名色六入觸受、皆有未來生老死之相。是爲果。因既生果、果復爲因、因因再生果、循環不斷、是故無窮。

問說此十二因緣有何義趣。　答欲令聞者反緣生爲緣滅故。

問何謂緣滅。　答無明滅則行滅、行滅則識滅、識滅則名色滅、名色滅則六入滅、六入滅則觸滅、觸滅則受滅、受滅則愛滅、愛滅則取滅、取滅則有滅有滅則生滅生滅則老死滅。
問緣滅有何利益。　答緣滅則生緣斷即得無生不受後有自在解脫。
問緣滅解脫後何如。　答即成緣覺聖果。

（四）　六度

問六度之法若何。　答此乃佛教積極之法菩薩所修之行也一曰布施二曰持戒三曰忍辱四曰精進五曰禪定六曰智慧此六者謂之六波羅蜜波羅蜜此云彼岸到與渡義同故譯曰度。
問修布施度若何。　答曰見一切來求索者隨力所能無不施與或以財物施或以無畏施或以佛法施不求名利恭敬唯念自利利他回向菩提故曰度。
問何謂無畏施。　答見有厄難恐怖危逼方便救濟使無怖畏謂之無畏施。

問修持戒度若何。　答佛說教戒、止人過非。其重禁者、不外殺盜淫妄邪見五事、若詳言之、有五戒八戒、在家人應持者也。十戒二百五十戒、出家人應持者也。十重四十八輕、則爲菩薩大戒。不論在家出家、但發心修菩薩行者、皆得受持之。持戒清淨、則障惑永除、得證涅槃。故曰度。

問修忍辱度何如。　答應忍他人之惱、心不懷報。於利衰毀譽稱譏苦樂等法、皆當忍之。謂於順逆之遭、不動於心、安然忍受也。

問修精進度若何。　答所謂修諸善行、心不懈退、常勤策勵。若初學者、多諸業障、或爲世務所纏、或爲病緣所迫、益宜勇猛精進、晝夜六時禮拜諸佛、供養讚歎、懺悔勸請、隨喜回向無上菩提、發大誓願、無有休息、令惡障銷滅、善根增長。

問何謂禪定度。答禪法三門，別而言之，世間禪仍墮生死，不可云度。出世間禪，二乘所修，雖得無生，度非究竟。出世間上上禪，乃是菩薩大士所修，得證佛果，方爲究竟度。若通而言之，皆是入道因緣，故曰禪定度。

問何謂般若度。答般若是佛智，佛已究竟解脫，故曰度。菩薩修行般若，當成佛道，故亦曰度。

問菩薩云何修行般若。答知法本不生，不起妄念。知法界一相，不起分別。知法相隨緣，不壞假名。金剛經云應無所住而生其心，此爲修行般若。按達磨尊者所傳直指一心見性成佛之法，乃是般若法門。彼以鍊丹出神爲參禪，而且托爲達磨所傳者，亦何妄耶。

問何謂法界。答此卽萬法本體之名，界有因依義，爲萬法所依之體，絕對唯一，故稱一相。

問何云六度爲佛敎積極之法。　答菩薩修六度．不獨自度．亦爲度他。且以度他爲自度．所謂度盡衆生方證菩提．地獄未空誓不成佛．是也。既以度人爲務．豈非積極之法乎。又觀菩薩所發誓願．一曰衆生無邊誓願度．二曰福智無邊誓願集．三曰佛法無邊誓願學．四曰如來無邊誓願事．五曰無上正覺誓願成．豈非積極之行乎。然此諸行不出六度．故六度爲積極之法也。

（五）　性理

問人之初．性本善．性相近．習相遠。是性善之說也。但人既生而性善．不知與誰習而相遠．若謂人之環境不同。然則人除與人接觸外．再則爲自然環境．環境自然環境．環境何以能使本善變成不善也。請問。　答儒家性善之說至孟子而益彰。孟子曰．「乃若其情．則可以爲善矣．是乃所謂善也。

一是性之善、實由情善而推得之者也。情之發也、久則易偏、久則爲習矣。或偏於柔、或偏於剛、而遠於中和、則惡矣。是故守性而折情、則常中和而爲善。若任情而失性、則偏乖而爲惡矣。無論人爲環境與自然環境、若縱情久習、未有不與性相違者。

問佛經中往往以心性二字對舉、是否性以體言、心以用言。　答性言體、心言用可也。但心性二字並非相對、猶云心之體耳。如云法性爲法之體、色性爲色之體也。

問佛家說一念心性不落內外中間、惟一無二。但見有人舉刀將蜈蚣斬成五六段、明見段段皆動。此時蜈蚣之心性、不知究在那一段。　答心性既不落內外中間、卽內外中間無所不在。故段段上皆具心性。心性惟一無二、二在一切在。故一動一切動耳。須知物質有段、心性豈有段哉。

問全眞即妄、全妄即眞、二語、出何經作何義。　答全眞成妄全妄即眞二句、台宗祖師釋經之常用語。其義謂我人之妄念、即迷此眞心所成、一迷全迷。故曰、全眞成妄也。既迷全眞而成妄、則妄性原空、即是全眞。故曰、全妄即眞也。

問吾人最初因眞如不守自性、一念妄動而有無明。倘依教修證、復本具之眞如佛性、未識本具之佛性、與後修證之佛性、有無差別。　答本具佛性、猶礦中之金。修證佛性、猶煉出之金。但在礦出礦之異。金無殊也。

問有人問、佛法談空。但「空的究竟」若何。　答一切法相、從顚倒心生者、如我相、人相、法相、非法相等。故應空之。以其如夢如幻、本來不有也。能觀此空相、證得空理、即是顚倒心滅、眞如心顯。則法法皆眞、頭頭是道矣。是爲空的究竟。

問吾人現前一念靈知、是否卽眞如本性。證眞如是以心證心、抑以識證心。　答前後際斷曰現前、不落差別曰一念、非昏非掉曰靈知。若此者、卽是始覺。究竟始覺合本覺。本覺者、眞如本性也。證眞如者、以心證心卽始覺合本覺。此義須研究台宗之性具法門、非一言所可盡。

問眞如覺性遍滿十方、是集合體、抑可以分離。一滴之水、微生蟲不知其數、是否個個皆具有佛性。使皆具有佛性、然爲菩薩也、則丈六金身、墮於微蟲也、何以性之縮小如是。殊爲費解、　答眞如旣稱覺性、非一相非異相、非一異俱相。那裏是集合體、可以分離乎。說大說小、是相非性。相有性空。不可併爲一談矣。譬如水具溼性、大海之水、盂中之水、大小不同、而溼性原無有異。丈六微塵、應作如是解。

問周子茂叔之言無極太極乃指心言。佛說一眞法界，與眞如三昧，似乎亦屬心法，（增上定學）似乎定中所見之境界。然此等境界，未知是否由於色究竟天或他化自在天天子加持變現所致者耶，抑否耶。

答佛學中言事之本來如是者曰性，言事之做成如是者曰修。一眞法界屬乎性，眞如三昧屬乎修，不可混同。若言眞如，卽指一眞法界之德。而所謂心者，法界作用所顯著者也。眞如離四句絕百非，超乎有無之表，入乎有無之中，故言無則曰眞空，言有則曰妙有。無極太極之說，能與是相侔者乎，是未可以爲例矣。眞如三昧，卽是會證眞如之一種作用，乃佛力所加持，法界力所顯現。來問云云，未免唐突。

問陸象山曰，宇宙卽是吾心，吾心卽是宇宙。如是則又圓成唯心論之宇宙觀矣。西洋有唯心論哲學，儒家有陸子之宇宙卽心說，佛法則又有一切唯心所造之說，如是宇宙唯心之說，當是定論矣，但此種原理，未知是否純由於定中所得之心境界而致知者耶。直覺直證而得之者耶。抑別有他法可以證明之耶。　答宇宙唯心之說，不若唯心所造之說之圓妙也。圓妙何在，卽體用兼賅是。此種原理，乃是般若之所抉擇而得者。所謂如理智如量智也。此二智者，若非經過戒定之功，撤盡煩惱所知二障，莫能成就。然此乃就現量所證者而言也。若就比量言，則境隨心轉，其例正繁。如證以聖教量，則一大藏教，無非鐵案。

問程明道之談心也，曰心一也，有指體而言者，寂然不動是也。有指用而言者，感而遂通天下之故是也。此似乎與佛法隨緣不變，不變隨緣，寂而常照，照而常寂之說相似，未知程子所謂寂然不動與感而遂通天下之故，是否卽是眞如三昧。　答寂然不動，感而遂通天下之故，祇寫得不變隨緣與寂而常照景象、所謂從體起用也。至用不離體之隨緣不變、與照而常寂。尚未夢見。安得謂之眞如三昧。

問古佛有偈云、「假借四大以爲身、心本無生因境有。前境若無心亦無、罪福如幻起亦滅。」眞心本無生滅、其因境而有者、想是分別前塵之妄心、故兩心字似乎前一指眞後一指妄。未知然否。末句是否作罪福如幻而起亦如幻而滅解。均祈示之。　答此偈心境對待、均是妄心。若前一指眞、而眞心本無生滅、安能因境而有耶。因境而有、亦復因境而滅、故曰心亦無也。如幻起滅解、不誤。此偈全體是如幻三昧也。

問百法明門論所述與心相應法、尚易明白、至與心不相應法、則甚不明瞭。是否離相則與性體之心不相應。又其行中廿四法、以法性宗如何融解。又何謂三位差別。　答與心相應者、爲與心王相應、即類於心之謂也。與心不相應者、爲與心王不相應、卽不類於心之謂也。其實不但不類心、亦不類色、爲非心非色而但依色心心所之分位而假立。如「得」一非解得之人、亦非所得之物、能所湊合、乃有此得、故是假法。聞敎而得智慧、心之分位也。削木而得器具、色之分位也。心心所色三法之位置差別而已。非別有體。故曰三位差別也。所云離相則與性體之心不相應一句、殊屬費解、至法性宗攝相歸性、則萬法性具、三諦中之俗諦也。

問金剛經中之應如是住、如是降伏其心二句、當作何解義。　答若照常義言、則如是二字、卽指下文佛所說示者、不必深求。若以別義釋者、則如字表眞諦、是字表俗諦、合而言之、卽是中諦。行者契入中道、則爲如是住、如是降伏矣。

問金剛經前段卽言無住相布施、福德如虛空之不可思量。後屢言以世界七寶布施、或恆沙等身布施、不如持此經四句偈之功德。予竊揣經意、假令其布施爲無住相、則無論所施之多少大小、其功德已不可思量。虛空不可思量、卽充分至極絕對待之謂。已與金剛般若波羅蜜相應、其功德卽與持此經相等。而彼世界七寶恆河沙身布施者、則指未至無住相之境界者言也。全經著重在無相、無相卽無爲法、而布施時爲、無相之勘驗際也。未知當否、乞敎之。　答所見甚是、所以者何、無相卽是實相、諸法實相、卽是般若波羅蜜。布施若無般若、不成波羅蜜。不但布施前五度皆然。故般若波羅蜜、名爲第一波羅蜜、復次無相布施因也、無相福德果也、虛空無相、故以虛空爲喻、因果相當、不差毫末。夫實相者、無相而無不相、（經言是法無實無虛）故曰福德不可思量。

經云菩薩應如是布施不住於相。所謂菩薩欲成就布施功德者。當學般若波羅蜜。持此經者。即學般若波羅蜜之謂也。

問金剛經第四分。若菩薩不住相布施。其福德不可思量。不住相。是否指不住六塵之相。言菩薩布施。是法施。否與財施身命施有無分別。福德是否福德性。抑福報。祈指教。　答不住相是指不住六塵之相也。菩薩布施。不定是法施。其財施身命施時能不住相。則與法施無別矣。福德是福報。然是稱性之福報。故不可思量也。

問金剛經偈言。若以色見我。以音聲求我。是人行邪道。不能見如來。閱淨宗儀式與金剛經有相反之意。甚爲不解。懇請開示。　答佛有三身。法身離相。報身圓滿相。應身隨化相。金剛經偈指法身如來。故須離相見。淨業法門。念報應身佛。故須觀相修。然三身非三。本是一體。故金剛經之離相·亦卽相之離相·並非竟爾撥空也。經云·若見諸相非相·卽見如來。昔藕益大師曾翻前偈曰·不以色見我不以聲求我是人行邪道不能見如來。佛法以中道爲歸·但卽相固非·但離相亦非·要在不卽不離·此乃金剛般若之宗旨。世人認爲談空·誤矣。

問一卷金剛經·鈎玄提要·說者謂不取於相如如不動·足以代表全經。孟子曰·今人乍見孺子將入於井·必有怵惕惻隱之心。若果不動·則任此孺子墮入井中乎。明知此問太笨。經曰·不應住色生心·不應住聲香味觸法生心·應生無所住心。所謂不動者·乃指根塵結合六識發動時此心決不被動·並非一概不動。是耶非耶。　答不取於相·如如不動·可爲無住生心之註脚。可爲金剛經說行之提要。如於眞如·卽是不動·猶云世間相常住也。非謂不動其心。蓋動而不失其正·亦言不動耳。如引孟子爲難．但以孟子之不動心答之足矣。

問金剛經眞空無相之義。　答經云凡所有相．皆是虛妄。則眞必無相．無相故曰空．乃至空無空相．故曰眞空。然無相者．相本是無．非相有而無之也。本無相而世人以爲有者．必有所住耳。故曰應無所住而生其心。其方便奈何．則曰觀一切法如夢幻泡影露電可矣。

問楞嚴經謂一土一石亦如來藏妙眞如性．但未知土石是否亦是活物．亦與人類無異耶。　答土石與人類．較顯然不同．但是人類之依報．與人類同爲消長。然依報是共業所感．故未可以個人生滅而生滅之。

問楞嚴有見性旋復與聞性旋復兩句．如何解釋。　答見性聞性．皆是如來藏性。因背覺合塵．故與藏性遠離。若旋轉而背塵合覺．則復歸藏性矣。

問楞嚴寶鏡疏第二卷五十二頁第四行第十字起云「正爲顯示心無體相亦無方隅」一句在文相上心字指眞心眞心有體何以云無體。相眞心體徧一切不滯在一處耳。又楞嚴宗通卷一第五十頁第二行第十四字下云「示以眞心無體之妙」一句亦說眞心無體更難了解。　答鏡疏宗通兩書無書在手未査得。但依義解之眞心無體者眞心絕待無可指陳不同物體故曰無體。然雖無體而卽萬德以爲體故曰妙。至無體相云者卽所云體徧一切而無定相也。又復應知眞心離有無四句不可說體無亦不可說體有方爲正解。說有說無皆方便耳。

問華嚴經偈云若人欲了知三世一切佛應觀法界性一切唯心造。不知如何解釋。　答此偈示心佛無差別之旨。人皆有心故人皆可以爲佛。其差別祇在迷悟耳。不了知者迷也。欲了知者在迷而求悟也。觀法界性者，悟之之方也。應觀者，要其悟也。三世一切佛，廣矣大矣高矣遂矣，不可思議矣。然人若了知，不外心造。欲了知者，其法奈何。是在觀法界性而已。法界者，三世一切法，千差萬別。自凡言之，則爲衆生法。自聖言之，則爲佛法。性者，不妄不變之體，所謂眞如也。從千差萬別法界之中，而觀察其眞如之性，自能恍然於心具法界，心造法界，而即此廣大高遂不可思議之佛法，皆我性分中事耳。苟明此理，而不發菩提心者，未之有也。苟既發心而不能成佛者，未之有也。地獄衆生，聞此偈而得度，不亦宜哉。

（六）唯識

問唯識所云三界唯心，萬法唯識。未識心與識之不同安在。　答心指其總體，識指其個別。識有八種，而統名曰心王。又心就第八識（阿賴耶）之集起義而得名，識就前六識（眼識耳識鼻識舌識身識意識）之了別義而得名，尚有第七識（末那）名曰意者以思量得名也。

問萬法唯識，固矣。但人死後識能隨人而轉生歟，抑已消滅歟。　答人死後前七識都滅，惟第八識不滅。以第八識全體，卽是成就一切心色之功能。成就前一組心色之功能消失時，卽是死。成就後一組心色之功能發展時，卽是轉生。

問或謂唯識落空，無甚價值。但唯識有八識及六根六塵之說，似乎與物理生理等科學相彷彿，並不落空。如佛菩薩之靈感因果報應等之記載，則可以證明神佛與六道輪迴之實有證據確鑿，非但可以研究現象的物質界，而並可以研究精神之玄祕也，何謂落空。但未知此說是否有當。　答所說是。

問唐大圓居士著唯識方便談・釋所緣緣云・必所慮所託二義無闕・方名所緣緣。舉例如眼識緣空中華・雖是所慮・然空花無體・非是所託・故不名所緣緣。然太虛法師答某君問・則謂獨影境惟是意識之親所緣緣。（見第七年二期海潮音第廿頁）考獨影境既不從實種生・又無實體用・其中無質獨影・更無質可託・不知何以能為意識之親所緣緣。

答所慮是緣義・所託是所緣義。空花無體・即是無所託之物・不成所緣義也。至於獨影境之於意識・在意識上非無其境・（在五識上縱無其境）故曰親所緣緣。若此境如另有本質・而意識所緣・不過其間接之影・則為疏所緣緣矣。問中「又無實體用」一句・不應理也。何以故・體即意識故。

問太虛師既謂獨影境為意識之親所緣緣・其另一條又謂他心及自身

他識但託爲本質，爲疏所緣緣。然唐大圓居士則云「意識緣自身五根，及緣他人心心所託質變影名爲有質獨影，」同是獨影境，又有親疏之差，是與前說有衝突矣。如何，祈指示。　答意識對於有質獨影境爲疏所緣緣，對於無質獨影境爲親所緣緣，並未衝突也。

問基師述記中所云持業釋依士釋依主釋，完全不解。大圓講唯識中最明白顯易，乃不見解釋。及此後閱賢首起信論義記，亦多用此名。不勝瞢然。祈以最淺之言，開我茅塞。　答此乃梵文名詞構造之方法，二字相合義相卽者，如第七識亦名意識，而意卽是識也。此爲持業。二字義偏重者，如第六意識爲意根之識，依主釋也，依士釋與依主釋相類，但非爲其所屬而爲其所用耳。如毛筆。

問第八識之種子，業習氣，經謂因有善惡，果則無記。是否以法性宗約相因凡夫位而言，即無明熏染眞如，亦即非無，故曰因有善惡，約體果聖地而言，熏習無自性，亦即非有。然非待成聖方稱無記，即在凡夫位已是無記，惟不自證知無記耳。所謂果是無記，是否無覆無記。又無記是空也，是否約體而說，一切識無記之空亦空之。總之究應如何理解也。

答第八識又名異熟識，異熟果，故此果指衆生來世之業報身。尅實而言，即來世之第八識也。前世業種有善有惡爲因，及所得來世之業果，則爲非善非惡之無記性，非善非惡，即可善可惡。譬如前世爲人造上惡業，來世得地獄果報，而此地獄報身原不屬於善惡二性，何以故，可善可惡故，故曰無記。又前世爲人造上善業，來世得天道果報，而此天道報身亦不屬於善惡二性，何以故，可善可惡故，故曰無記。第八識本是無覆無記性，因是善惡（有記），果是無記，名曰異熟，異性而熟也。來問於果誤認爲聖果。於無記誤解爲非有非無之空義。不知所云矣。

問偏行心所五法中之觸。與色法十一中之觸。有何分別。何以重複。　答。偏行之觸。是心所法。色法之觸。是色法。此卽分別。心所之觸。是根塵識三堪能接觸之媒介。色法之觸。是身識所覺之各種狀況。如冷熱輕重澀滑等。爲法各殊。並非重複。

問太虛法師與唐大圓居士所著唯識註解。稍有不同之點如下。（1）偏行—一說通一切性。一說通無記性。（2）隨煩惱—一說小隨通惡性。中隨通無記。大隨通惡及無記。一說大中小皆通惡（3）不定—一說通三性及染淨。一說不定造惡造善。（是否無記）統請指示。以何說爲是。　答。偏行通一切性。是隨煩惱皆屬惡性。惟大隨通無記

（有覆。）不定通三性、是既通無記、故不造惡造善。然上以體言、後以用言也。

問第八識是無覆無記、第七識是有覆無記、則第八識中之種子因有善惡果則無記之無記、及三性中之無記、抑是有覆或無覆、抑何者爲有覆何者爲無覆、何以皆不標示明白。偏行既通一切識一切性、是否當以其通第八識者曰無覆無記、其通第七識者曰有覆無記。至於隨煩惱中之無記、是否因通第七識不通第八識、故可說有覆無記。未知然否。請糾示。又煩惱亦通前七識、亦可通有覆無記否。　答第八識中之種子、具足三性、有覆、無覆。惟第八識之異熟果卽無覆無記。問中因此因果關係有誤、故意不明了。後半問各句均無誤。

問尋伺之分別、是否六識依根對塵曰尋、意識依末那識分別細察推量曰伺。請示。　答尋伺但於意識緣境時起作用、不關前五識也。尋則急而粗、伺則徐而細。此其分別也。

問帶質境之質字、是否指第八識之見分。　答心緣色時、以第八識之相分為質。心緣心時、以任何識之見分為質。

問諦師註散位獨頭意識、緣受所引色、是帶質境、敢問受所引色四字作何解釋。帶質有眞似二種、此言是帶質境者、指眞帶質歟。抑指似帶質歟。　答受律儀戒時、因受所引而得一種無表色、即所謂戒體也。得此體後、方能自在持戒。此色是法塵所攝、此亦似帶質也。

問能緣心之見分緣所緣心之見分云云、敢問能緣心是否指第七識。所緣心是否指第八識。再能緣之見分、與所緣之見分為何、祈詳示之。

答第七緣第八、亦是一例。第六識亦有緣心之用。須知能緣所緣、相對而言。凡心緣心·必緣見分。凡心緣色·必緣相分。故或以見分爲所緣·或以相分爲所緣也。

問依境生心·心之經行謂之緣。然以心緣心·是否作依心生心解。　答亦可作依心生心·心之經行·謂之緣也。但依生言其緣起·經行正明緣相耳。

問獨影境與似帶質有何差別。　答獨影境寬·因有二種·一爲有質獨影·二爲無質獨影。似帶質境卽是有質獨影也。

問頌曰帶質通情（末那）本（賴耶）似與意識無關。奈諦師註謂眞帶質者·以意識通緣一切心心所云云。其中有矛盾。祈詳解之。　答言意識者·以情本之情作意識解。古人有解末那爲傳送識者·謂傳意識之情熏於賴耶之本而成種子也。諦師用此意·故與意識關涉矣。

問第六與前五識均通三性・唯三性中之無記性有無覆有覆之別・故明昱法師有四性之說。然則第六識之通三性者・是否爲善惡與有覆無記。（意根爲有覆）而前五識之通三性者・是否爲善惡與無覆無記性。（第八識以前五根爲相分故）　答三性無記・即對善惡而言。有覆無覆・爲染淨二法之別。七識未轉時・總是染法故此無記應通有覆。第八相分・是五根非五識。勿相涉也。

問明昱法師註前五識隨根立名具五義・故其第五義之所謂「如根之識俱有情數之所攝」者・作何解。　答因前五根俱是色法・色法非有情之類。今五識雖如五根而不是色法・故曰有情數之所攝也。

問盧師分性境爲勝義與世境二種・且謂勝義性境言在果中纔能證得・因中不能證・請言其故。　答後得智證眞如時之性境・爲勝義性境故非因地所能證也。

問性境不隨心之心字・是指第八識抑第六識歟。　答卽指能緣之心・不限何識也。

問唯識學中所謂性境獨影及帶質境者・於儒書中有無相當之名稱以配合之。再者無記性之性字・是否與性相近也之性字相當。　答三境在儒書中恐無相當之名・因儒書中無如此觀察者。無記性之性・乃習性非本性・與性相近之性不能相當。

問某古德註性境卽實根塵及定果色・請言定果色三字之義。　答定已成就者爲定果・在定中所受用之色境・爲定果色也。

問諦師謂意識若與發業無明相應・能造善惡引業・若與潤生無明相應・能造善惡滿業。請言發業與潤生之差別・及其能造引業滿業之理由。

答發業無明．卽癡煩惱。由癡而妄造．故曰發業。潤生無明．卽貪瞋等煩惱。由此貪等故而受生命．故曰潤生。所造之業屬於何趣．將來卽報生何趣．全視其業之所引．故曰引業。所造之業．能使來生之報成就圓滿．故曰滿業。蓋對於來生果報．發業無明所造之業．猶一種登記作用。潤生無明所造之業．則能使登記者發生效用矣。

問八識規矩補註證義有云．異熟通色心二法．性境應異熟色．獨影帶質應異熟心。夫異熟當指第八識．然所謂異熟色與異熟心者．其義若何。

答異熟果有二種．一眞異熟．二異熟生．第八識是眞異熟．其相分之身根器界等屬於異熟生者．卽異熟色矣。其所生之前七識等屬於異熟生者．卽異熟心矣。

問麤異熟果與細異熟果．如何分別。請詳示之。　答凡夫分段生死爲麤異熟果。聖人變易生死爲細異熟果。

問經文中於不共中不共，舉眼等根爲例，於不共中共，舉扶塵根爲例，茲請於此二例外，再各舉一二例以利鈍根。　答大概依報是共，正報是不共，正報中就自受用方面爲不共，就他受用方面爲共。眼等根兼淨色根，但自作見聞覺知等用，故爲不共。扶塵根亦爲他所見相，故爲共也。若以局部而論，猶某姓產對他姓產爲不共，某姓產在一姓兄弟未分產時爲不共中共，若已分產各得一分，則爲不共中不共矣。

問阿賴耶識內變根身，外變器界。根身有情爲識所變，尚覺易解。山河無情亦云爲識所變，不知其所以。請詳爲開示，並舉俗事證明。　答譬如夢境情與無情同爲夢心之所顯現，譬如電影人物山河同爲影片之所顯現。所以然者，阿賴耶識含藏萬物種子，五根種子現行時卽變根身同時六塵種子現行卽變器界其所變之根身器界同爲阿賴耶識之所執持故能不失不壞相似相續而成衆生一期之正報依報原無所謂內外也其分內外者乃前六識分別而生耳

問一切色法不外四大和合而成然四大從何和合四大又何自而來請將四大之成因詳爲開示　答四大爲單純的四個原子（借用科學名詞）地以堅爲性水以溼爲性火以暖爲性風以動爲性正又是相依而立如地大無水則散無火則壞無風則不可分但地性獨勝故曰地大水大無火則無冷暖無風則不流動無地則無重量但水性獨勝故曰水大火大風大亦然

問世間分情世間器世間情世間之成功易解不知器世間如何成功

答情世間卽衆生之正報器世間卽衆生之依報正之於依猶物之於

器、既有物矣、必有承物之器。同爲業力所感、賴耶所變也。

問「識」居於何處。身外乎。身內乎。其靜時之狀態如何。其動時之狀態又如何。聖人一念之起。起於何處。又滅於何處。　答萬法唯識、法處卽識處也。識卽是動的作用。經云當處出生、隨處滅盡。念之起、滅如是而已。

問八識是否六道衆生皆有。　答是衆生皆有。惟根缺者、於前五識不起現行耳。

問修行至四聖境地、其阿賴耶識尙在否。　答阿賴耶識又名無沒識。識體不滅也。但阿賴耶之名義。菩薩八地以上用不著矣。至佛地則轉爲大圓鏡智。幷識之名、亦用不著矣。

問阿賴耶識由何而成。　答集一切染淨色心種子所成、此相宗說也。依如來藏故有生滅心生滅與不生滅和合非一非異名爲阿賴耶識此性宗說也。

問研究唯識宗如何成佛。　答修唯識觀行六度行斷煩惱所知二障證得菩提涅槃二果則成佛矣。

（七）禪定

問何謂禪定。　答禪是梵語。此間略有三翻。一曰思惟修思惟是籌量之念修是專心研習之名此就因言之也二曰定靜默之義此就果言之也三曰功德叢林功夫是因成德是果此通就因果而言定中所得功德非一故喻如叢林今言禪定者華梵兼舉也。

問修習禪定如何。　答修禪定者住寂靜處結跏趺坐端身正意遣除妄想妄想盡處心便安定安定極處心力堅强而得自在自在之至無入不化。無入不化。便無有我。無我故無分段。無分段故無往來。無往來即無生滅。此乃成佛之要道。世尊雪山六年樹下七日。皆修此耳。

問禪定既爲佛門要道。願聞其詳。　答禪門無量。舉要而言不出三門。所謂世間禪。出世間禪。出世間上上禪。世間禪者。謂四禪四空四無量心十六特勝通明等。此皆因息攝心所致。一往是凡夫禪門。出世間禪者。謂九想八念十想背捨勝處一切處次第定師子奮迅超越三昧等。此因不淨觀等攝心。一往是二乘禪門。出世間上上禪者。謂法華念佛般舟覺意首楞嚴諸大三昧及自性禪乃至清淨淨禪。此因智慧反觀心性。一往是菩薩禪門。然若通而言之。則三門前不兼後。後得兼前。非有凡夫二乘菩薩之定域也。

問何謂四禪。　答一曰初禪。離欲清涼。大喜心動也。二曰二禪。厭離覺觀安定喜樂也。三曰三禪，捨前喜相，得妙安樂也。四曰四禪，知樂宜斷，捨念清淨也。修此四禪，爲色界天之因。

問初禪修習之法如何。　答此法梵語謂之阿那波那。此言入出息。（息鼻息也，若出入有聲曰風，若出入結滯曰喘，若出入不細曰氣，惟不聲不結不麤，出入緜緜，若存若亡，資神安穩，情抱悅豫，是爲息相）入出息者，謂攝心對息，一次入出，心計一數，從一至十，周而復始，毋令間斷，故又名數息。是爲修初禪之法，

問初禪初發之相如何。　答行者趺坐調息，從麤住細，住得欲界定。次後身心泯然虛豁，失於欲界之身，坐中不見頭手牀敷，猶若虛空，是爲未到地定。若漸深入，經一日乃至七日，或一月乃至一年，定心不壞，守護增長，忽覺身心凝然，運運而動。當動之時，還覺漸漸有身，如雲如影，動

發，或從上發，或從下發，或從腰發，漸漸徧身動觸發時，功德無量。略說十種善法眷屬，與動俱起，一定，二空，三明淨，四喜悅，五樂，六善心生，七知見明了，八無累解脫，九境界現前，十心調柔輭，此爲初動觸相。如是或經一日，或經十日，或一月，四月，如是一年，復有餘觸，次第而發，所謂八觸，一動，二痒，三涼，四煖，五輕，六重，七澁，八滑，復有八觸，一掉，二猗，三冷，四熱，五浮，六沈，七堅，八輭，共十六觸，發時悉有善法功德眷屬如前，是爲初禪初發之相也。

問初禪證得之相若何。　答既於未到定中，發十六觸，觸於身根，生識覺前觸相，是名覺支。既覺而復細心分別十六觸中法寶之相，知麤則離，知善則修，此細心分別，名曰觀支。方覺觀際，得未曾有，深心慶悅，是名喜支。歡喜已後，其心恬然，樂法娛心，名曰樂支。既受樂人，心住不散，是名一心支。此五種功德、共相支持、令定心安穩、牢固難壞、故曰支。此即證明初禪之相也。

問得初禪有何利益。　答得初禪已、能離貪瞋睡眠掉悔疑等五過失、而具信戒捨定聞慧等五善相。

問二禪之相若何。　答若於初禪定中、厭離覺觀、入中間禪、從未到地、專心不止、於後其心豁然明淨皎潔、定心與喜俱發、具足四支功德、一內淨、二喜、三樂、四一心、是爲二禪之心。

問三禪之相若何。　答若於第二禪定、厭離喜想、入中間禪、從未到地、澄靜其心、泯然入定、不依內外、與樂俱發、具足五支功德、一捨、二念、三智、四樂、五一心、是爲三禪之相。

問四禪之相若何。　答若於第三禪定、厭離樂法、深見過患、入中間禪、心無散動得未到地，於後其心豁然開發，定心安穩，出入息斷，具足四支功德，一不苦不樂，二捨，三念淸淨，四一心，是爲四禪之相。

問初禪二禪三禪四禪，同時依次並習乎，抑先習初禪，得初禪後再習二禪乎。　答初禪境界，爲離生喜樂地。（離欲界也）二禪境界，爲定生喜樂地。三禪境界，爲離喜妙樂地。四禪境界，爲捨念淸淨地。皆是捨前趣後工夫。自當得前修後，次第而進。若頓修若漸修，則視根器而異，未可執一論矣。

問或謂得彼四禪，即能輕舉騰飛，履水而行，信乎。　答輕舉騰飛履水而行，是神境通事，修禪定者，得神通，故能之。四禪禪境已深，宜有此事。

問何謂中間禪。　答初捨前禪，心轉寂默，是爲中間禪。

問何謂未到地定。　答將發後禪，心無分散，是爲未到地定。

問何謂四無量心。　答一曰慈無量心・愛念衆生・常求樂事以饒益之。二曰悲無量心・愍念衆生受五道中種種身苦。三曰喜無量心・欲令衆生從樂得歡喜。四曰捨無量心・捨三種心・但念衆生・不憎不愛。

問四無量心於何時修。　答當於四禪中修。

問修四無量心有何利益　答凡夫修之・命終得爲四禪天王・二乘修之・福德增長・易得涅槃。菩薩修之・悲心長養・利度衆生。

問何謂四空。　答四空定者・一空處定・二識處定・三無所有處定・四非想非非想處定。修之者・命終生無色界天・故亦名無色定。

問修空處定其相如何。　答行人得第四禪・已深思色法過患・作意滅除一切色法・一心緣空・念空不捨・色定卽謝・其心泯然・任運自住空緣・於後豁然與空相應・其心明淨・不苦不樂・唯見虛空・無諸色相・心識澄靜無礙自在·是爲虛空定相。

問識處定如何。　答行人既得空定已·訶責空處多諸過失·便捨空處·一心繫緣現在心識·空定卽謝·泯然任運自住識緣·此後豁然與識相應·心定不動·唯見心識·念念不住·此定安穩·淸淨寂靜·是爲識處定相。

問無所有處定如何。　答行人得識定已·訶責識處過患·卽捨識處·繫心無所有處·一心內淨·空無所有·不見諸法·寂然安穩·心無動搖·是爲無所有處定。

問非想非非想處定如何。　答行人得無所有定已·深訶無所有處過患·卽捨無所有定·觀於非有非無·常念不捨·其心任運住在緣中·於後忽然眞實定發·不見有無相貌·泯然寂絕·心無動搖·恬然淸淨·如涅槃相·是定微妙·三界中極·證此不失·命終必生非非想處天·然仍有微細四陰也。

問何謂四陰。　答卽受想行識。爲五陰中除色以外之四。四空天爲無色界。故無有色身。但有心識。而非非想處乃無色界之極。故微細矣。

問上來十二門禪行相玄妙。今有能行之者否。　答恐未有能盡行之者。有之不過初禪初發。或未到地定耳。今有談靜坐法者有震動暖熱之相。得少分相似。然其中差別殊甚。有經驗之善知識。方能決其是否。

○按上十二門禪較道家鍊丹術精妙多矣。猶且未出三界。今以鍊丹與參禪幷爲一談。自詡其能出生死者。其謬不可知乎。

問何謂十六特勝。　答此禪定法有定有觀。具足諸禪。能發無漏。非如外道等但能修得四禪四空而無對治觀行。則不出生死。故名特勝。其法有十六番。故言十六。

問十六番云何。　答一知息入·二知息出·三知息長短·四知息徧身·五除諸身行·六受喜·七受樂·八受諸心行·九心作喜·十心作攝·十一心作解脫·十二觀無常·十三觀出散·十四觀離欲·十五觀滅·十六觀棄捨。

問云何具足諸禪。　答初二對代數息·三對欲界定·四對未到地定·五對初禪覺觀二支·六對破初禪喜支·七對破初禪樂支·八對破初禪一心支·九對二禪內淨喜·十對二禪一心支·十一對破三禪樂·十二對破四禪不動·十三對破空處·十四對識處·十五對無所有處·十六對非想非非想處·是十六特勝具足諸禪而勝於諸禪也。

問何謂通明禪。　答善修此禪·必發六通三明·故名通明。

問通明禪如何修習。　答行者從初安心·即觀息色心三事·俱本不生·本來空寂·其證入相·亦有欲界定·未到地定·四禪四定·種種支林功德而與諸禪之相迥殊也。

問十六特勝能發無漏通明禪．通明禪能發六通三明．應是出世間．何以亦爲世間禪。　答以皆是因息攝心．其始與四禪四定無殊．故亦爲世間禪．然以其終有出世間效果．故此二者又名亦世間亦出世間禪。

問何謂九想觀。　答一脹想．二壞想．三血塗想．四膿爛想．五青瘀想．六噉想．七散想．八骨想．九燒想．而復以死想爲初方便。此法能轉不淨中淨顛倒想．能破婬欲諸煩惱賊．故爲出世間禪。

問九想觀如何修習。　答利根人則懸心存想死脹等事．悉得成就。若鈍根人懸作不成．必須見人初死至尸所取是相．已繫心修習．既見相分明．心想成就．卽發三昧。於後雖離死尸．隨想卽見。修此九想．必須增想重修．令觀行熟利．隨所觀時卽與定相應。想法持心．無分散意方得。

問何謂八念觀。答一念佛、二念法、三念僧、四念戒、五念捨、六念天、七念出入息、八念死。此八念能除修九想中所起恐怖、亦能趣道。

問何謂十想觀　答一無常想、二苦想、三無我想、四食不淨想、五一切世間不可樂想、六死想、七不淨想、八斷想、九離想、十盡想。此法繼前九想觀修之、斷煩惱盡、成阿羅漢。

問何謂八背捨。答一者內有色相（白骨人）外觀色、（八種色光普照）是背棄欲界、捨初禪境也。二者內無色相外觀色、是背捨二禪境也。三者淨（色光清淨）背捨、即背捨三四禪境。四者虛空處背捨。五者識處背捨。六者不用處（無所有處）背捨。七者非想非非想處背捨。八者滅受想背捨。修此禪者、能於四禪四定背棄不著、而成出世間法也。

問修七背捨・已捨第八定。則第八之滅受想・何所背捨耶。　答修七背捨・雖已捨第八定處・然第八定中之心心所法（有十種細心所謂觸作意受想思欲解念定慧）未滅・須以觀察眞空之受想・滅此心心所法。旋且捨此觀察眞空之受想。此時心與滅法相應・滅法持心・寂然無所知覺・而證受想滅矣・然則滅受想者・謂能滅第八定中心心所法之受想也。而背捨者・卽背捨此能滅之受想也。

問何謂八勝處觀、　答一者內有色相外觀色少勝知見・二者內有色相外觀色多勝知見・三者內無色相外觀色少勝知見・四者內無色相外觀色多勝知見・五者青勝處・六者黃勝處・七者赤勝處・八者白勝處・以所觀境及所得功德・遠勝於背捨・故曰勝處。

問何謂十一切處觀。　答一青一切處・二黃一切處・三赤一切處・四白一切處五地一切處六水一切處七火一切處八風一切處九空一切處十識一切處前八法纔八勝處而修之後二處須由背捨轉修因所觀境遍滿十方故曰一切處觀以上三法通名觀禪

問何謂九次第定。　答此依四禪四定及滅受想定（滅受想背捨）九種禪定次第修鍊之法也行者總合定觀二法一心齊入從初調心入一禪不令異念間雜次第深入至滅受想令諸禪功德轉深微妙如鍊眞金光色更增價値亦倍故又名鍊禪

問何謂師子奮迅三昧　答此將九種禪定互相熏習悉令通利故又名熏禪行者依九次第定從初禪次第入二禪三禪乃至滅受想定從滅定起還入非非想定從非非想定起還入無所有定如是次第還入乃至初禪能前進能却行如師子之奮迅狀故名師子奮迅三昧

問何謂超越三昧。　答此修習九禪定，不依次第，超入超出之法也。若具足超越，即是菩薩。以能自在遠超故。不具足超，即是聲聞。以不能自在遠超故。若行人入此三昧，具足修一切法門，是時觀定等法，轉深明利，更復出生百千三昧，功德深厚，神通猛利。故又名修禪。

問何謂自性禪乃至清淨淨禪。　答此乃九種大禪之名。菩薩依此等禪，乃能進修深廣之大行。一曰自性禪，二曰一切禪，三曰難禪，四曰一切門禪，五曰善人禪，六曰一切行禪，七曰除煩惱禪，八曰此世他世禪，九曰清淨淨禪。義理甚深，非淺言所能顯。故姑從略。（釋見智者大師所著法界次第初門）

問宗門大徹大悟者。雖有悟證淺深不同，姑就其下劣大徹大悟者而論，未審已斷淨見惑否。　答大徹大悟，乃宗門之極則何云下劣。然既大徹悟・卽已明心見性・應已淨見惑矣。

問祖師禪與如來禪如何分別。　答祖師禪直指一心・不容擬議思量・皆屬於頓。達磨所示者。如來禪有漸有頓・止觀互修以達卽止卽觀。如圓覺經二十五輪等是。

問聞如來禪有頓有漸・祖師禪唯頓無漸。然則宗門大徹大悟者・卽已薦入祖師禪否。入祖師禪已・向上再有事乎。又已破塵沙惑否。　答大徹大悟・卽是入祖師禪。但淨見惑・未破塵沙惑也。

問大徹大悟・是否見眞諦・是否已證初果。　答初果須陀洹斷三界見惑・乃小乘之見道。大徹大悟乃大乘禪宗見道之稱・不可强同。

問有云禪定數年或數十年・其心已靜・其神隨之淸・智亦生矣。於是能自知前後因果及預知吉凶・然否。世間有此類人歟。　答定能發慧・事誠有之世間有此人也。

問面壁九年證果確否。　答面壁九年。相傳禪宗初祖達磨之事。然達磨面壁修定。乃修養待時。非從此證果也。

問於坐禪之中。思惟經義。念念不休。亦知念時念念不可得。不知與坐禪宗旨相違背否。又此之思惟與觀義相當否。正思維與正觀如何分別。

答此與坐禪宗旨不違。但須修止得力。則此思維不同胡亂妄念。方可爲觀。思維與觀通別之名也。

問大乘起信論云「唯除坐時專念於止。餘四威儀中皆應止觀俱行」不知坐時亦許專修觀否。又中論所談八不妙理。論者或稱爲八不禪。然則修中道正觀。亦可稱修禪。如是則禪之一字。不專屬於止耶。云何論言坐禪時專念於止。　答經云「致心一處。無事不辦」此坐禪之旨趣也。其要不外止觀二法。先繫心一處・（如念佛心繫佛號）令心得定。謂之止。再用定心觀察理趣・（如念佛則觀佛像）謂之觀。又止觀必須雙修。坐專修止作準備功夫也。因坐易定・故非不可修觀。

問睡是五蓋之一・佛教中有代睡方法否。聞昔釋迦修行坐而不睡。不知所修何法。有何書可看。如坐禪三昧等書如何。聞滬上某君能靜坐二三小時・可如常人睡八九小時。恢復精神。不知所行何法。希告知。答

佛教節制睡眠・以爲清心寡欲之助。至於禪定・初學當以童蒙止觀爲要。滬上某君是否指蔣君竹莊。蔣君卽著因是子靜坐法者。何不直接請問。

問嘗讀靜坐法精義・謂靜坐時當一心守住兩目間・或兩眉間・此係千古不傳之祕。幷廣引經文以證其是。聞同善社坐法亦與此相同。然學人

曾遇一善知識語予曰，有守卽有執著，終是色身神識上功夫，不能求解脫也。坐法當以一無所守，只攝心在內，不向外馳，久之自有妙用。兩說相違，究當何從。　答禪有世間禪，出世間禪，出世間上上禪，三種。有守者爲世間禪之初步，故非解脫法門。出世間禪，當修八背捨定，不能執著也。至一無所守，但攝心者，是出世間上上禪，卽眞如三昧修法。固不可與有守靜坐同年而語矣。

問修習止觀，所謂回光返照，乃照何處。若謂照我心，我心究又在何處。若謂應無所住而生其心。旣能生心，何謂無住。　答修習止觀，止是定，觀是慧。乃定慧雙修之法。先止一切雜念，提起自心慧照，不照外境，返照內心，心無形相，亦無住所，不必求其住處，有住則有著，應無所住，但一味回光返照，不起分別，惺惺寂寂，方是定慧均等，止觀雙修之法。來問既能生心、何謂無住、是未明金剛般若之旨、以菩薩無住相布施、應不住於相而生布施之心、非無事為無住也。菩薩終日生布施之心、終日不住布施之相。修習止觀之法、亦復如是。終日生心修習止觀、終日不住止觀之相。

問不淨觀、慈悲觀、因緣觀、數息觀、念佛觀、不知何解。　答不淨觀者、觀一切物悉皆不淨也。先從自身觀起、若眼有淚、鼻有涕、耳有末、口有唾、身有汚汗、乃至膿血徧體、尿屎滿腹、縱日日澡浴而穢不加損、其不淨也如此。己身如是、他身亦然。推而廣之、徧觀一切。此為不淨觀。慈悲觀者以善待人、猶母視子者曰慈。矜人之苦、猶母憐子者曰悲。作此觀者、先須設想有人於此、我愛之我憐之、久久純熟、乃推而及於一切人物、此為慈悲觀。因緣觀者、凡事必推究其所由來、曰觀因。必旁察其所由致、曰觀緣。如緣覺聖人・推察生死之由・而觀十二因緣之類。此爲因緣觀。數息觀者・緣鼻息之出入而數之・由一至十・由十之一・久久觀數・必至入定。念佛觀者・卽念一句阿彌陀佛名號・至一心不亂是也。凡此五觀・皆是習定・因以停心・故曰五停心觀。然此五觀各有對治之病・謂多貪者宜觀不淨・多瞋者宜觀慈悲・多癡者宜觀因緣・多散者宜觀數息・多障者宜觀念佛。修行者因病用藥可也。

問靜修法師之五停心數息・分風喘氣息・解出入不盡曰喘・結滯曰氣。而寶靜法師之二十五方便・調息分風氣喘息・其解氣喘適相互換・未知孰是。　答天台禪門口訣及四教儀集註・均作結滯曰氣・出入不盡曰喘。當以靜修師爲是。

問壇經有「前念不生曰心・後念不滅曰佛」二語。而祖師教人善惡有無諸念均不可生，動念即乖。此之所謂後念者，究指何念。請示　答生本不生，心體方彰。滅亦無滅，佛用現前。動念即乖者，即上句不生義，非下句不滅義也。雖然有生有滅，是名念。不生不滅，即是性矣。

問一心不亂，是否已斷愛憎。是否已超三界。　答一心不亂時，是定中景象，可稱已超三界。若出定後，依然三界也。惟臨終時一心不亂，所謂如入禪定，即生淨土而超三界矣。

問或謂宗門單提話頭，話頭二字，是否指禪宗要訣。　答話頭不是要訣，乃是一樁故事。其要蓋在參究耳。話頭原不過一句無意味語，行者將此一語把住在胸，頃刻不離，要使一切內外心境妄想一齊斷却，更不相續，便得豁然開朗，親見本來面目。

問半月刊第六期「時報所載坐化僧人之考證」一節文內，有「參狗子話頭」一句。不悉如何解法。請詳示。　答禪宗教人明心見性。先令人心中放下一切念頭。單提一句無意味的話。使心凝靜爲入手名曰參究。或曰參話頭。但所參話頭。隨師隨人授受不同。此狗子話頭按五燈會元云「趙州從諗禪師時。僧問狗子還有佛性也無。師曰無。又有僧問狗子還有佛性也否。師曰有。」狗子有佛性無佛性。是一個疑問。即是一句話頭。心內把狗子有無佛性一話橫在胸中。疑來疑去。離一切妄念。心地漸漸凝靜。是爲參狗子話頭。

問參禪至存亡自由地位。死後能否脫離輪迴。　答參禪若果到存亡自由地位。乃一自由一切自由。說什麼離與不離。幸勿竊言。

問現今有用科學方法。說明禪宗原理及方法之書否。　答禪宗須離心意識。參非科學所能範圍。安得有此。

問諸大叢林亦許居士坐香否。最長之香燒幾許時。問腿子痛時。亦許暫放否。又參念佛是誰話頭如何參究。是心中稱念彌陀名號而疑之耶。抑單提念佛是誰四字。不須稱念四字名號耶。若一面稱念一面參究。一心何能二用。若單提話頭。不須稱念。則本無念佛之人。云何作是誰之疑。請爲解釋。　答叢林坐香。居士可以參加。最長者不下二小時。放腿許否。居士必可融通也。又初坐心散。須提佛念（即四字）隨即起「誰念」之疑情。此疑情懷在心中不捨時。即其心定。倘疑情一捨。心即散失。須再提佛念再起疑情。若此「誰念」疑情能常懷不捨。所謂行住坐臥不離這個。則必有打破疑團之一日。又疑情並非將此話頭在心念也。若但心念話頭。與念佛何異。

問語錄中嘗有「寂不離照照不離寂」二語。是否定慧均修之意。　答寂照一體用也。體不離用。曰寂不離照。用不離體。曰照不離寂。此就性德言也。若言修德。則即曰止觀。

問有表姊王依貞。修禪定十餘年。去春忽感佛指點禪功。幷能略知三世因緣等。約兩月後失去。近來間能出神。而無大效。用此屬正道否。　答令姊所習。恐係外道性命雙修之法。非佛法也。佛法禪定最簡者有小止觀。可參考。

問民十三晚間靜坐。恍若入定。約二時許。醒來微汗。極其愉暢。又民十九秋。因避匪禍。遯入深山叢草中。自午後四時靜坐。起至夜深九時止。大雨滂沱。如失知覺。經援救者喚醒。亦覺愉快異常。此種景況。不知是否確入禪定。　答確是入定景象。當是宿世善根所發。宜保護。勿幸異也。

問修禪定何以能得成佛。　答凡夫常在生死。爲造業。故造業。爲起煩惱故。煩惱生於無明，無明由於心動。故心能不動，則漸與法性眞如相應，與眞如相應，便得二種智慧，一者如理智，二者如量智，便成大覺，而功德具神通顯，便得解脫。此爲修禪成佛之義也。

問當今，禪宗有無龍象。宏揚禪宗道場，在何地方。初習禪宗當閱何書，請介紹之。 答禪宗龍象，當今闕如。宏揚禪宗道場，以揚州三岔河之高旻寺，及五台山廣濟茅蓬爲最。其他蘇之天甯，金山，浙之天童天目，皆是。禪宗不立文字，惟在參究。初學者可閱雲棲之禪關策進，頓悟入道要門，及宗範，六祖壇經等。而肇論四種，亦是禪門眼目也。

（八） 淨土

問何謂淨土宗。 答以往生淨土爲修行宗主者，曰淨土宗。其法以念阿彌陀佛回向善根，發願來世生彼極樂世界，仗彌陀接引願力，命終必定得生，既生彼國，即不退墮義。見阿彌陀經。

問念佛名號，眞正意義何在。是否因念佛即不思他事，而注意在佛身。抑有其他解釋。　答念佛名號眞正意義，一信仰佛德，故名以表德也。二令心有繫，故即居士所舉。三入佛願海，故佛自願衆生念其名也。四求佛感應，故猶子之呼父母也。

問阿彌陀佛即無量壽佛，現在念佛人何以不念無量壽佛名。　答阿彌陀本具無量光無量壽兩義。念無量壽不如念阿彌陀之全。又念無量壽有義可思量，心易分別，不若但念阿彌陀名，心無分別也。又稱名法門起於小本阿彌陀經。經云聞說阿彌陀佛，執持名號，乃至一心不亂。故今念佛但稱阿彌陀佛。

問念佛名號有莫大功德，其原理究竟何在。　答佛乃至極之德號，福慧慈悲莫與倫匹。佛具如是之德·故有如是之名·是名副其實也。名副其實·則名實不二·既名實不二·故名之所在卽實之所在。夫世人簽名尙生效力·而況佛名號乎。

問識心念佛·固然是極有利益。然經載從前有一人於無意中念一聲佛·後來也得到利益。其中所以然究竟何在。　答觀經云「諸佛如來是法界身·入一切衆生心想中·是故衆生心念佛時·是心卽是三十二相八十種好·是心作佛·是心是佛」此念佛得益之所以然也。誠心念者·其得益速而且著。不誠心者得益遲而且隱。其不同處在心而不在佛。故能同得利益耳。

問念佛四十八法云「當思我此一聲阿彌陀佛·上窮有頂·下極風輪·塵剎衆生·一時受益·其布施不可思議也」云云。敢問一聲佛號如何能布施此許多衆生。衆生受若何利益。並請詳示其以佛號布施衆生之方法。　答此義重在一思字、卽作如是觀也。心無邊際、心內衆生亦無邊際。卽此一心念一聲佛、佛聲亦無邊際。正所謂心佛衆生三無差別。故能如是布施耳。衆生所受利益、與我念佛利益等。其方法、卽運心作觀也。

問余讀省庵大師之四十八願發願文、甚願依之而行、因其悲願至廣、用心至周、實與地藏宏願相等。然思旣然是好、何以省庵大師後諸大德、如徹悟大師、藕益大師、目今印光法師、諦閑法師、及其餘淨宗諸師、未見提創、豈不相宜乎。請教。　答念佛重在發願。諸師之不提倡省庵之願者、或嫌其繁耳。須知一切生西願文、義亦賅攝。教化衆生、利在易行、故多從簡。

問觀六祖壇經中、均以虛空爲旨、其言西方、則曰東方人欲生西方、則西方人將求生何方耶。此似西方乃人想像之處、未必是有。然彌陀經中則言極樂世界甚詳。又似有也。究係如何、乞垂告之。　答性空相有、乃佛法中道之義。六祖以人不識性、故以虛空爲旨、非謂相無也。其言西方云云、亦猶斯旨耳。彌陀經談相、安得不有。

問日本布教師神月管長來台灣、時有比丘向彼問有極樂國土乎。答曰、「十萬八千程、十惡八邪也、觀無量壽經云、西方去此不遠、唯心淨土也、六祖云、說遠爲其下根、說近爲其上智、」明指無西方淨土、頗疑未詳如何。　答布教師所答、但言其理、未詳其事。聞者不察、執理廢事、遂疑無西方淨土。若言其事、則西方對東方而言、淨土對穢土而言。如認爲有東方穢土娑婆世界者、卽不得不認西方淨土爲有也。

問講催眠學理的人，說一個人念佛能治好自己的病，或見神佛來臨，皆由自己之思想與信仰力演成功效與幻景，幷不是獲什麽神佛的庇佑，眞正甚麽神佛來現形。這種理論，與淨土門的宗旨大相庭徑，究竟孰是，孰非，宜何取捨。　答觀經云，衆生心想佛時，是心卽是三十二相，八十種好。是心是佛，是心作佛，本無心外之法。旣云由信仰力演成功效，如何再說不獲佛佑，不是眞正淨土法門，理亦猶是。其不同者，但催眠是術，念佛是道耳。

問嘗聞念佛人云，佛經中有臨終一懺罪業消盡之說。竊謂此種說數，非所以勸人念佛，適足以開播虛之門。蓋爲惡者恃此爲護符，得以終身恣肆，反笑一般居士之朝課暮課，持之如不及者爲多事矣。是說也，果明載於內典耶。抑後人揑造耶。未讀一經，不敢臆度，還以質諸先生。

答此係淨土宗觀經十念往生之說。但此亦未可僥倖得者。經中自有餘文。未可斷章取義。藉爲口實也。

問科學家以爲修淨土者臨終見佛來迎。乃思念存想專注於佛有以致之。爲心理作用。並非佛之靈感。如周鐵山居士見佛接引之事。亦有以爲彌留之際。心神恍惚所起心理作用。然居士病中神識淸明。毫無昏迷之狀。且示疾卽預知時至。毫無痛苦。常人能如是乎。是知心理作用之說。似難成立。但不無研究價値。望解釋之。　答常人多以「心理作用」四字爲不信佛法之口實。豈知卽此「心理作用」。正是佛法所說「萬法唯心。」信此心理作用。卽是信佛所說矣。與彼愚人聞朝四暮三則悲。聞朝三暮四則喜。何以異乎。

問省元法師夢醒見佛菩薩像滿虛空中。聞某法師亦曾三見阿彌陀。平日念佛能所不二，親證三昧，能見聖衆現前，臨命終時方能見聖衆來迎，若平時用功未曾見佛，臨終萬難見此瑞相，此說然否。　答此策勵之語，非定如此也。經中下品惡人臨終念佛，且能見佛。況平日念佛者耶。

問往生極樂者蓮花化生，則有形色。彌陀說法，亦當同類。然則接引娑婆世界衆生，（靈魂）當以無形法身接引。何能捨彼土色相而遽顯法身乎。　答法身是體，報化身是用。有體必有用，用卽從體現。彌陀接引衆生，中下品皆是化佛來迎。來問末句，殊有誤會。

問有等人欲求往生而念佛，精勤早晚功課，較僧爲嚴，但心術不端，造言妄語，誣人之短，而貪瞋癡心並無間斷，此人果能到極樂世界而無罪否。抑或受惡口惡心之罪過歟。果屬將功抵過，而仍如平常人乎。　答人果有求生西方之願，而又精勤念誦，即使三毒未除，亦必事後深悔。但得臨終念佛一心，亦得決定往生也。如其口是心非，臨終決不能無障礙，安得如願往生乎。

問爲佛辦事，與己修身，果孰爲勝。譬如與辦佛教，收回寺產，選僧整飾，屢與私人交涉，困難萬分，不能偷閒念佛，與每日念經禮佛，專爲自己求往生者，果能同一流乎。未知爲佛辦事，較諸自己修身，異乎同乎。　答佛門辦事，但爲護法，功德當勝於自修。而顧人者，仍當念佛回向求生極樂，則與專修者無二無別。一切善業猶船，念佛猶搖櫓，發願回向猶轉柁，必相資也。居士以無暇念佛爲慮，須知念力堅强，即十念亦得往生。容何傷。

問未受居士戒，但精勤念佛，亦能往生否。　答雖未受戒，能不殺生，亦得

往生。

問在家二衆，惟制邪淫，夫婦非所禁，但當相敬如賓，作承宗祀想，不以爲樂。但余恐能存此想而不動愛欲者，千萬人中難逢一二。夫娑婆有一愛之不輕，則臨終爲此愛所牽。佛念不一，三昧難成。欲求往生，豈不難哉。　答此我佛之所以讚歎出家也。然爲居士說法，不得不姑作退一步講。爲居士者，亦祇要如是存心，卽可節欲減少愛情，又能知欲之障道，深生厭離，結果亦必不爲所牽，而一心念佛，旣厭娑婆，定欣極樂，發願往生，沛然莫禦矣。

問「一句佛號包括一大藏敎，通宗通敎之人，方是眞念佛人，」然則欲念佛者，須深明佛經，了解佛義，而後方能謂之眞心修持乎。假若一般不識字者，而有願守佛戒，念佛，其能得了生脫死，往生極樂世界乎。

答當機立悟，即雖謂「一句佛號包括一大藏教」可也。通宗通教云者，并不限於文字般若。

問照彌陀經云當發願生西。然照金剛經說，厭三途苦，願生西，是有衆生相。　答厭三途苦，願生西，是有衆生相，金剛經並無此說。然發願者，即發菩提心也。生西者，即悟無生也。發菩提心，爲金剛經中事。無生，爲金剛經中理。淨土般若，原無二致。

問學淨宗者，當堅持阿彌陀佛一念，不使須臾忘。但據金剛經云，如法執不忘，是有壽者相。著相，即衆生。無相，即佛。不知所從，請示。　答金剛經云，汝等比丘，知我說法，如筏喩者。筏須到岸，然後可捨，未生西前，念不可捨。若在此岸而捨筏，如何到彼岸。若未生西而捨佛念，如何到極樂耶。淨土般若，義豈有違。思之。

問或謂雷峯門下，不念彌陀。諸佛國土，在一心中，亦如片雲點太清裏。卽使往極樂世界八十小劫，與娑婆一晝夜，了無延促之相。公意云何，願有以教我。　答永明壽禪師有淨禪四料簡。如何說不念彌陀。心包太虛，理實如是。不但無邊剎土，不隔毫端，卽十世古今，亦不離當念，法住法位，安有大小，豈容延促。斯乃已證無生，了悟實相之談。豈所論於欣厭取捨求願往生之士哉。

問佛書謂「一生到西方極樂世界的人，共分九品，」菩薩旣以菩提心救一切衆生脫離苦海往生極樂，因何又分九等之階級。然則西方極樂世界亦有階級之分乎。　答「九品」云者，九種品類之意也。基於觀無量壽經，係指衆生之機而言，乃淨土行人淨業之等差，非階級之義也。又次據阿彌陀佛「四十八願」中之第四十五願，名爲普等三昧願觀之固無階級之分。

問凡所有相皆是虛妄。極樂國土既有形色。必有敗壞。彼佛壽命及其人民。豈有無量無邊阿僧祇劫之理哉。　答極樂形色是清淨法身所顯。是佛的不可思議境界。非同凡夫業報形色。乃是無常之法。經云。凡所有相皆是虛妄。是顯實相無相一邊義。須知實相無相亦無不相。若就無不相一邊義言之。便顯一切法皆是佛法矣。幸勿錯會。

問念佛求生淨土。試問娑婆世界衆生。皆仗佛力往生。則娑婆又變何種狀態。　答衆生爲正報。世界爲依報。一衆生有一世界。娑婆衆生共一世界者。相似故耳。非眞是一世界也。衆生皆往生。則世界皆淨土。而娑婆世界空矣。

問佛法重因果律。其律應至嚴。佛力不得變易之。何以十惡五逆之人。臨終苦逼，教稱十念，華開金色，便得恃佛力往生極樂，雖則品位極下，而往生固與善人實同，比墮惡趣，相差甚遠，以本應得苦趣之因，遇佛反恃其力而得極樂之果，是因果力完全失效用也。此是何故，望詳細解答，以開茅塞。　答應觀法界性，一切唯心造，因果者心造之業，與夫心造之報也。凡夫心染，（即爲無明所熏故）故造染之業報，佛心淸淨，（全體眞如實相故）故造淨之業報。染業報可思議，淨業報不可思議。因此不可思議之力，非常偉大，故能轉染成淨。如漂白水，無論如何汚穢之物，一入其中，即將汚穢消除淨盡，而還爲淸淨潔白焉。極惡之人十念往生者，乃在善知識之指導，自己之悔悟，而又加以十念佛力，自然轉染業成淨業，而得往生。如是因，（淨業）如是果，（淨報）效用依然，變易云乎哉。（按智者大師十疑論第八條，可以參考十疑論見淨土十要。）

問觀經「佛告阿難及韋提希上品上生者・……一者慈心不殺・具諸戒行・二者讀誦大乘方等經典・三者修行六念回向發願願生彼國・……」與無量壽經（卷下）「佛告阿難・……其上輩者・捨家棄俗而作沙門・發菩提心一向專念無量壽佛修諸功德願生彼國。……」案此二經前者無須出家・祇要遵照（一）（二）（三）各項終身奉持・當得上品往生。後者惟有棄俗修道方得上品往生。未悉究竟・懇請指示。

答觀經之上品三生及中品之上中二生・與無量壽經上輩等。觀經之中品下生與無量壽經中輩略等。然觀上品上生・雖不明言出家・而其云具諸戒行者・比丘戒亦攝在內・則亦攝出家沙門矣。但觀經分品從人・其義較廣。無量壽分輩依法・其義較窄。何以故。無量壽經阿難當機・

故上輩即說出家沙門之行。觀經韋提希當機。故上品但說具戒等行。所以勸在家菩薩也。況觀經之下品三生。皆是惡人回心而無量壽經之下輩。但舉十念法門云不能作諸功德而已。何以故。觀經在阿闍世王宮內說。惡人在前。亦所以示勸也。此我佛說法之善巧方便焉。

問無量壽經四十八願中。有惟除五逆之句。而觀無量壽佛經又許五逆往生。二經似相矛盾。是何緣故。　答無量壽經四十八願中。惟除五逆句下尚有誹謗正法四字。觀經所收指但五逆而不謗法者。以五逆而不謗法。旋必悔故。若兼謗法。則將怙惡不悛矣。又謗法即不信。資糧不具。如何得生也。（此義見曇鸞法師往生論註）又沈善登報恩論有辨正五逆謗法不得往生說一文。可參閱。

問彌陀四十八願中之念佛往生願。依康僧鎧之無量壽經譯文。則云「

設我得佛、十方衆生至心信樂欲生我國、乃至十念若不生者、不取正覺、唯除五逆、誹謗正法、」慈雲回向文曾引此願文、且將「乃至十念」之「十念」作念十口氣佛解。但依大阿彌陀經之念佛往生願文、則云「十方世界諸天人民、至心信樂欲生我剎、十聲念我名號、必遂來生、惟除五逆誹謗正法、」觀此則十聲念我名號、似不應作念十口氣佛解。未知法藏比丘初發此願時之原意、究屬如何、是單指念十聲的佛。抑是願十口氣的佛。請決。　答經云十念、不明言十句、其意本有含蓄。慈雲十願法、以十口氣念爲主、引用佛願亦無不可。至大彌陀經經人潤飾、改定十聲、失含蓄意。不及魏譯也。

問阿彌陀經所言「極樂國土欄楯羅網行樹皆是四寶周帀圍繞、」是否彼土到處皆樹、且皆七重。抑或尚有一望無際別具勝境之地。欄楯羅網，如何佈置。答欄楯以爲界，羅網嚴空，行樹飾陸，各得其當，詳見無量壽經。

問讀阿彌陀經，不外鋪叙池沼花鳥等種種莊嚴，如滬人說上海繁華，鄉人未到過者羡之。知識中人不免懷疑。惟經中「一心不亂」一語，爲全經扼要處。念佛能至一心不亂，即如大學所云止於至善，知止而後有定，定而後能靜，靜而後能安，安而後能慮，慮而後能得。以佛學言，一心不亂即持戒，一心不亂即能定，一心不亂即生慧，得戒定慧而結果可知矣。此言是否。答境界成就有其因緣。一讀無量壽佛經或鼓音王經悲華經等經，皆載有阿彌陀佛莊嚴淨土之事實，豈可不信而目爲虛誑乎。阿彌陀以願力成佛，故念佛者亦可以念力往生。感應之道，斷無差忒。其必一心不亂者，蓋不誠則無物，精誠所至，金石爲開，感應成就、舍是末由也。以一心念佛爲止於至善可也。知止而後有定云云、則非其義矣。又阿彌陀經上半敘述極樂境界、而一再曰成就如是功德莊嚴、此功德莊嚴四字、卽包括戒定慧一切佛法在內。幸勿草草讀過。

問據八識規矩頌、鼻舌兩識在二地以上、卽不行矣。然阿彌陀經有飯食經行之文、幷有思食得食之註語、豈色界諸天已能不食、而西方極樂反須飲食乎。當作何解。　答極樂之食、亦非同人道之段食。色界諸天雖無段食、仍有觸食、卽禪悅爲食也。佛經言食有四種、一曰段食、卽以破壞物體爲食也。二曰觸食、受一種喜樂或悲苦事而覺腹飽也。三曰思食、雖不得飲食、但思有飲食當前、亦不覺飢渴也。四曰識食、無色界天意識未斷、卽能延命如同食也。

問彌陀經云．其中多有一生補處．多有者言外含少有之意。據要解云．極樂人民普皆一生成佛．人人必實證補處等語。然則我佛何不云皆有而云多有耶。　答上既云皆是阿鞞跋致．當然普皆一生成佛．但未必一時同成佛。故一生補處亦祇得云多有耳。

問阿彌陀經所言「執持名號．若一日．若二日．若三日．若四日．若五日．若六日．若七日．一心不亂．」究作何解。乞詳示。　答此有二解．一以一日至七日爲執持之久。二以一日至七日爲不亂之功。

問（一）彌陀經所云之一心不亂功夫．要做到何地步纔是。（二）每思澄靜現斯境未審是一心不亂否．抑與相似否．若均非．則請示所得之法．及其造詣眞境如何．方名一心不亂。（三）有事一心．理一心．未審指何。抑與彌陀經云一心不亂爲同爲異．或有淺深。（四）見印光老人文鈔中所示。若能一心不亂。定有感通。未審指何感通。抑能頓見本性。或能得大受用也。　答（一）念佛功夫做到心不忘念佛名。他念不能雜亂時。方是一心不亂。（二）行者靜亦念。動亦念。無不念時。直至念外無佛。佛外無念。佛念雙忘。方造一心眞境。居士思澄靜現。可說隨順一心耳。（三）事一心理一心者。蓮池大師彌陀經疏鈔解釋一心不亂之一心功夫也。疏云。如前憶念。念念相續。無有二念。信力成就。名事一心。屬定門攝。未有慧故。又云。如前體究。護自本心。故名一心。於中復二。一者了知能念所念。更非二物。唯一心故。二者非有非無。非亦有亦無。非非有非無。離於四句。唯一心故。此純理觀。不專事相。觀力成就。名理一心。屬慧門攝。兼得空故。然此二種一心。事不須理。理必兼事也。欲知其詳。請閱文鈔。（四）感通者。卽淨土現前。見佛垂手也。

問彌陀經云。一日至七日一心不亂。即可往生。能仁世尊云何修三大阿僧祇劫。　答往生但不退轉。非即成佛。菩薩修三大阿僧祇劫。圓滿佛果。功夫淺深。豈可並論。

問彌陀經東西南北下上各方。均有無量諸佛。各於其國出廣長舌相。徧覆三千大千世界。說誠實言。汝等衆生當信是稱讚云云。是何方均可往生。而歷屆往生者均在西方。其故安在。敬乞明示。俾啓愚蒙。　答一「汝等衆生當信是稱讚不可思議功德一切諸佛所護念經」一此爲六方佛各各宏揚彌陀淨土之語。並非稱讚自己國土。正是各各勸人往生西方。何得謂各方均可往生。

問彌陀經云。彼諸佛等亦稱讚我不可思議功德。而作是言。釋迦牟尼佛能爲甚難希有之事。此雖本師代述諸佛之言。然出諸佛口。何不隨上文統稱曰我，而亦自稱爲釋迦牟尼佛耶。　答旣出諸佛之口，應當隨諸佛口吻稱釋迦牟尼佛，若稱了我，則是釋迦佛自己口吻矣，至上文稱我，乃諸佛自指之詞，並非指釋迦牟尼佛也。

問彌陀經結文云，世間一切天人阿脩羅等，聞佛所說，歡喜信受，將皆成佛耶。抑仍三道之舊，而不得與念佛往生者同得補處而不退轉耶。

答淨土會上諸天人衆，聞佛所說，歡喜信受，卽是依教奉行，一心念佛，待其命終，皆得往生極樂世界，往生之後得不退轉。何云不得同耶。

問古德有念「三十六萬億一十一萬九千五百同名同號阿彌陀佛」一一句可得多數佛之言。若念此十萬句，豈不得數更多乎。請示。　答亦可。但以虔誠爲宜，並不專在多數也。

問末劫衆生，業重心粗，觀想殊屬不易，故蓮宗諸祖及現代淨宗泰斗印公老法師均勸行者以持名爲主。則釋尊於彌陀經特地啓示大衆爲末劫修道者之不二法門。但衆生機感有別。於持名外兼誦大乘經典及陀羅尼亦發願回向。如此修持。未悉可否。乞示之。（若依觀經善導疏。蕅益大師彌陀要解。及徹悟語錄。皆主專持名號誦彌陀經禮彌陀佛。如此方名正行。如兼其餘作業。名爲雜行。未知若何。請附示及。）

答持名專修。乃淨宗之徑路。惟小本佛無問自說者主之。觀經惟下品生者主之。而上品上生。明明有讀誦大乘經典之行。及無量壽經亦攝在修諸功德發菩提心句內。故淨宗正行。乃在發願往生三經 一論之所同。定持名兼修。原無規定。鄙意如是。

問念佛三昧意義如何。祈示。　答三昧爲正定。由念佛而得定境者。爲念佛三昧。

問親證念佛三昧者・其果位在何位次・抑聲聞果或菩薩果。　答念佛三昧在聲聞法唯五停心位中有念佛觀・餘位不修。在菩薩法論位次・亦當視其斷惑程度而定高下。若就淨土宗言之・當論九品位。證念佛三昧者・上品上生。觀經修行六念・爲上品上生之因也。

問念佛而未證三昧者・臨終是否亦得往生・其生品高下何如。　答經許十念往生・當在下品。

問念佛而證三昧・則其後雖不再證・或遇橫死亦得往生否。又密宗之本尊加持相應後立卽得自在往生・（卽遇橫死亦得乎・）其理事如何。他人何以知之・證之。乞舉其事例。　答得三昧者・業障淸淨・不遇橫死・卽遇橫死・或預知時至・或遊戲神通・正念現前・亦得往生。安世高赴會稽之難・善導坐樹顚而仆・殆其例歟。

問脩行念佛之目的．爲度己度人超脫輪迴．往生西方。餘外另有目的否。

答我佛出世本懷．卽在度己度人超脫輪迴．共成佛道而已。念佛目的亦不外是。（往生西方卽爲易成佛道計也）

問往生西方有九品．其得生位次．須由行人功行淺深而定高下．固不待言矣。然西方乃圓具四土．曰寂光實報方便同居。今請問此九品生位．究竟何品屬歸何土。懇乞分別詳示。　答下下品．下中品．下上品．中下品生同居土。中中品．中上品生方便土。上下品．上中品．上上品生實報土。亦分證寂光也。

問九品往生．高豫海會．超凡入聖．臨終固現頂暖瑞相。倘生極樂邊地化城．既未豫海會．得入聖賢類否。抑屬天道人道。　答臨終捨暖之相．經論祇說大概。但既係往生極樂．縱暫居邊地．畢竟得預海會。當與聖賢等觀暖從頂捨也。

問蓮宗有云．娑婆念佛極樂蓮生．念佛行人淨業成時．佛執華臺來迎行人。然來迎之華．即平時念佛所感之華耶。或另是一華耶。佛來迎時．是將所感之華從寶池中拔來．迎到極樂．插於原處耶。或來迎另是一華．到極樂時方將念佛人安於所感之蓮華中耶。　答念佛蓮生．是從因感果之例。極樂境界是彌陀佛所化．依正不二。所生蓮華．佛來迎時．雖見在佛手．然仍不離極樂池中也。此種不可思議境界．幸勿以常見測之。

問往生論云．生則決定生．去則實不去。何義。　答臨終在定之心．即是往生極樂之時。譬如影戲之換幕．何嘗易其地位耶．又如無線電之傳聲播音收音．縱異其地．而絕無傳去之相。不去之義如是。

問帶業衆生，亦可往生。倘使往生以後，而其所負已往各種罪業，須否逐一償清。　答往生淨土，乃住淨土修行，消除業障，得菩提道，他日乘願再入娑婆，廣度有緣，即是淸償也。

問蘇東坡有西方公據，至元爲窮和尙，至明爲袁中郎，始生西。憨山大師再世爲截流，始生安養。較之惡人臨終遇善知識開導，十念成功，何難易如是懸殊。請詳示。　答蘇公臨終云，箇中著力不得，故不往生。憨師側重習禪，故不往生。至後袁公截流，專注淨土，皆得往生。蕅益大師云，得生與否，全憑願力之有無。誠確論也。至惡人十念成功，是下品往生，花開見佛極遲。生雖速，而淨土受用則轉遲矣。

問生西時頂門發煖，其理爲何。此種說法經有明文否。　答我人成胎時，以火風識三大和合，方成命根，故捨命時，亦火風識三和合捨離，生西時。識從頂門出。故煖在頂門發。是超凡入聖上升之象。此種說法。大小乘經均有明文。頌曰頂聖眼生天。人胸餓鬼腹。旁生膝蓋離。地獄脚板出。

問生淨土後。不過是極樂國人民之一。用何修行。方可成佛。　答華開見佛。即是見道位。悟無生理。即是通達位。從此不退。修菩薩十地行門。分身他方。廣度衆生。因圓果滿。乃至佛地。

問西方二有。是獨影境乎。性境乎。抑其帶質境。或似帶質境乎。　答按唯識論。境有三種。性境。獨影帶質也。五識及同時意識所緣者。爲性境。意識所緣。三境具足。即定中獨頭及明了意識所緣者。爲性境。散位獨頭意識。爲獨影境。其中尚有有質無質之別。有質獨影。又名似帶質境。意識緣心王心所時。爲眞帶質境。又眞智所緣。通爲性境。境既楷定。方可措答。西方二有者・彌陀極樂身土也。當時淨土會上・仗佛光明・顯見彌陀身土・如觀經韋提希等・及無量壽經阿難等親見者・是五識所緣・則爲・性境。若後世念佛人・惟依經文作觀而緣者・有質獨影境也。又初心念佛作意提持・念念無間其境分明者・爲有質獨影。又爲似帶質境。若久念純熟・不作意持・自然一心・其境湛然不動・現量緣者・性境也。若其成就念佛三昧時・則是眞智所緣・亦性境矣。

問凡一期報盡・異熟識隨淨行業力超生安養之後・其人仍有粗根否。或全屬意識作用。如有淨塵粗根・則是業所集之色蘊・非一眞法界之境矣。果爾遂成渾渾噩噩耶。　答念佛人報盡得生淨土・全係己願與佛願相應・仗佛願攝受之力・能令當人穢土業報根本消除淨土業報頓然發展。換言之・卽第八識中有漏種子完全失效・無漏種子大起現行・

故得托質蓮胎棲身淨域與上善人而友成不退轉之器也此人生西後但有無漏微妙色蘊之根而無有漏浮塵粗色之根此是自己淨業感引彌陀願力加被使然如一滴水投入大海有不具足海味耶生淨土者有佛相好得六神通聖教具在奚患渾噩爲

問諸家論外凡往生但言得生同居土感化佛來迎幷未聞有叩得生報土見報身彌陀之說善導觀經四帖疏卷一首玄義分據同性經無量壽經觀經等聖言本量斷知爲報幷說凡言報者因行不虛定招來果以果應因故名爲難又三大僧祇所須萬行必定應得菩薩今既道成即是應身斯乃過現諸佛辨立三身除斯已外更無別體縱使無窮八相名號塵沙尅體而論衆歸所化今彼彌陀現是報也讓案考諸往生論註等雖言一切外凡夫人皆得往生但幷未言見報身報土歷來講

家亦無此說。如游心安樂道中辨彌勒所問經十念之文、非凡夫念、不雜結使念、亦遂生其意無非發菩提心感佛迎而已。若言報土、然是實報莊嚴土。考此土須至理一心不亂、豁破無明一品乃至四十一品始得生彼、夫內凡到此品位、尚不易易、何況外凡。意者或如圓中鈔所辨之實報穢土耳。然此亦不合教理。觀經疏鈔明言此徑菩薩居、無有二乘、二乘且無、何有凡夫。比諦公演義言仁王經三賢十聖住果報、乃借別而名圓、三賢十聖、借別名也、住果報、名圓位也。三賢十聖既與十聖同住、驗是實報、不證中道、萬不能入。然則善導之說、究何歸趣。近東瀛法然家法亦主張善導之論、如何如何、不可不辨、故乞詳示所以。　答論彌陀淨土、有謂但化土、有謂但報土、有謂具二土。但有報土者、除善導四帖疏外、尚有楊仁山先輩之彌陀報土說（見等不等觀集錄卷一）餘如迦才淨土論，（卷上）懷感釋羣疑論，（別明身土章）皆具二土。至凡夫往生究生何土，則凡主化報俱有者，都不執定生於一土。故釋羣疑論云，以佛本願力故，令彼地前菩薩（等凡夫）生受用土，不可一向判令不生也。迦才淨土論云，麤論有此三土，若委曲分別者，衆生起行既有千殊，往生見土亦有萬別也。若作此解者，諸經論中或判為報，或判為化，皆無妨難。……但信佛語，依經專念，即得往生，亦不須圖度報之與化也。他若雲棲疏鈔云，極樂是同居土，而亦通前之土。（方便實報寂光）所云通者，隨其機異，所見亦異，有於同居見寂光土，有於同居見實報土，有於同居見方便土，有於同居但見本土。……則極樂者，雖當變化，亦可受用，及法性也。最痛快者，蕅益要解云，極樂世界，正指同居淨土，亦即橫具上三淨土。又云同居衆生，以持名善根福德同佛故，圓淨四土，圓受諸樂也。又云唯極樂同居，一切俱非，一切俱是，十方佛土無此名相，……非心性之極致，持名之奇勳，彌陀之大願，何以有此。統上數說觀之，是知彌陀淨土不可思議，不可以尋常凡聖階位及所住報土爲衡。至善導法然楊仁老單說實報，蓋就通圓優勝邊言。欲求妥善，莫若蕅益。

問淨土非一，任人往生，自不可參與門戶知見，凡諸學淨土者，同如龍樹十住毘婆沙所說易行道也。雲棲法彙答四十八問云，諸佛誰無淨土，彌陀亦有穢邦，但遵現教，毋用他求。又明言但守生西之志，如徹悟所謂釋迦再來，亦不捨西也。復次道綽安樂集卷上引大集月藏云，第四五百年，白法隱滯，約時被機，勸歸淨土。又稱韋提大士因緣，爲欲前生者導後後生者訪前也。彌陀疏鈔卷四云，昔奘師謂內院易生，良以兜率之離人世，可計由旬，極樂之去娑婆，歷多佛刹，彼論地不論因，今論因不論地，義各有取。然極而論之，奘師爲當時一類之機，此經爲萬世常行之道，此外千經萬論導歸西方，已人所咸稱，不待論矣。何故時下猶有人輯慈宗三要，願生兜率內院者，豈於古德論兜率與極樂難易未之聞乎。抑約時被機，此導歸兜率爲普攝超過極樂乎。某封拙懷迷，不敢妄評，但不得不備聞其義。　答來論云奘師爲當時一類之機，此經爲萬世常行之道，二語盡之矣。慈宗三要輯或亦爲現時一類之機也，其義云何，請以質諸輯三要者。

問時下有說人間淨土說者，義自無乖，意非究竟。若眞人間淨土已備，又何待本師出他方淨土之說乎。若言其理，則唯心淨土十萬億國外亦何嘗非唯心。且正報何嘗非自性哉。況穀成不云乎，淨土乃唯心之淨土、實有可到之地、彌陀乃自性之彌陀、實有可見之人、十方國土、不出現前一念蕞爾心性。今單言人間淨土、不但於諸佛倡他方佛土之聖教有違、且亦未達心性之理。況娑婆本穢、所謂愛不重不生娑婆乎。

答人間淨土說、亦以現代衆生有於西方淨土不能契機者。而倡正本唯心之理而建立。倘有倡東方淨土亦同此意。然此皆方便之談、借此接彼（西方）可也。是此非彼不可也。我之所見如此。或曰西方淨土、乃十劫以前彌陀願行之所創造、若果有人以其相當之行願而創造之、安見人間東方之不可造哉。但成就之時間、有問題耳。

問顯密雙修、可生淨土乎。　答顯修可生淨土、密修亦然。雙修當然可生。但密修須有師傳、修法嚴密、不若顯修之自在。非普被法也。

（九）密宗

問佛法密宗相傳係「釋迦如來滅後七百年時，龍猛菩薩開南天竺鐵塔，遇金剛薩埵受職灌頂祕密法門方傳於世」，然則釋迦如來入滅以後，數百年間無所謂密法也。又據藏僧云「印度蓮花生大士係於釋迦如來涅槃後八年降生於西印度乳子海之蓮花中，在印度及尼泊爾等處弘揚顯密，八百餘年，爲康藏紅教第一代大祖師」，是釋迦如來入滅以後數百年間未嘗無密法也。又康藏喇嘛有不承認開南天竺鐵塔之說，究竟藏密傳法師承如何，請詳爲開示。答中國西藏兩派密宗承傳，顯有不同。南天竺金剛薩埵所傳行於南方，蓮花生大士所傳，行於尼泊爾等處，即北方。至云「無所謂密法」及「未嘗無密法」，皆是居士所徧計，與實際何關耶。

問佛教有顯密二宗，所謂顯密者，是否顯即顯明公開，密即祕密私傳之義、如顯密之別在此、則佛法乃正大光明之道、一切修持方法、均當明顯示人。何得私相授受而不普利人乎。此理不明敬祈解答。　答密宗密字之意、即非尋常之意。尋常易曉者、如顯露故曰顯教。特別難解者、如祕密、故曰密教。以印契爲佛身業、以咒語爲佛語業、以字種爲佛意業、如記號然、唯局內人得知、非局外人所能曉、故曰三密。然此密義乃就衆生邊說、非佛有所祕也。至於重師承須傳授者、以其事相煩重、非文字所能盡達、故又如學校施教、非考取及格者不能入學聽講、豈學校亦不公開乎、不普利乎。

問眞言爲佛法密宗、當佛住世之時、印度外道甚多、是否佛恐外道竊取佛法以濟其私、故爲密傳。若誠心求學、未經人傳、照書私念、名爲盜法、究竟有無罪過、佛曾有言、如有手書此經咒者、如佛親口傳授。何以現時習密宗者輒視爲神祕雖有誠心求學者即僅能利益童子與超度亡魂如護諸童子經中兩咒及大樓閣等咒者亦不肯傳按以上各咒并不能助人爲惡是豈宏揚佛法之旨乃竟有因此甘破誑言之戒而不惜者是誠何心況此刻中國習密宗者甚少而習者又吝不傳人將來恐有失傳之日。　答密宗即事融理故於事相極其重要又因事相容易襲取故重於親授而傳授之人須有教授阿闍黎資格方可。否則照書自習亦不無功德但於密宗爲不如法耳。

問近閱西南和平法會一書係西藏多傑覺拔尊者所著內載密咒之種類甚多如金剛心咒藥師佛咒長壽佛咒黃財神咒等各有不思議之效力。據云欲學密法首重師授如無師授一切密法皆不能成用功縱勤亦不過成魔而已。弟讀誦之下心中憂疑因彼云如無師授不靈驗。

然我等常常持誦之大悲呪亦密法也。並無師授。豈皆不靈驗耶。彼又云念阿彌陀佛者。亦須學密法。求生西方為極易之事。顯教念佛為極難之事。又須修長壽法以保延其壽命。否則恐立即生西。減短此土之壽命云云。弟讀至此。更疑糊不決也。此等說法。究竟確否。再書上所載之大白傘蓋藥師佛呪等。我輩無師傳授。可能念誦否。如不能持誦。則我國通行之大悲呪等亦密呪也。豈均不能持誦耶。望大善知識詳細賜示。以開茅塞。不勝懇禱。

答顯宗密宗立法各異。吾人日常所誦之呪。雖是密呪。但既係顯宗人修。無須遵照密宗教誡。誠心念誦。呪之靈驗事實具在。何庸生疑。密宗修法繁重。精嚴三密相應。其效當然神速。然念佛人依淨宗修持。臨終決定往生。奚必性急也。大白傘蓋呪即楞嚴呪。心藥師佛呪即朝課十小呪中藥師灌頂真言。如嫌無師傳授。不妨就能誦者一受之。

問余雅不喜密宗盜法之說，以爲皆阿闍黎的名聞利養計，故爲此說，非我佛平等法施之本懷。然密宗諸呪，純講梵音，唐人譯音於今已異，若用反切南北不同，以致欲持大悲準提者，心終懷疑。前佛學書局所贈金光明經諸呪，以藏英日三文對照，甚妙，鄙意仍不普通，不如以現行之注音字母譯之。　答以注音字母譯呪，且俟能者。至密宗之重師承者，以多屬事相，有非親授莫能詳者，梵音其一也。未可以不平等目之。

問或云北京雍和宮有歡喜佛者，男女作抱持狀。西藏喇嘛僧多崇拜之。後學心竊有疑。夫佛爲大覺之王，豈亦有慾。抑係後人胡造，或邪教，或實有之，而名何佛。後學心愚而多疑，且有執著之病，祈詳細釋示，以指迷途。　答按密部有「大聖歡喜雙身大自在天毗那夜迦王歸依念

誦供養法」一等經，經云大聖自在天是摩醯首羅大自在天王，烏摩女
爲婦生子三千，左千五百以毗那夜迦王爲第一，行諸惡事，右千五百
以扇那夜迦王爲第一，修一切善利。此扇那夜迦王，則觀音之化身也。
爲調和彼毗那夜迦王惡行同生一類，成兄弟夫婦，示現相抱同體之
形。其像作象頭人身，示不同。其餘毗那夜迦已爲誘進入正見，故謂如
象王雖有瞋恚强力能隨養育者及調御師也。又按經此二天均是權
化之身。毗尼夜迦王是毗盧遮那佛隨類化身，卽男天，其女天爲觀音
菩薩化身，故修法須敬禮此佛菩薩也。修此天法者，能制三業懈怠，除
其懈怠故障難永絕不起。若行者多障難，除唯修此大聖歡喜天法能
除之也。○密部諸法，均有密意。須正思惟如法信解。
問佛淨土，凡修顯教者，無不認定西方極樂世界，若信願力深，必得接引

往生。人問淨土凡修藏密者・無不認定係香拔拉國・若持密成就・必能乘願轉世。此從教理而顯教相者也。祇是香拔拉國位於印度之北・若論地理便利非常・自非極樂世界從是西方過十萬億佛土可比・不審普通梯航可能達否。近來飛機靈捷異常・又不審航空可窺影其莊嚴否。　答生香拔拉者亦須依法修成・方可轉世往彼。未修法者・莫知能達。

問香拔喇究竟在北印度何處。是否實有。　答香拔喇國既在此土・當是實有。然以時節因緣・隱而不現。（苟非其人視而不見）未可知也。

問佛學半月刊時輪金剛法會專號封面上班禪額爾德尼法師像左右手所持之物・是何物。請示知。　答所持者・爲兩把「吉祥草」。「時輪金剛法灌頂前用以祈夢占善惡業之有無者。

問時輪金剛經內載無量妙諦，以無師承，不得受用。但是未參加灌頂法會，能請此經否。　答時輪金剛經尚未譯出。杭州開法會時，有開示錄及修法簡本。但未預法會受灌頂者，不得漫修也。

問彌陀經云佛法滅時，此經多存百年，而奉時輪者又云密教更多住世百零三年。何故。　答香拔喇藏密稱為北方淨土，極樂世界係西方淨土，末法得淨土法而延長，其理同，故其事同也。

問佛門弟子無論修顯修密，均須因於菩提。但修顯則當尊重戒相，故有五戒十戒沙彌戒具足戒之定序。惟修密則於戒相難守，悉從善巧方便。至若食肉，勢必違犯殺戒，因果互為受報未了，自既不利，他於何有，似此仍能以方便而善巧之否。　答學密亦須受密戒。食肉之開，在密乘有規定者。勿以門外人而疑之也。

問佛學半月刊記西藏密宗大德多傑尊者傳法有云，阿彌陀佛為應身，無量壽佛為報身，頗生疑慮。就余所知，阿彌陀佛為梵音，而華譯則為無量壽與無量光。今多傑尊者尚有報身應身之別，是義云何。請求開示。　答一切佛俱有三身。應身壽同凡夫，故但有無量光義。報身壽本無量，故以無量壽名。光壽不二，即法身寂照不二義。如此判別，於義甚當。今應身佛不用譯名者，亦猶我國稱光中化佛曰阿彌陀佛也。

問多傑尊者所傳彌陀長壽合修法，照義解釋，是一方面修淨業，一方面延長娑婆壽命。而尊者云長壽二字，即無量壽，余甚不解，請示。　答長壽佛即無量壽佛。修長壽佛法，義取延長壽命，以利進修，增高生品，並非欲長住娑婆也。

問藏密彌陀長壽合修法，學人急思請得照法修習。倘將來自己修習有得・不知可轉傳他人否。　答此書已由佛學書局出版・可購請也。將來修習有得。不妨方便轉傳。

問綠度母咒如何不必經過灌頂。綠字作何解。　答綠度母咒・乃藏密中咒。度母身現綠色光明・故稱爲綠。凡依密法・須經灌頂。但經灌頂者・蒙師許傳於他人・則他人受持者・即有間接灌頂之效。

問眞言宗戒律爲要・何獨盛於不重戒律之日本。　問眞言宗欲其有效・非淨戒不可。日本不重戒律・然習眞言宗者・須先持三昧耶戒・至其盛者・不過習者之多耳。我國失傳・遜於日本。非眞隆盛也。無戒律之密・變成魔術・西藏紅教喇嘛之流弊如此。

問王弘願居士學東密・得阿闍黎傳法灌頂・與僧伽並躋・此事如何。　答此係大乘菩薩態度。然非眞實得悉地者・獲罪非輕也。

問汕頭王弘願居士設壇傳授密法，某方以其非出家具足比丘，嚴辭反對。王居士根據大日經蘇悉地經，謂毗盧遮那如來為結項相，若是比丘傳密，須以右手作拳舒大拇指，屈頭指押大指頭上，令頭指圓曲，故居士可以傳密法，而比丘次之。竊聞法身徧虛空，無有男女形相可得，而今修到大日如來，尚有頭髮有無問題，是何意義。 答密宗重觀相，毗盧遮那像有髻，故有結項法。若言其理，則法身無相，亦無不相。何妨有髮髻耶。

問學佛最忌執著，而修密宗者心持咒手結印，豈非著相有為法耶。 答忌執著著為其障道也。若能入道何忌之有。如念佛者執持名號，信願生西，豈患執著乎。況修密宗者先觀心空，然後持咒法印，修畢後仍須觀空方有效果。金光明最勝王經有依空滿願品，言此理甚詳。又般若心經以無所得而得，皆同此理。勿謂密宗著相也。至無爲法者，指法性眞如而言，乃說果非談因也。不宜於修法混評。

問持呪的效力，究竟在能持之心，抑在所持之呪。若在能持之心，則無論任持何咒，只要心理上同一信仰與懇切，所得效驗必是一樣。若說在所持之咒，則且無論世界各國之音聲歧異，即就本國論之，南方與北方亦大大差異。按咒本來是專注重音，音既不同，必有錯誤，如何能得效驗。不知此事究竟如何。　答持咒效力，乃三力所策發，一能持之心力，二所持之呪力，三本尊加持力。（持呪時如本尊親臨然）至於咒音原以梵音爲準，但未識梵文者，隨所教授可也。（因密宗重師承，顯宗可倣此，）

問密宗持咒最重梵音，其故安在。　答咒名陀羅尼，義云總持。欲令一切衆生解悟、故用梵音。梵音者、此世界之原音也。猶我國之用國語、則能令十三省人多領解。

問近年密教重興、始唱持咒必經師授之說。然先年亦有持白衣準提大悲等呪者、既未經師授、又係不與梵音皆同之漢音、亦有靈應、其故何在。　答是在誦者誠心所感。

（十）戒律

問何爲五戒。　答五戒者、不殺生、不偷盜、不邪淫、不妄語、不飲迷醉之品。

問何爲八戒。　答不殺一也。不盜二也。不淫三也。不妄語四也。不飲酒五也。不著香華鬘、不香塗身、六也。不歌舞倡伎、不往觀聽、七也。不坐高廣大牀、八也。此八戒不單持、須合一齋法、謂不非時食、故曰八關齋戒。

問十重戒何如。　答第一殺戒、第二盜戒、第三淫戒、第四妄語戒、第五酤酒戒，第六說四衆過戒，第七自讚毀他戒，第八慳惜加毀戒，第九瞋心不受悔戒，第十謗三寶戒。

問四十八輕戒何如。　答第一不敬師友戒，第二飲酒戒，第三食肉戒，第四食五辛戒，乃至第四十八破法戒。名相甚繁，可檢律藏。

問何謂比丘。　答具足佛戒，能怖魔衆，清淨活命者，謂之比丘。故有三義，一破惡，二破魔，三乞士。

問何謂比丘尼。　答謂比丘之女者，所受具戒，較比丘多一百條。

問何謂學戒尼。　答尼受具戒前，先應學戒二歲，故有此衆。

問何謂沙彌。　答沙彌此云息慈。謂息世染之情，以慈濟羣生也。初入佛法受出家十戒，方得稱此。又譯云勤策男。

問何謂優婆塞。　答在家信士，能持五戒者，稱此，義翻清淨士。又云近事男。謂親近承事諸佛法也。

問何謂優婆夷。　答此云清淨女及近事女、在家信女之稱、

問在家學佛未受五戒者、可否作蒙山施食。　答未受三昧耶戒、不應施。

問余未受五戒、而在蓮社念佛會通俗講演、身著俗衣、對衆宣演、未知可有罪咎否。　答以至誠心慈悲心如義宣說、並無罪咎。

問在未皈依僧寶以前、對於居士五戒自受遵守、及製縵衣禮佛、有犯佛制及盜法之罪否。　答佛戒自動遵守、固屬至善。但製衣非經過受戒儀式不可。

問在家居士著海青、是否犯律。　答海青非佛制衣、乃是唐代華服。與律無關、不應有犯。

問在居士林見有某寺傳戒通告、不知彼要錢否。其中有七衣鉢具、何解。

答居士往受五戒，需時不多。住寺日少，費錢亦不多也。七衣，乃比丘之袈裟。鉢，比丘食飯之碗。具，跪拜用以鋪地之具。居士受戒不需此也。

問竹窗三筆謂居士不宜著三衣、其說然否。　答三衣皆福田衣也。出家受具足戒名僧寶，可著。居士須受優婆塞戒，可著鉢吒衣。（即無條相之縵衣）未受五戒之居士，縵衣尚不能著，況三衣乎。

問北平女子佛學院院生皆不著海青，唯披搭衣。此例現今居士仿之。如何能普及否。　答於理亦可仿行，然於事卻失威儀。海青雖同唐代俗服，然搭衣卻與彼相稱。如著現代俗服，宜仿喇嘛搭衣，方相稱耳。

問北平女子佛學院院生俱無海青單披搭衣一則愚聞居士皈依後方可著海青如披搭衣須待受戒。未識此說確否。　答既披搭衣，想必已受戒者。居士所說不差。

問受五戒居士，性誠實，作佛事時，身披祖衣，設放瑜伽，違佛法否。有功德否。

答祖衣是出家大僧的法服。僧非法師，且不可披。何況居士。放瑜伽施食，亦出家法師之事。居士地位，不宜作此項佛事，惟蒙山施食（晚課中有）居士披禮懺衣（即縵衣，受五戒者可服，）行之可也。

問優婆塞五戒，以不殺生爲首，誠以冤冤相報，終無了期也。然有事時親朋畢集，無事時，妻孥自由，縱具慈悲之心，難免暴虐之行。奈何奈何。

答既受五戒人，自要隨處留心，即有宿習濃厚，到得當面關頭，不能制伏者，仍須過後大生慚愧，痛革前非。

問受五戒者，服用皮革骨角絲綢，是否犯戒。食肉與服用皮革絲綢，厥罪應如何差別。若云相等，何以法師可披綢衣。若謂披之與彼蠶類有緣，爲將來得度之因，謂爲長物之善根。然則法師當多食肉，使被食之衆生得解脫何素食爲請析之。　答五戒但戒殺生。不食肉。係大乘戒。長養慈心也。用皮革等。例同食肉。如從嚴格亦當戒之。至長物善根之說。可與智者道。難與俗人言。所謂如來密意之類也。西藏密宗不忌食肉。此皆出格作略。豈可以庸凡而冒爲之耶。

問佛經中五戒莫重於戒殺生。戒邪淫尚在其次。則何以萬惡淫爲首乎。

答五戒中戒殺戒至究竟。戒淫不過戒邪淫而已。故殺先而淫後。萬惡淫爲首者。乃世間維持風化之語。非佛書語也。

問居士求受五戒。正式婚姻亦要脫離夫婦間事實乎。　答五戒第三但戒邪淫。正式夫婦不在戒內。

問五戒唯斷邪淫。未嘗言禁婚嫁。未婚青年受優婆塞或優婆夷戒。俗師輒言不可復婚嫁。此言也一則阻止佛化普及青年。二則與佛經無根據高明對此如何。答俗師之言不可從。未婚嫁受戒之青年，婚嫁之後可以專一相待，不致有離棄等變。正是佛法裨益家庭，豈但端正風化而已哉。

問經云日常持素念佛誦咒之人，常有吉神隨護。然在家居士雖守五戒，對於夫婦正淫之際，此吉神仍隨護而不之避乎。若避而去之，則此種行爲固非犯戒。若不避，豈不瀆之乎。答吉神亦是受五戒者。對於夫婦間事，神固不以爲惡也，何瀆之有。然若不守時禁，或不依正道，則神亦疾視之矣。

問五戒可開否。開遮持犯之義如何。何謂犯而不犯。何謂央掘摩羅彌殺彌慈，和須密多淫而梵行，祇陀之惟酒惟戒，末利之因妄成仁，文忠終身不醉，思遠醉勝醒人，以上其人事實如何。答五戒之開遮持犯，有五戒相經箋要一書、可請閱之。至開遮持犯之義、開者行也、遮者止也、持爲守戒、犯爲違戒、義有四句、有以開爲持、有以遮爲持、有以開爲犯、有以遮爲犯。犯而不犯者、菩薩之權行、非常人所能學也。

問酒爲五戒之一、爲亂性故、今吃不醉之甜酒糟、是否犯戒。　答糟未成酒、且非飲品、既吃不醉、云何犯戒。但若代酒飲之、則成犯矣。

問酒從糟出、糟雖未成酒、終必成酒、學佛者似不宜吃、而曾答某君問吃甜酒糟爲不犯戒、是權是實。　答戒酒之意、原爲醉後破戒而設、如吃糟致醉、果亦當戒。但吃甜酒糟、則無醉事、故可不戒也。

問儒家云身體髮膚受之父母不敢毀傷……而佛家則以燃戒爲功德、祈示其理。堂上擬赴受戒、爲子者可代燃否。　答受戒非必燃香。惟受菩薩戒者、經有燒身燒臂燒指之文、因菩薩須有捨身救世之決心、故令受苦行以見志。燃香但其微苦者耳。受五戒者可不燃，願燃者亦聽之，以表發菩薩心也。代燃殊可不必，以燃香並無若何痛苦也。不燃頂，可燃臂上。

問居家受戒者，可否自行在佛堂發願。抑或非得在高僧前舉行不可。若無高僧，能否由貴刊介紹通信受戒。　答戒稱爲受，必有所授。在佛前發願，自受。准諸菩薩戒經，雖可自受。不過須先殷勤禮懺，得見好相，方乃有效，亦屬難事。至於僧前受者，但得此僧四重清淨，（殺盜婬妄）卽可爲師。若通信受戒，恐非如法。復次受戒重在能持，若果已能持，雖未作此形式功德，亦與曾受者等。若有作此形式之必要者，何妨效善財之行脚耶。

問在家二衆持戒，總不若出家二衆之精嚴。雖時常生懺悔心，終不能謹遵佛制。有救濟法否。　答環境所牽。毫無辦法。但盡在家修持之分。亦爲佛所許可也。

問聞受持八關齋戒。若在無僧之處。可自在佛前稟受。然否。其儀軌若何。
　答受八關齋法。金陵有刻本。曾見合訂在大悲咒持誦簡法內。請檢閱之。

問八關齋戒中。不坐高廣大牀。如何是高廣大牀。　答即甚裝璜寬大。能睡兩人以上之眠牀。或現今之沙發椅沙發榻。甚舒服者。均是。

問如係眠牀。則受戒者不能睡眠乎。　答非也。祇要用一人獨睡的小眠牀可矣。

問坐高廣大牀。於修道有何障礙。於佛法有何違犯。　答能增長放逸懈怠與淫欲也。違犯不貪欲不放逸。減少睡眠。

問八關齋戒內高廣大牀．與日常臥牀．有何區別。除高廣大牀以外．可坐乎。想坐既不可．睡則當然不行．是否即一日夜不就寢乎。又不非時食．是否除午正食外即一日一夜不再食乎。　答高廣大牀．即世俗之牀。不高廣者．即世俗之鋪．此臥牀也。如論坐牀．即今之凳椅．普通凳椅即非高廣．如此戒者．非取不就寢．乃防放肆寢也。不非時食．係過午不食．至明日天明方可食也。

問尊答中有謂「菩薩戒盡未來際乃至成佛中間不斷受持．非如餘戒之但一生受持也．人受幽冥戒．即依梵網戒本之十重戒．令盡未來際受持之耳．其意令其仗此持戒功德．即生天上人間．不墮三途苦趣也．」一段．見佛學半月刊六十一期。然設有人爲受持菩薩戒或幽冥戒．若非專志淨土．乃轉生天上．或人間．就生人道言．呱呱墮地成年以前．

未必仍舊持戒如故、則不免有犯科作奸諸情事、依不斷受持義、應認犯戒、若自重受戒時起算、則非不斷受持。然則應從何解。　答菩薩戒爲諸佛之性戒。所謂若受諸佛戒、即入諸佛位。故極鄭重。如其故犯、須懺悔至見好相、即爲得戒、不須重受、故有不斷之義。況受時須如是發願乎。若幽冥戒爲亡人說法、無盡形壽之義、故但取諸佛性戒耳。

問戒律共分幾種、有何分別。僧人頂上所灼香疤、多寡有無一定、統祈詳示。居士受菩薩戒、亡人受幽冥戒、是何詳情、幷請示知。　答戒律在家人受、有五戒八戒菩薩戒三種。出家人受、有十戒二百五十戒菩薩戒三種。若出家女衆、尙有式叉摩那六戒、其二百五十戒、亦增多一百條、爲三百五十戒、則有四種矣。僧人頂上香疤、是燒身之一種苦行、梵網菩薩戒中有此規定、非一切受戒都要燒香疤也。多寡本可隨自發心、而無一定。菩薩戒本有善生經梵網經及持地經三種，依據何本受者，即照何種條文守持，惟在家者，改淫戒爲邪淫戒耳，其餘亦有適用不適用者，亦不難辨別也。又菩薩戒應盡未來際乃至成佛中間不斷受持，非如餘戒之但一生受持也。人受幽冥戒，即依梵網戒本之十重戒，令盡未來際受持之耳。其意令其仗此受戒功德，即生天上人間，不墮三途苦趣也。

問三昧耶戒何義。　答三昧耶梵語，有誓願警覺除障垢等義。密宗所受之戒，名三昧耶戒。

問學佛之道，曰戒定慧，非持戒嚴淨，不能由定入慧，所謂戒，是否必出家受持比丘比丘尼戒。若在家受持五戒菩薩戒，亦可由定入慧得證果否。　答比丘比丘尼戒，利於出世。菩薩戒，利於入世。出世之後，再行入世方可爲芬陀華。况出世修定易，入世修慧易，先定後慧，亦須先出世而後入世。釋迦佛祖，亦由出家而後示成佛道。可知在家菩薩戒，未有證果分也。

問佛視衆生平等，則男女理無軒輊。然比丘尼對比丘，何以有八敬法。（節錄中本起經姨母求度）　答業障比較，女重於男。受持八敬，遠離褻慢，令成法器也。

問翻譯名義卷三中之式叉摩那學法女，十八童女應二歲學戒，又云小年曾嫁，能持六法二年，練身可知有胎無胎。盜人四錢，斷畜生命。此義云何解。　答女衆受比丘尼戒前，應先修學戒法，持六種戒，一以覘其能持具足戒否，二以俟有孕者產後方受具足也。盜人四錢者，此言盜戒毀犯成就之範圍，以盜人四錢以上爲犯，若不至四錢，則不爲犯也。

斷畜生命者・此言殺戒毀犯成就之範圍・言斷命・則成犯也。

問比丘尼受大戒後・令作三時繫念佛事・有謂不合法者。是佛法本來平等・今男女脩作歧視・究竟何故。　答比丘尼已受大戒・可作法師繫念佛事。非不應作。

問僧赴五觀堂食時觀法第三節云・防心離過貪等爲宗一句・不解何義。

答應離之過・尙多而以貪瞋癡慢等爲最・故爲宗也。

問具戒比丘・佛制三衣。其一五衣・梵名安陀會・此譯往來雜作。其二七衣・梵名鬱多羅僧・此譯清淨入衆。其三九衣・梵名僧伽黎・此譯究屬何等事相。又披服僧伽黎・宜於何時何地・及比丘中之何等地位・屬此制服。佛制衣定壞色・何以講經法師・多披紅色衣。　答五衣如俗短衣・七衣如俗常禮服・九衣如俗大禮服。僧伽黎此譯入王宮聚落之衣・猶俗朝服。然今比丘說法作住持者服之。紅色衣類，是俗所供養。自製服者，宜遵律藏。

問比丘閒常服著之圓領大袖長短衣，梵方既無，此方究應以何命名。

答比丘常服，都係唐代俗服。今僧家通名海青大掛等，於制無妨，不必改名。

問戒德僧徇俗情披祖衣，向人家宗親前拈香迴向，違佛法否。　答迴向時必先誦經咒佛號拈香合掌致敬，尚屬可行。惟當前並無佛像，卻有人家祖先像位，故不宜禮拜。

古農佛學答問卷三終

古農佛學答問卷四

自利行願門

（一）皈戒

問皈依之式若何。　答在佛僧前焚香禮拜・長跪合掌・至心發願誓言弟子某皈依佛皈依法皈依僧・如是三稱。又言弟子某皈依佛竟皈依法竟皈依僧竟・如是三稱。

問皈依三寶有何因由。　答皈依佛・爲佛有無量功德故。皈依法・爲法有大利益故。皈依僧・爲僧能正修行自利利他故。

問皈依三寶有何效果。　答皈依佛・不墮地獄。皈依法・不墮餓鬼。皈依僧・不墮旁生。

問三皈章句云・皈依佛不墮地獄・皈依法不墮餓鬼・皈依僧不墮旁生・請

言其理由。　答古人意取以三皈之上善，對治三途之極惡。此外亦無理由。

問受皈後入寺見僧，應行何儀禮。　答見方丈及重要職頂禮。屢屢見者，問訊。見普通僧，合掌。

問僧寶為三寶之一，自菩薩羅漢起至高僧傳中所載之僧，自足以當此名。然僧寶二字，係連綴名詞，世俗形式上之僧，久已與佛典上之僧離開。寶字更談不到。敢問現在此二字，尚可適用否。我輩皈依，但皈依菩薩羅漢，望空發願，即可算為皈依僧否。　答皈依佛法僧三寶，本是皈依賢聖僧也。但現在之僧，亦即皈依賢聖僧之人。我輩從之受皈，不過由他介紹一下。如我人從父母生，而父母未必皆賢也。智度論云，海中遇屍，亦可憑以得度。幸勿嫌其屍臭而棄之。

問從前認出家人為僧寶，以為拜出家人為師，得三寶也。而出家人亦以此相勸。今請壇經，有一切塵勞愛欲境界，自性皆不染著，名衆中尊。依此開示，是皈依僧乃是不染塵勞愛欲，不是拜出家人為師，始名皈依僧。究竟何者為是，請高明指示之。　答前說是事相，壇經說是理論，宜合不宜分。惟因自性不染塵欲，名衆中尊，則為僧者，亦當以不染塵欲為相。既皈依自性僧，豈不當皈依住持僧耶。

問晚信佛誦經亦念三皈，縱未蒙師傳，於佛制可否算已授三皈。　答應在佛像前自誦皈依法語。遇便時仍應請比丘僧證明之。

問初機人行受三皈儀式時，所聞皈義未得了解，徒有形式，此亦算皈依了乎。　答臨時未了，受後應再修習。凡受皈之人在一年之內應日誦三皈文及懺悔發願，令成不壞信也。

問余前授三皈時．正如某居士所謂徒有形式不解皈義．未識可需重受。

答不須重受但請一册受三皈儀式書．自己研究可也。

問每有欲受三皈五戒菩薩戒等．惟無師爲之傳．或依書而習之可乎。

答依書自習當然亦可。但須依僧教授方爲正式。

問受優婆塞戒．就居首都者而言．多必在古林香林寶華棲霞等處求受。然製海青須十元．搭衣十元．拜具二元．戒費十二元．膳費十元．雜費六元．共五十元。（此係某師爲余預算）僅此一居士戒已費鉅如此．倘家寒者奈何．豈因貧富之攸分．遂判別有畛域．高明另有方便法可告乎。

答如欲省却供養．可於不在傳戒時求受。海青搭衣拜具．當然要自備。一時無力置備者．臨時可向他人借用．俟有錢時再置．然即不置用亦可。因居士非比丘比．不必定要有形式分別也。

問予於舊曆正月間，正病後無事，展閱淨業良導，知持戒之要，乃具疏於濟公呂祖李拐案前，發持五戒願。迨來滬後，以職務關係，雖力避妄語，惜未全能。呂祖李拐爲道教，人歸依佛者，當不能再事奉承，而照發願須在佛前之旨，嚴格言之，則前之發願，諒不生效。今之未能全戒妄語，或可認爲非毀妄語戒。然否。　答未曾在佛前受戒者，若有違犯，僅爲普通過失，不名犯戒。

問余前輩遺傳，逢道教誕期，諷禮道懺。既信佛教，本不應諷禮道教經懺，但世傳已久，斷絕甚難。今處兩難之地，請示用何種方法，以解此疑難。

答果是信佛教人，應盡形壽皈依三寶，終不皈依外道典籍。

問香烟賭博，乃消遣品，受過皈戒，屢欲止斷而未能。未知於學佛究有阻礙否。　答消遣二字，非學佛人所宜有。當勤精進，如救頭然，尚有何遣可消耶。

問於受三皈受五戒之師、平時應否盡弟子之禮。其禮若何。　答弟子敬禮其師、見時禮拜、時常請法、歲時供養、用物則衣服臥具湯藥、用錢簽日「一香敬」一多少不拘。如行與戒不相應時、應向戒師懺悔。

（二）　禮拜

問何謂禮拜。　答爲對於佛像、或心想佛前、五體投地頂禮稽首也。對於法僧亦然。

問對法如何禮拜。　答供經於桌、口稱經題、及經中某字、至心頂禮一拜。如拜華嚴經者、稱南無大方廣佛華嚴經如字法寶一拜、再稱南無大方廣佛華嚴經是字法寶一拜、我字以下皆然。

問禮佛之儀式有幾、及其禮法。　答佛家禮拜以頂禮旋繞爲最。次之但頂禮。又次之問訊。（揖）最簡爲合掌如時間從容者。應先焚香。頂禮時口念佛號。或誦讚佛偈。

問何謂頂禮。儀式如何。　答作尋常稽首式。而將兩掌向上分置左右。如托兩足。故謂之頂禮佛足。

問拜願與禮拜有分別否。　答拜願謂拜佛發願之意。禮拜但拜佛也。拜下未起時。應默禱發願。故曰拜願。

問學人拜阿彌陀佛四十八願。有人云。拜佛只應念佛號下拜。如念願文下拜。是拜願文。非拜佛也。未知是否。　答拜願即是拜佛。蓋所發者願。能發者即佛也。何容分別。

問禮佛之儀式如何。請詳細指示。　答可向佛學書局請「佛教儀式須知」一觀之自知。

問佛家合掌禮是何意義。答合掌卽合十（十指）佛家敬禮之一。合掌當心表示一心恭敬也。

（三） 供養

問何爲供養。答爲以香花燈燭幢幡寶蓋等供獻於佛而敬養之。於法僧亦然。供養僧衆尙有以衣服臥具飲食湯藥者。

問對於法寶。旣如佛僧一樣禮供。足見敬法之至。但平日安放經籍。宜如何辦法。方不失敬。答宜安放淸潔處。包以淨布尤佳。勿亂堆桌架上。勿雜置他籍中。勿放在椅櫈榻上。誦讀翻閱時。均須潔手正身。中途輟誦者。用布覆之。攜取者。宜手捧。勿脅挾。

問平時對佛像應如何供養。隨便供養可否。不供養可否。答平時對佛像。須日日香花供養。不可懸挂而不供養也。

問室中懸掛西方三聖釋迦彌陀藥師觀音地藏等聖像。應如何分配其位置。　答釋迦懸中。藥師懸東。彌陀懸西。列上。觀音左。地藏右。列下。西方三聖。另桌供之。宜向東。

問奉承佛像。要坐何方向。何方佛前要供何物。　答彌陀佛像可坐西向東。藥師佛像可坐東向西。釋迦佛像應坐北向南。若均南向供亦可。佛前供品除香花燈燭常供外。或供水及食物（水菓糕餅）均可。

問茶饍或糕饅等供佛。是否要用箸。（敝鄉曰筷）　答飯食供佛。不必用箸。以佛時摶食。本不用箸也。

問供養三寶之六種供及十種供。其品目及修治方法。請詳細示知。　答六種供養者。一水。二塗香。三華。四燒香。五飲食。六燈明也。十種供養者。一華。二香。三瓔珞。四末香。五塗香。六燒香。七繒蓋幢幡。八衣服。九伎樂。

十合掌。（出法義經）至脩治方法，密宗有定軌，顯教無定法，但取鮮潔豐美而已。

問每見佛門設供，排列水菓五種，蔬菜六種，名爲五菓六齋，是否有所表法。又如筵席糕餅等可爲供品否。　答現在佛門設供多少，但依習慣，並無規定。五菓六齋，不過取諸聲名詞說之。如必欲說表法，則配五眼六通之果德，五明六度之因行，均可耳。筵席糕餅均可供也。

問佛堂供有佛像多尊，其供水要否每尊一杯，或祇供一杯卽可。水用生水或開水，是否每日要換，其已供之水，換時應如何處置，可隨便倒去否。　答供一杯可矣。因取其潔，則以開水爲宜，應晨供暮撤，撤時傾於階側，祝施餓鬼食。或傾於河，施魚類食，均可。供時宜誦甘露呪，及供養呪。

問大悲懺行持法云・佛前所供食物・行者不能自食・不知何故何據。答行者旣以物供佛・佛則已認爲佛有。自取食之・則有迸佛之嫌。若以施人・則是廣佛之慈。行持法是法智大師所作・必有經律依據也。

問然指供佛・究係何意。答身外之物爲外財・身內之物爲內財。捨外財易・捨內財難・佛教然指供佛・即所謂捨內財也。梵網楞嚴皆有此文・佛口親宣・其功甚大。

問予供木質金身阿彌陀佛像已多年・擬雇匠加雕・未知獲罪否。答如以莊嚴之心理行之・何罪之有。

問寺廟佛像每要開光・吾輩在家供奉者・可無開光之必要乎。答在家人供奉畫像或小塑像・留意清潔可也。

問新造佛像須開光・張掛畫像・宜用何儀式。請示。答畫像上須寫唵啞吽三梵字。西藏法·寫在紙背·當像頂喉·心三處。卽此爲已開光。因此三字·爲佛之應報法三身之光也。但其儀式却未之見。

問信佛者當供養諸佛像·但爲地方與職業上的關係·只能在誦經時張掛佛像·誦畢收捲可否。　答此甚可行。但始張時當作迎請想。將捲時當作奉送想。作此想時·最簡也須合掌作禮。

問人住樓上·如樓下爲佛堂·有何方便以處之。　答當樓下掛供佛像處·樓上用淨器具遮置之·勿使人從上蹈着。如佛堂內念誦時·樓上最好不住人。

問因病故供佛像於臥房內·夜間置有溺器·有妨害否。　答有妨害。當於佛案前張黃布以遮之。如欲揭起此布·當先將溺器撤去。

問欲避塵俗·居寂靜之處·或不能攜帶佛菩薩像·亦無香花果餅等供物·

可否念阿彌陀佛及大悲呪。此等類似閉關的修行法．可否長期行之．及會惹起邪魔否。　答既係類似閉關的修行．不能不設像供以防業障。無像或供經本供養至少拈香一炷。如屋小室有臥床可用帳隔之。如暫時作客．則但靜心念誦可也。

問鮮花供佛．是否即拈花微笑之意．抑尚有其他意義。　答諸天以散花爲禮．故印度以花爲供品．而供佛從之。拈花微笑另一事也。

問室中設佛像．遷居時應如何辦法。　答宜焚香默禱之。

問佛前燈油用罌粟油與酥油．何者爲宜。　答宜用香氣之油。酥油．西藏供佛用之。

問陳設佛像．朝夕瞻敬．但因環境所限．未能按時諷誦經號．如此功不唐捐否。　答功不唐捐。

問焚化紙錠並加誦經咒．而佛菩薩亦用此否。一般婦女往往以此表恭敬。但愚意此類終屬冥物普濟孤魂則可。至於佛菩薩．決不用此．或代普濟亦未可知。質之高明．以爲然否。　答供佛菩薩用金箔元寶差可．然不若用眞銅銀元（均應加誦經咒）供之．供畢以購香燭或布施貧窮均可。

問現在敝邑東城河灘海都庵．由學人等發起重建．而敝社（佛光社）自去正創立在內．以募款不易．除大殿及四面圍牆外．餘如內部裝修一概盡力儉省．如念佛堂之西方三聖供養壁中．壁廚旁再加石灰堆成雙龍搶珠．如此辦法．不知有無慢瀆之罪。　答但心念恭敬．即非慢瀆。

問七月中人民之點油燈盆．衆蓋係紀念地藏菩薩聖誕．藉以廣照幽冥．

皆使解脫，宅心之慈，俱堪崇拜。但蟲蝶喜明，咸飛燈旁受熱墮下溺死油中，雖有燈罩之發明，然亦無濟於事，是欲救幽冥而反殺生矣。予意不然。幸告。　答油燈供養，乃普賢行願之一。（廣照幽冥其餘義耳）至於設備未周，致殺害衆生，欲修福而反招罪，此亦娑婆業報劣下之徵。但罪果不免，福亦不唐捐也。

問後學皈佛自修，差堪勉勵，今爲謀生奔走他方，而家中佛堂香火不免疎忽。現在外面早晚功課如恆，而不便焚香，不知可否從省。　答家中佛堂如不是另室者，既無人供，不如撤去爲宜，以免褻瀆。在外既不便供香，默想供佛亦可。

問有一種泥塑佛菩薩像，兒童作爲玩具，毀之既不可，棄之又不可，應如何辦法。　答即使兒童供養之。

問刊有佛菩薩像之報章，在敬謹保存者，固屬不少，然棄之而包裹穢物者，亦所難免，褻瀆聖像罪過不淺，應否設法改良。　答宜改其式，使可摺訂成書以便保存。

問奉祀祖先不用錫箔，專念佛號或誦經咒記數於黃紙上焚化，何者爲宜。　答奉祀之先祖，概是鬼道衆生。用箔是財供養，用黃紙記念經佛焚化是法供養。何妨並用。

問觀世音菩薩普門品內有一段，「若有人受持六十二億恆河沙菩薩名字，復盡形供養飲食衣服臥具醫藥」，何故以衣服臥具醫藥供養菩薩。尤以醫藥更屬不解。　答菩薩在世原有身形，行住坐臥示同常人，佛制供養僧衆，以此四事爲則，菩薩乃賢聖僧，故須依法供養。須知吾人依法盡誠供養，固不問菩薩之需要與否也。此四事皆是益人之物。菩薩自己卽不用。亦可以之轉施。故無礙也。

問華嚴經行願品廣修供養一段內有「若諸菩薩行法供養。則得成就供養如來」一句。此「供養如來」是否一專門名詞。解釋爲「行法供養卽是供養佛」可否。　答供養如來是一種行願。卽是一件佛事。須行法供養能成就之。若但財供養。不足以當之也。

問又廣修供養一段內言各種供養俱不及法供養。百分不及一。千分不及一。百千俱胝那由他分迦羅分算分數分喩分優波尼沙陀分亦不及一。各種供養之百分千分。俱不及法供養一念功德。則優波尼沙陀分最微細之數目。當然不及一念法供養。何以置之譬喩之中。測其意。百分千分百千俱胝那由他分逐漸譬大。則以後當更大。何以反用微細之數目。是否因愈細則愈多。用以譬許多別種供養不及一念法供養否。又算分數分喻分是否解爲多至或少至不能算不能數不能譬喻。　答百千俱胝那由他皆大數・迦羅算數喻優波尼沙陀分皆是小數・均言不及者・蓋以法供養超乎數量・非如財供養之有數量可計也。超乎數量者・不可思量・如虛空矣。

問見之江報觀宗答張德威君有云・「供佛之寶滿四天下・福固多也・不發菩提心・終成魔業。」多寶供養宜是世間福報・何以目爲魔業。斯說出何經典。　答七寶供佛乃六度之一度・前五是福・後一是慧・若但有福而無慧・乃有漏因也・故福盡還墮・豈非魔業。此語華嚴維摩法華玄義摩訶止觀諸部皆有之。

（四）懺悔

問何爲懺悔。　答於三寶前發露己罪・痛責悔改・哀求證明・決不復作也。

問或云悔過能消滅從前罪過、信乎。　答罪由心造、悔亦心作、心無二心、造時成過、悔時過滅、當然如是。若云業報、則消滅與否、殊未可必。若悔過之心、能常相續、則惡因不生、惡緣不起、而報亦無隙可乘、久久德增、則感報之緣益微、而至於消滅、報終可免。

問或謂清淨一日、功德無量、其說然否。　答但清淨二字不免淆訛。若云外無塵務煩擾、其人安閒無事、名爲清淨、則無量功德由何發生。其說不然。若云終日辦諸善舉、其心自如、名爲清淨、則一日之時雖少、其功德固多。若用心研究眞理、懺悔往愆、淨一分障、增一分光、使性具本有之功德自然發生、其功德不可思議、所以云一日清淨、功德無量也。

問今有一人、前作惡而後懺悔、論作惡則夙債須償、論懺悔則罪障應滅、來世相逢、果報如何。　答現生作惡、現世肯懺、即現身可以消滅、若輕心懺悔，不能消重惡之罪，其惡報猶所不免。試看罪懺之如何耳，不得一言而盡判。

問曾聞一善知識說，各各作業，個個受報。既是作過罪以後，再修福德去消滅罪業，恐辦不到。是則懺悔往昔所造諸惡業，豈非無用。　答不然。業有一定得報，有不一定得報。不一定得報者，可懺除。一定得報者，不可懺除。雖不可懺除，而亦得減重爲輕，減苦增樂，豈得無用。

問懺悔的眞義，有謂是在佛前僅發露從前過惡，有謂是哀求佛菩薩赦罪。但是假若吾人有過，僅僅發露宣布，即可無罪，似不能如此容易。不知究竟懺悔之眞義，應如何解釋。　答懺悔是華梵兼舉之名詞，原具發露悔改兩義，非僅發露而已也。蓋發露則免人檢舉，悔改則勉勵自新，如此則前愆不續，後過不起，而惡業清淨矣。偈云，罪從心起將心懺，心若滅時罪亦亡。故求佛赦罪之說，非佛法也。所以在佛前者，求佛證明與哀矜耳。

問小子當起念時，心知罪愆畏懼，而念卒不能滅，猶有時同起如是念。不知是妄是魔。念後懺悔，可能免愆乎。　答念有善惡，惡不當念，善乃當念也。知而猶念，則念力強而無法以制止之故也。懺悔亦制止之一法。他若念佛誦經禮拜，均是制惡之法。制止有效，則罪滅矣。

問吾得弱症數年，身體衰極，家中人又不和，常發現最難忍受之事，未知是何業報，當作何懺悔，有何法可禳解之。　答經云若遇惡口者，說眷屬鬭諍報。此是前世惡口業報，念誦地藏經，足以懺除也。

問友人張君已長齋，既而復肉食，近承友人勸誡，又茹素矣。渠自知前過欲行懺悔，有何懺悔經。　答金剛經即是懺悔經，或心經亦可。又須多作放生功德。

問前曾參與毀壞廟宇，今追思罪重，應如何懺悔。　答掉轉頭來，竭力作護法宏法事業，即所以懺罪也。

問往生淨土懺願儀云，勸請有二義，一請說法，二請久住世。然諸佛住世說法均有定數，勸請何益。　答諸佛隨衆生機而住世，為度衆生而說法，俱非一定之數。縱有定數，請之亦必有益。謂我等宿世為波旬眷屬時，有勸不說法勸入涅槃之罪。今勸請，即懺此罪也。

問安士全書懺悔門懺除業障懺悔無始以來邪淫尊長六親之罪一段，可否能讀。如可讀，是否應於回向前讀之。　答依普賢行次第，懺悔居四，回向居十。既係懺悔文，當然可讀，且應在回向前按普賢行次第，懺悔文應在禮拜供養後接讀之。

（五）囘向

問何爲發願。　答於三寶前陳述己願。立志修行。處請加被令得圓滿也。

問倘有囘向其式若何。　答此包括在發願內。謂以所修善行功德囘轉向於己所願處令速成就也。總有三處。一向佛果。令所行作成佛之資也。二向衆生以己利施人也。三向理性不執事相也。

問囘向文及發願文其末均以（十方三世一切佛一切菩薩摩訶薩摩訶般若波羅蜜）爲結其意云何。　答即囘向佛法僧三寶之意。首句是佛。次句是聖僧。末句是法。

問每日同一時間先念佛後念觀世音菩薩。念佛祈往生。念菩薩祈消災解厄。目的不同應如何囘向。　答應分別先後囘向之。即念佛後作一次囘向。念菩薩後再作一次囘向。

問誦地藏經・要超度亡親・及念佛行善・祈某人病愈・某人發心學佛・或某地難民脫苦・諸如此類・當一一分別作回向文口念否。抑以意念回向・便可達到。　答意念回向亦可達到。如要鄭重・須作文句口念之。

問因事立願持白衣咒三年・已滿二年・擬將尚有一年持誦功德回向法界有情・共離苦趣・同生極樂・不知中途變更・有無不圓滿之過咎。　答發願不妨廣狹兼舉。蓋神咒功德・譬如燈火・熟食除暗・不妨並奏其效也。

問求人口平安・以及往生淨土・回向文如何念法。　答願以此功德・消除宿現業・增長諸福慧・圓成勝善根・所有刀兵劫・及與饑饉等・悉皆盡除滅・人民咸安樂・臨欲命終時・盡除諸障礙・願共一切衆同生極樂刹。

問舍弟死後・鄙人爲之誦阿彌陀佛百萬聲・助其往生・但不知回向應用

何文，其文何語。敬求法施。　答我今稱念阿彌陀。百萬功德佛名號。惟願慈光垂攝受。令我弱弟速往生。

問誦地藏藥師經，持地藏藥師名，亦應回向，而佛經上未見有回向語。何故。　答佛經原是釋迦佛說法之記錄，當然不著後人誦者之回向語。今誦者無自己特別之願，可用普通回向偈代之。

問最簡單之回向文，請示數則。　答（一）願以此功德，普及於一切，我等與衆生，同生極樂國。或最後句改「皆共成佛道。」（二）念誦功德殊勝行，無邊勝福皆回向，普願沈溺諸衆生，速往無量光佛剎。（三）願以此功德，莊嚴佛淨土，上報四重恩，下濟三途苦，若有見聞者，悉發菩提心，盡此一報身，同生極樂國。

問戒惡行善固主於心，何故佛門中有受戒發願諸形式舉動耶。　答受戒發願・均是策勵方法。又佛教舉行儀式者・所謂有理有事也。

（六）持齋

問受戒與許願同否・倘犯戒與銷願・是否同受裁罰。又戒殺與喫葷・是否相違。　答受戒有自他授受關係。許願止屬自己發心。故違犯時・一則但受良心上之處分・一則兼得從受者之懲罰耳。至喫葷與殺生・但間接殺與直接殺之殊。戒殺者當然不能喫葷。然佛制比丘得食三淨肉・（小乘佛教有此例）何謂三淨肉・爲自死鳥殘與不爲己殺者。（比丘乞食原與被乞家之造食不相期待故曰不爲己殺）此爲戒殺而不妨喫葷之例也。

問人體藉動物之精血以爲滋養・倘永久蔬食・勢必體瘠力疲・不能久存於世。持此說者頗多・究竟然否。　答世俗之見・其實不然。近經生理學家所考。滋養人體之要質。蔬豆米麥之中。大部具足。而黃豆爲尤富。動物之肉。缺少澱粉糖質。而有一種微菌。足致腸肺等病。牛羊豕類爲多。故滋養之品。植物實遠勝於動物。至以體瘠力疲。爲蔬食者慮。則何以田野勞動者。食僅藜藿。而體强。富貴嬌養者。食必膏粱。而體反弱乎。

問持齋奉佛。乃孤獨者多。此句俗語。如何糾正。　答此句俗語。不可謂全無根據。然言者若心存毀謗。則不足法。否則亦有討論餘地也。持齋奉佛。乃佛教信徒之標準。佛教信徒。有出家在家兩衆。發心學佛。必有一種境界上之刺激。在家人夫婦子女團圓時。易生樂感。沈於五欲。不思厭離。故學佛難。若一旦配偶偏亡。子女夭喪。既感人生之苦。自然厭離心生。故學佛易。此持齋奉佛之孤獨者多。其故一也。又佛法喻家庭爲牢獄。經論中訶斥在家之惡。不勝枚舉。學佛之人。依佛教誡。固宜以婚嫁生育爲非人生樂趣。概不耽求。此持齋奉佛之孤獨者多。其故又一也。又人世間固以不孤獨爲福報。而以孤獨爲非福。須知禍福因果。斷無錯誤。禍果必從禍因中來。福果必從福因中至。今持齋奉佛。所感之福果未至。而孤獨之禍果先來者。蓋先世禍因之果先熟。今世福因之果尚未熟耳。夫孤獨之人。並不持齋奉佛者亦復不少。斯又何說耶。

問有人云。喫長素無善根之人。必有六賊纏擾。須先喫六神素三月或百日。在六神前許願。將來可免開葷之苦。否則雖喫素至十餘年或數十年。至患病時。或將死時。難免有思葷食及開葷之擾。是否。請示知。答六神素之說。未免無稽。須知佛門喫素。爲戒殺之動機。戒殺爲保持吾人慈悲之心性。宜多看戒殺放生之書。自然理解滿足。持戒堅固。如恐不固、多持大悲呪以培植善根可也。

問喫素乃是好生、則不知喫淡素（所吃菜蔬不放鹽醬）有否意義、

答除有關衞生外、無有意義。非佛法也。

問佛家素食、何以念準提呪亦不禁飮酒食肉。心齋乃是眞齋、故濟公亦茹葷也。　答念準提呪不禁飮酒食肉、極言咒之神效、與菩薩之慈悲。心齋之說、與濟公之顚、非其例也。

問經云、菩薩元制食三淨肉、謂不見爲我殺、不聞爲我殺、不疑爲我殺、復益之以自死鳥殘爲五淨肉。似此佛菩薩豈亦未嘗戒肉食耶。　答大乘經中極說食肉之過、梵網戒中絕對戒之。小乘律中則有因病他人爲乞許食之條。此五淨肉說、亦出小乘經也。或曰食三淨肉、是未制戒前漸導之法。既制戒後、不得食矣。

問聞文殊師利問經中論食肉一節，對肉先誦一呪，取食也就無妨，因未見此經，不知此呪，請示知呪文，幷求示呪文之意。　答此經未見，恐出西藏經中，因中夏無信佛人食肉例。昔得諸白喇嘛有文殊往生咒，其音爲「唵阿毘拉哄吼洒拉孟母莎哈」據云可以度羊豕等被斬後使往生淨土也。未知可用否。

問班禪何以不戒肉食。　答班禪爲西藏國主，其食肉，從其俗也。顯戒小乘亦非絕對禁肉，故不得以是斥密宗。據云密宗修菩薩法須斷肉，修金剛法則不斷。

問頃見上海申報刊載某活佛抵漢，即赴湘主持祈禱和平法會，新聞一則內云「持齋茹素是道教，佛法只戒殺生，無禁止食肉之規定，蓋食肉非殺生也，且佛制比丘可食三淨肉」一如此提倡肉食主義，不將使五戒中之首位推翻乎。　答佛經如梵網楞嚴楞伽涅槃均制不許食肉。云道教，誤也。康藏僧不戒，肉食根據教典不同。然亦非不知斷肉爲可貴。報載云，云或言之過甚也。

問上海新聞報「新園林欄內，載某活佛在漢談話內有「佛不強人所難，而必淡齋蔬菜，密宗大乘。且以不食肉爲戒，」云云。誠如所言，則我輩長齋，非僅無謂，且犯密戒矣。未知顯教將何以自圓其說也。請教

答報係傳聞，未必可靠。喇嘛係從西藏佛教。俗我國佛教，依大乘經，以食肉爲失慈悲。西藏密宗修金剛法時不制食肉，非謂許食肉也。嘗見諾那應化事略中，亦云「食肉有問題，」一意可知矣。

問何謂六齋七齋及十齋，初學人不能長齋，不知茹何齋爲佳。　答六日十日之別名，曰六齋十齋，並無七齋。不能長齋，六日十日隨緣守之可

也。

問俗謂六月茹素所以報母恩信乎。　答此說僕未嘗聞。俗六月茹素有兩種。一爲觀音素。從初一至十九爲度。一爲雷齋素。從初一至二十四爲度。在此期內。爲供奉觀音雷祖起見。故茹素以表示清潔。且勉爲不殺善業。以邀冥加庇護。然若以茹素功德回向願母往生極樂。此固足以報母恩。而不必定限六月時也。

問五葷除葱韮蒜外。餘爲何物。　答按戒本經云。不得食五辛大蒜革葱韮葱蘭葱興渠。則餘二爲革葱興渠。法藏疏云。革葱是山葱。北地有江南無。興渠有說葉似野蒜。根莖似韮。亦名著咾子。江南有北地無。又釋阿魏藥。梵語名興渠。

問喫素人葱韮蒜可食否。　答不可食。因臭穢故。不宜念佛誦經。持咒尤忌。

問葱韭薤蒜及無生命之雞蛋等品．能否免予禁戒。　答韭蒜等氣臭易招惡鬼．故不食。雞蛋能孵出小雞．亦有生命者在．故須戒。

問蛋類無生命．可作素食品否。　答蛋類亦有生命．不宜食．可用銀耳代之．蓋此物．蛋白質甚富也．若欲價賤．則食豆腐可矣。

問或云雞蛋爲動物所產．不宜食．或云其生命尙未萌動．是素．二者未知孰是。　答蛋爲動物所產．不宜食是也。

問雞子能成小雞．有生命也．固不可食．而鄉間所養之雞．多雌無雄．雞子不能成小雞．無生命也。不知可食否。　答如果不能出小雞．無殺生之嫌．固不妨食之。但以滋補而論．其蛋白質與油質．以豆腐黃豆等儘可相抵。

問雞蛋可食問題・（略） 答雞蛋中雛・雖未成形・但識神已住・即有生命關係。亦未可食。或謂母雞獨居所產者・無孵雛之效果・不妨噉食・然須檢別緊嚴可耳。否則當以不食爲妥。

問蛋食之可使免成畜而遭殺苦・似不失寓有仁慈之意。 答如當成畜而食之・與殺何異・安得謂仁・切不可作如是想。蛋未成形・似不殺生・然古有食蛋之報・則當亦不可食矣。

問前問蛋食之可免成畜而遭殺・似不失寓有仁慈之意・蒙示不可作如是想。竊晚學前畜雞鴨・奉佛後既不敢殺・復不忍售與人殺・所產之卵・免使成畜復遭殺・故食之。今公言不可食・究將何安置・仍使之成畜乎・或使之自壞而不使成畜乎・抑或售之・聽人食或孵畜乎。請示。 答使之自壞爲上・售與孵畜者爲次。

問牛乳蜂蜜雖出諸牛蜂，然並不喪其生命，似可列爲素食物品，齋日服之，諒不爲毀戒。然乎。　答乳蜜無傷物命，齋日可服，不爲毀戒。

問牛乳食之無礙，亦同飲人乳之比，是否。　答牛乳非不宜飲，佛當時亦飲之，惟楞嚴經說不宜飲，以服其身分，總須還債，亦非戒殺之義也。

問倘長齋者有病，必須各種動物醫治，如蝎蟲斑猫鹿膠虎骨等類，是否要忌避。　答爲治病而用現成藥物，可不拘泥，能擇可以替代之藥，尤善。受過戒者應查律。

問治病喫胎骨，有人云喫胎骨後，不能再事學佛。又喫胎骨後，求菩薩不靈。鄙人因受醫生之騙，藥內暗用胎骨，始於近日曉得，然已不及。未識確否。　答喫胎骨無異食人肉，以其殘忍，故有人言云云。然爲藥物，且受騙暗用，不知而食，何足爲罪。

問弟現喫六齋，戒喫牛犬。但寄人籬下，諸多不便，有時牛肉煑瓜，菜喫瓜菜不喫牛肉可乎。　答亦可。但六齋日宜純粹素食，可自備。

問因病不能喫齋，喫葱蒜酒肉，於念佛號經咒，有妨害否。　答每日定課前宜喫齋。餘時亦宜以淨水嗽口。但葱蒜最好戒之。

問持長齋人應否有房事。　答在家人但戒邪婬。正式夫婦，不在禁例。

問余未受戒，雞魚肉未斷，其餘不喫。每當喫時，代彼念佛，祝他往生，又懺自己殺罪，仍有罪否。請教。　答要到自己念佛有感應時，被殺者始可超生。方無罪耳。

問持齋當然持長齋最佳。現在因種種關係，不能如願，只能持十齋三月齋。以一年計算，兩相平均，亦足相抵。　答極可以。

問居士固應茹素，惟因交際不便，又不能遥行屏絕，能否除在家（素食）

及交際中之爲己不食者外。不再囿於禁戒。　答亦可。或但喫肉邊菜。
問余體甚弱。持齋以來。未見稍健。擬服補藥。但補藥多動物合成。如虎骨膏魚肝油等。但見有其他茹素者亦服之。云服藥無妨。余終不敢服。然有時眞有病症。醫生開方中有動物之藥甚多。如蟬衣等。不知可服否。請教。　答因病服藥。暫食肉類。法固可許。但須不得已時則可。若好食之。卽不可矣。
問鄙人所患是肝腎兩虧。自喫葷後。因良心上之驅使。時時懊悔。現雖身子稍好。而成一心腎不交之症。故稍有言語觸忤。肝風卽動。頓時腰背俱痛。手足無力。心胸亦痛。至軀殼雖存。精神反衰。應如何對治。乞示知。
　答居士病症在肝。蔬食除辛辣外。實最相宜。似不必食肉也。再養肝之法。要心氣和平。可請一尊彌勒菩薩。卽笑顏大腹之布袋和尙像。時常注目看看，自然喜氣塡胸，抑鬱可開，病自漸愈矣。

問鄙人因病發願喫素，後從醫生親戚勸而復開葷，病仍未愈。請問如何愈病。並將來須受報否。貪喫是著魔否。　答凡人疾病，以前生業障爲因，以今生業障爲緣。宜常念觀音聖號，清淨三業，不管他受報不受報，是魔非魔，但到恢復喫素原狀，病自全愈矣。

問每逢佛菩薩生日成道日修道日，及先父母生忌日，本身生日，均茹素。平日亦喫早素，並實行三淨肉法，餘均通融，可否。　答居家隨俗，如此足矣。若求澈底，自當以永斷葷腥爲宜。有願必成，持念久久，自然水到成渠也。

（七）閱書

問初機人當閱何種書，祈略示一二，以便研究。　答佛法導論，初機淨業指南安士全書佛教初學課本等可先閱看。

問初學佛者宜閱何種經書。　答宜閱「佛教歷史」及「四十二章」等三經「阿彌陀經」「普門品」等經。

問學佛先要閱何書。　答學佛當知佛史故先閱釋迦譜或釋迦應化事迹學佛當知佛經故先閱藏經目錄或閱藏知津學佛當知佛說故先讀四十二章經佛遺教經學佛當知佛教源流故先閱三國佛教史若欲得文簡義豐一舉而數善備者可先閱楊仁山佛教初學課本

問學佛者可參看他教之書否。　答佛理明了之後再看不妨因已具法眼則不爲外誘也。

問初學念佛之人宜閱何種經書以便研究。　答初機淨業指南彌陀經白話解及淨土經論。

問學佛之人應看何書爲前提、以便自警。　答看龍舒淨土文。

問平時省察、克治宜常閱何種典籍。折服現行煩惱、以閱看何種典籍爲佳。　答從積極方面、可讀天親菩薩發菩提心論、或六波羅蜜經、優婆塞戒經等。從消極方面、可讀中論百論十二門論等、或金剛經亦可。

問鄙人對於佛學中之頭陀行、喜其灑脫、深願研究學習之。不知何種經典可資參閱。　答頭陀行是十二種苦行、方等經中有佛說十二頭陀經、及其他散見於經論疏註者尚多。

問看大乘經典、是要淨室淨衣等設備方可。但予職務是賬房、賬桌上可否敬閱。假使要固定的淨室、豈非因噎廢食、請示能否變通。　答佛經云、隨其心淨則佛土淨。有何不可變通。但如能焚香一炷最好。

問各種大乘經典、如法華華嚴涅槃楞嚴甚多。下手易而成功高、以何經爲對機。祈指教。　答法華楞嚴卷數較少・易於下手。至於成功之高下・全在讀者解行如何耳。但以對機而論・末世衆生・概以念佛法門爲當機。是宜讀無量壽佛經・或華嚴經中之普賢行願品。

問佛經深奧・有極多處看不懂・故此甚多疑慮。卽使可問貴刊・而此滅彼興・永無了期。今想不去研究・只一心去念・譬諸盲者不辨東西南北紅黃黑白・惟求目明・自能知道。但這樣是否盲從・或大疑大悟小疑小悟・不疑則有不悟之害乎。　答若居士另有明目之法・固可不問。否則還是多問爲是。至於大疑大悟兩句・乃參禪家言・非讀經家言也。

問閱經功德較之誦經・同歟否歟。　答閱經惟屬意地・是慧功德。誦經必兼身口・是福功德。解經惟悟理・誦經兼事修・本不相侔。同出一心・相去不遠。試看誦者誠不誠・閱者會不會・爲如何耳。

（八）誦經

問初學宜先習何經。　答習有二種。一者誦習。二者修習。誦習則今人常誦之心經金剛經彌陀經皆可先習。若言修習。則以衆生根鈍。深廣難明。便捷之法。莫若念佛。故以先習阿彌陀經爲宜。他若四十二章經。佛遺教經。文句利達。陳義平易。亦初學所宜修誦者也。

問同一佛經。何故分誦習修習。　答將經文逐字逐句。朝夕諷誦。不求其義。如持呪然。但一心而已。此爲誦習。博考經義。深思明辨。按照經中所示之法。而身體力行之。此爲修習。一往而論。誦習得福。修習得慧。此其所以別也。

問入門學佛。宜讀何宗之書。誦經以誦何部經爲最有益。　答入門學佛。不必專宗。若從了解誦經。宜先讀四十二章經。佛遺教經。八大人覺經。

地藏經・無量壽佛經。若爲功德誦經・可誦法華經。

問佛經太多・要念何幾種爲合。每種須念若干次。　答要念四十二章經・佛遺教經・八大人覺經・十善業道經・普賢行願品・金剛般若經・般若心經・無量壽佛經・阿彌陀經・觀音普門品・地藏經・每日輪流念去・終身念之可也。

問求超先靈及求自己滅罪・皆得早生淨土・以誦何經爲簡當。小本彌陀經與大本不同之點如何・誦念效力相等否。金剛彌陀兩經箋解及誦本以何種爲最好・易於領悟・而便誦讀・在家朝夕誦經簡單儀式如何・朝夕必欲作囘向否。必欲誦淨三業淨口淨法界及護身大明大輪等眞言否。　答以誦彌陀經爲簡直速當・小本大本文字繁簡之不同・蓋大本是廣陳阿彌陀佛本迹及極樂莊嚴・下卷又廣陳娑婆苦惱情形・

令讀者一面欣求一面厭離也。又小本無問自說大本阿難請說并付囑彌勒流通，誦念效力相等，而大本更增智慧耳。金剛彌陀兩經註解，有金剛經貫釋及彌陀經白話解，為便初學誦本。以大字本為善。在家朝夕誦經儀式，祇要焚香對佛像禮拜後，恭坐展卷朗誦。如已熟者可以默誦，行坐立皆可，不拘，誦畢均須回向禮拜。至用晚課中之大懺悔文，或大悲懺，或淨土懺。但用朝晚課本有須注意之點，（一）蒙山施食及警衆偈，只適用於晚時。（二）朝課心經後之回向偈在家人用應改換字句如次「伽藍」二字，應改「壇場」二字，末後四句應改「弟子熏修希勝進，功德莊嚴無難事，家庭清淨絕非虞，眷屬親朋增福慧。」

問予篤信佛教，然被俗緣所羈，不得已每逢十齋日持齋，就清晨在家堂或當空，或附近的寺院，設案具香花果燈燭，舉讚誦一切經咒，或懺爲人並已消災禳福，又爲人或己之亡過恩親懺罪，並助念往生等種種之舉，未審有獲罪於佛菩薩，並有違背佛法否，且效驗如何，又藉右舉發願，利己利他，並誓生西，能取效否。又能用章疏及牒文，並可蓋佛法僧寶之印否。　答所舉持齋及行種種佛事，並無與佛法違背處，心行之，必獲感應。即發願求生淨土，亦必有效，但須念彌陀佛號。至用章疏，須合於在家人口吻。牒文及三寶印不宜用，因此二者唯出家人可用，或佛教會等團體名義，亦可用之。

問對前條所列行爲，應用何讚及何經咒懺文是妥，千祈一一指迷，以資宏揚佛化，普利衆生，同登極樂之邦。是所至禱。　答前列行爲，就地方有在家庭及寺院之不同，就事實有消災禳福懺罪求生之不同，若必一一分別舉之，不勝其煩。今且就普通方法略一說之，（一）讚用爐香讚楊枝讚彌陀讚，（二）經呪可用朝晚課中所舉者，或觀音普門品普賢行願品金剛般若經，（三）懺可用晚課中之大懺悔文。

問在家受持五戒或多分戒，於每月朔望應誦何種戒經。　答可誦五戒相經。

問祈現生消災延壽，念何佛誦何經。　答念藥師經及藥師佛號，或念普門品及觀音號。

問諷誦唐玄奘法師譯六百卷大般若經，聽人說能開大智慧，其故安在。　答般若義翻智慧，此乃諸佛因地之清淨智慧。有此智慧，可以成佛，故曰能開大智慧。

問體弱多病，宜誦何經。　答病是死因，誦金剛經彌陀經等，囘向西方，莊嚴淨土可也。
問日念金剛經彌陀經心經．能得何益。　答金剛經心經能消業障開智慧．彌陀經能得生淨土之緣。
問大乘中最勝而最短便於每日諷誦者爲何經。　答般若波羅蜜多心經．惟二百六十字爲最短．而般若爲一切佛母爲最勝。
問俗云常誦金剛經令人壽長信歟。　答金剛般若經功德不可思議．經中反覆叮嚀．可謂至矣。果能如法受持讀誦．何止長壽。
問俗謂誦金剛經後．必誦心經．名曰剩經．（如往生呪之於彌陀經等）否則無效。亦嘗聞鄉間寺僧作此說。當非原意．請辭闢之。　答心經爲般若經之樞要．誦一卷心經．猶誦一切般若經也。金剛經但般若經之一部分．欲得其全．故再誦心經耳。剩經云云．不足爲訓。

問念經經題是否要念，例如心經金剛經，其經題「般若波羅蜜多心經，」「金剛般若波羅蜜多，」須連同經文每卷都要念否。　答經題要念，如分卷處若連誦時不念亦可。

問若誦金剛經，一卷為時甚久，有客來，可否於分段處暫停。　答誦經時間既規定後，宜擯除一切，專心念誦，如時間不足，分段可也。客來非特別原因，不宜停止，當令客稍坐，以待誦畢。

問金剛經中之三十二分標題，「石成金謂不必雜於經文讀，而每見寺僧則併誦之，究應何從。又誦此經宜誠敬，跪誦趺坐誦二者孰優。　答標題不讀為是。趺坐誦為優。

問晚於數年前，即持誦金剛經，後因生活問題，致中輟。今春仍本初衷，偷閒念金剛經往生呪。時念時輟，會獲罪否。　答可改念「般若波羅蜜多心經」一則字少而易背誦。雖忙無妨礙矣。時念時輟。亦不至獲罪。因不得已也。即輟時無功。念時豈得無功耶。

問據某僧言。誦金剛經須十分靜心。若耳中一聽到人聲。稍涉雜念。即徒勞無益。此言然否。　答此即誦經修定之旨。然非絕無利益。

問晚係中學教員出身。對於佛經尚未能十分明瞭。每就一經研究數遍。然至誦時仍未能前後貫串。了然於心。似此誦經恐未得益。高明者當另有功夫入佳境。　答此在餘時仔細研究。誦時不必費解。任運了然可矣。蓋誦取一心。是修定。非修慧也。

問晚於十齋日之晨。念地藏經。是日念佛。是否專念地藏菩薩。　答可以專念地藏名號。

問地藏經全卷念誦頗感不易。可以如法華變通辦法。摘出一品持誦否。

答雖可。然亦何妨三函分誦乎。或日誦一品乎。

問晚欲於十齋日持誦地藏經、然因時間不及、只能念二品多至三品、不知誦畢二品或三品後、要加誦何佛名或呪語。又開經時須請誦何佛菩薩。　答誦地藏經始終、祇要稱念「南無地藏王菩薩」三稱、或始時加念本師佛號三聲、及開經偈。畢時、加念回向偈。

問藥師經亦在持、誦若再誦其他經呪、勢有不能、應如何排列功課。　答地藏既有專日、則餘日晨可與金剛大悲等間日誦之。至晚課則一律彌陀可也。誦藥師經晨宜持藥師佛名號。至藥師呪、可在經中多持幾遍。

問早晚誦普門品大悲呪彌陀經金剛經地藏經藥師經、應如何分配之。

答大悲呪金剛經藥師經歸早課、普門品地藏經彌陀經歸晚課。

問敝社之宗旨・乃專修淨業求生淨土・以彌陀經及彌陀聖號爲主・兼以普門品。但逢諸佛誕日所誦不一。不知可合淨土正宗否。　答照永明壽禪師萬善同歸之義・一切諸法均可念佛回向淨土。復何礙哉。

問修淨業人日課阿彌陀經・但我又念普賢行願品地藏經大悲懺觀音普門品金剛經。可否在做功課後再念・或今日念此・明日念彼。　答極可以。大悲懺須禮・亦可暇時行之。

問從前念經無一定經典・惟末後必誦彌陀經一遍・往生咒三遍・阿彌陀佛千數百稱・早晚皆然。現在早課大悲咒七遍・十小咒心經普門品各一遍・觀音大士百八稱・晚課彌陀經一遍・往生咒三遍・阿彌陀佛千數百稱・回向文一遍・三皈依・再誦大悲咒三遍。不知前非今是・抑今非前是・或二者皆非皆是。請一言以決疑。　答早課後亦須加回向文三皈依，晚課後大悲呪可删，取不與早課重複也。凡所持誦，統須回向願生淨土，此修行之一定規則。餘可不拘。

問專修淨業者，除念佛誦彌陀經外，可否誦持其他經呪以爲輔因。　答讀誦大乘，本淨業正因，語見觀無量壽佛經，有何不可。但勿種數太多，致礙念佛時間，以淆靜慮耳。最好加讀普賢行願品。

問念誦各經，是否即照漢字讀音，抑或另有梵音，如另有梵音，應如何練習，有無專書。　答既讀漢文譯文，當然照漢字讀，其中呪音，須以梵音考證者，因譯音有古今方言之殊，習梵音雖有悉曇入門等書，但非口授亦難正確耳。

問佛號可默念，若經偈亦可默念否。又拜大悲懺水懺，亦可默誦否。　答念誦禮懺，但須誠敬，語默無關。

問誦經須要誠敬，但遇有時或遺落一二字，或念錯一字一句，而自知覺，即接上補正一字一句，有無罪過。　答經語文句原有次第，如何遺落在前而可補正於後。錯亂經義，非所宜也。

問仁者嘗謂念經時三業與經佛相應，何謂三業。　答此三業，即身口意等。禮佛對經，是身業也。念誦是口業也。思惟觀想，是意業也。

問文殊菩薩謂讀經要句句分明，天道衆生方可聽得了了。豈吾人念經時，天上神祇亦來竊聽耶。　答佛爲天人師，吾人念經，是誦其師言，安得不來敬聽耶。況天道衆生有天耳，不必來亦能聽聞，俗所謂人間私語，天聞若雷，安有念經而不聞之乎。

問平日讀誦之經，念於紙而焚化於佛前乎。抑不必用紙，亦不必焚化乎。

答誦經功德，與記數焚告無關。但初學者，恐生怠倦，藉以勉勵，亦可爲之。然佛門本有回向一法、凡一切所作功德、皆當回轉向於菩提實際衆生三處、宜遵行之。回向菩提者、欲仗此功德求成佛果也。回向實際者、以此功德爲性分所當爲、不以爲功也。回向衆生者、以此功德施諸衆生、願彼離苦得樂也。若修淨土、則宜以回向往生極樂世界爲總回向。（蓋一生極樂則三回向皆具。）

問念經必用香燭何也。　答香花燈燭、所以供佛。念經念佛、如對佛前、禮宜供養。故用之。但不具時亦可省略、心虔誠可矣。

問誦經時佛前燈以美孚洋油燈代可否　答不宜。因有臭氣。宜用香油燈。

問誦經時敲魚擊磬、是何意義。　答令大衆聞魚磬聲而誦、不致參差、此利他也。令自己聞魚磬聲而誦、不致昏散、此自利也。又令不誦經者聞聲而起敬法之念亦屬利他之義。
問較量數珠功德經．載念經功德．因數珠不同而異。夫同屬誠心念佛．何以用鐵珠記數則功德特少．用菩提子珠記數則功德特大．珠愈貴則功德愈大．買得起貴珠的才得大功德．是佛家便宜．亦惟富豪特享矣。
答一切諸法因緣所生．誠心念佛者因也．用珠不同者緣也。（因珠貴而生珍重心是爲增上緣）緣異果亦異．宜也。至云菩提子貴者．何以現世偏多耶。豪富特享之說．非確論矣。
問在校茹素．種種困難．素口固可誦經及菩薩聖號．敢問非素口誦之．亦有罪乎。　答誦經持名．並非定要素口。但當漱口盥手整衣．端坐或復焚香．以表誠敬．斯可矣。
問晚定晨晚二課．受十齋．於非齋日食葷後誦晚課．有罪否。　答無罪。但課前漱口可矣。

問世謂食葷後不可念佛誦經。不淸潔處、無淨室處、有臭氣處、不可放經像。今有寄居滬地者、多數借小屋一間而住、合家之人、大小便皆於其中、經像不可供、則皆無緣修淨土矣。然則當如之何。　答修淨土念誦之經尚少、可於淨處讀熟後、隨時默念最爲妥當。又於星期六星期日午後、可至閘北世界佛教居士林隨衆同修。如有暇每日晨晚均可到林同修。入林費亦極少。

問今僧衆誦經、其快如流。竊以經貴解義、若此則尚不能入耳經心、更安能隨文解義。未知法應如是、抑爲末流之弊。　答經熟者雖快亦不礙解義。況誦經但取諷義。但漫不經心者、爲末流之弊也。

（九）持咒

問白衣大士呪中「怛只哆」三字念何音。又天羅神等五句，是否要併念。倘點滿一萬二千遍，此本是否要焚化。應焚化何處。請示。　答怛只哆即怛姪他，天羅神等句是回向語，不必幷念，應焚化於觀音菩薩前爐內。

問持誦神呪，有人說不宜在家念。如白衣咒大悲呪之類。譬如房屋褊小，無淨室可念，可通融在家念否。白衣呪家中念有妨礙否。又白衣咒前有南無大慈，大悲救苦救難廣大靈感觀世音菩薩三稱三拜，或云須每卷念三遍，或云祇須開首念三遍拜三拜。衆莫能決。究應如何念法，請示知。　答在家誦念，若無淨室，可於念時閉目端坐，作想離身四周空曠無物，祇有佛像香燭儼同淨室，作想後勿開目而即念誦，可無妨矣。念畢，作佛去想，仍想四周空曠無物，乃開目下座。稱菩薩名三稱三拜，但首末行之可矣。不必每遍如此。

問大悲觀音聖像有二種，立相者五首十三面，四十八臂。坐相者，四十八臂，只有一首三面，頭上有阿彌陀佛。持誦大悲呪者，應供奉坐相，抑供奉立相耶。請教。　答兩種皆是千手觀音之略像，故均可供奉。

問大悲呪於每日正課持誦之外，不拘行住坐臥，隨時默念可否。請教。　答極可。

問大悲心陀羅尼經呪，未經口授，難於誦讀，有何方法可解決之。又此經翻自他國，純爲譯音，梵文別有意義，不知華文有解釋之書否。　答請能念呪者一教，亦不難也。楞嚴呪疏中有此呪解釋。

問大悲呪淨水能治百病，未悉念此呪多少方有效。　答須預念十萬遍，然後對水念廿一遍，或七遍五遍均可。

問持誦一切經咒、須要潔淨志誠、而準提咒咒頭有稽首皈依蘇悉帝、頭面頂禮七俱胝、然則此咒比別種經咒、更加潔淨志誠、而佛云不揀淨穢、是何意義。　答此係準提佛母本願大悲度生之果。至於敬禮之偈修者自當誠敬。非謂不揀淨穢、便可放肆也。

問晚自去年以來、於念佛外、復持準提咒、朝晚祝云、「求菩薩以慈悲加被於衆生、使我現生早得功名富貴、具大勢力、得以致力於擁護大法、法界同倫同生安養」。如此諒無不可。因日久生疑、敢問畢竟可否。答菩薩慈悲如此。祈願自利利他、有何不可。但不能生果、必心致涉要求而成褻瀆。

問去年底曾結印持準提咒、彌月承知識指教、稱無師盜法、實有大礙、遂不復敢結印、然實不忍棄咒也。今行住坐臥綿密不斷、除念佛外、每日多至萬徧以上。如此既不復結印矣。尚有礙否。　答如此一心持呪。決無妨礙。

問年來家道不幸。人亡財破。頗自疑此乃持準提之故。欲罷之而心不忍。請智者決之。（豈盜法之後。若欲悔過。當印呪俱棄耶。然自疑決無此理也。）　答道高一尺。魔高一丈。豈容因此退轉。而降於魔耶。

問佩準提鏡有何功德。　答準提鏡爲誦準提呪時對之誦。鏡背刻準提菩薩背像。意顯正像當在鏡面現也。至佩帶功德。當與佩帶呪像同。無非消災增福滿願而已。

問六字大明神呪「唵嘛呢叭彌吽」當讀何音。答當讀「盎麻尼百昧哄。」

問大明咒六字有何效力。請示。　答此呪是觀音菩薩根本呪。凡觀音菩薩一切神力均能感應。約而言之，斷六道輪回苦，得六位菩提道果也。
（十信十住十行十回向十地妙覺）

問後學以念佛求生爲主，會中常習大乘經典，如楞嚴咒最難學，不學有礙會規，學則頗覺困難。請示。　答楞嚴咒效力廣大，可耐心學誦，一時不能學全，應分段學。最後跢姪他下八句是咒心，未能全誦時單誦此咒心可也。

問佛頂光明摩訶薩怛多般怛羅無上神咒太長，不知祇誦咒心，功德同否。　答功德亦同，至少應誦七遍或二十一遍。

問毘盧遮那佛大灌光眞言，其眞言內「阿謨伽尾盧左曩」之阿字及伽字曩字，阿讀遏，伽讀茄，曩讀納，然否。「摩賀母捺囉麼抳」之母字及抳字，母讀沒，抳讀尼，然否。「鉢囉韈哆野吽」之韈字及哆字，韈讀末，哆讀答，然否。此咒未經師授，持之不蹈盜法之罪否。　答讀音不錯，雖無師授，但已皈依三寶者，無師而有師矣。鄭重恭敬行之，無妨也。

問滇城前年有一比丘，教予專持穢跡金剛神咒，咒共四十三字，念滿四十萬遍，即可得縮地分身變化，及種種神通，隨意所欲，先對佛前發願，方得傳法。予手抄穢跡金剛法禁百變法門經一部，以備修持佛學法門，原有密宗一門，可求現前神通，予完全廢止念佛而持此咒，已念七八萬遍，因屢患病，遂中輟，予自知業障太深，但廢念佛而持咒，不知確能得到現前神通否。欲不念此咒，已發過願，不知有干神譴否。天下大善知識不尠，不知有專持此咒而得神通變化之人否。　答神通乃感應之一種，表現全在功夫綿密成熟，所謂至誠感格，俗法且然，何況佛法，但不可以有所得心得之。金光明最勝王經有依空滿願品發明此義。學密法者、於持呪後須觀「阿」字。今朝晚課最後均誦般若心經一遍、皆此旨也。若以有所得心而持呪、欲求有驗、猶緣木而求魚矣。

問金輪呪法云可問事。乞將行法指點（及作法次第）以便誦持。　答一字金輪呪、卽「部林」是。欲知行法、須詢諸能者。天津徐蔚如先生昔能行之。

問顯密圓通成佛心要集內載諸呪、如六字大明眞言準提呪等、擬擇一結印誦持。然未經師受、有大礙否。　答依書爲師無礙。

問經呪上不認識之字甚多、必經口傳方可誦讀。若非佛教中人傳者可否照、念有無功效。　答非佛教中人如教經上普通字亦可無誤。或特別字及呪上字當非已經誦習者不可請教、恐有誤也。至念誦功效、則以念者虔誠爲要。如果虔誠、卽字誤亦有效也。

問發心持誦經咒，有譯取之字不易認識者，如爲本音，尙可於字典中求之，惟明爲此字而讀音特異，尤其多加口旁，莫名其妙，欲持誦者遂不免徬徨無主，因而中止，即或傳授持誦，亦多以訛傳訛，雖一心信仰錯亦有效，終屬於理不合。如大悲白衣準提等呪，多爲世人持誦者，有能於非本音或特別之字，註其音讀，刊行，更於半月刊中逐期發表，則持誦者雖不解其義，而音讀有定，亦祛疑去惑，爲功當非淺鮮。　答咒字譯音，應皆可照本音讀，其特異者，我國文字古今異音耳。梵音字母與國音字母，並不適合，註音亦甚難得當，然擬試作之。

問或有未能去葷酒及房事，而欲日誦法華大悲等經咒，不間斷，聽之乎，阻之乎。　答在家學佛，葷酒應除。夫婦間事不能避免。然誦持前應先禮拜懺悔，發慚愧心，或加念淨三業眞言一百另八遍。

問學生氣虛不能多出聲・各呪可默誦否。　答可以默誦。持呪以金剛持爲上・金剛持者音小・但自己得聞也。

問持呪功德較誦經如何。　答呪爲密經・經爲顯呪・經呪本無二致。惟持與誦不同・誦則出音・持則默念。總之唯在一心・心若歸一・功德俱不可思議。

（十）念佛

問佛號者・佛之名號也・猶人稱王某張某是。佛經者・佛菩薩所說之學說也・猶論語孟子是。何以虔誠誦之有不可思議之功德。　答佛之一名・義翻爲覺・覺者窮理盡性・了達貫通之謂。名實相符・名實互用・故稱其名者其實立顯。感應之神・不速而至。又佛爲福慧滿足之人・即是福慧滿足之德・名以召實・故稱其名者・獲無量功德也。至其學說・即其精神之所寄，精神所至，感無不通，故誦者以虔誠爲感，使佛等之精神與誦者之精神契合，而佛之功德，亦即誦者之功德矣。

問法華經壽量品云，或說己身，或說他身，或示己身，或示他身，或示己事，或示他事。又云處處自說，名字不同，年紀大小，足見釋迦身示彌陀身，說娑婆說極樂，說東說西，說淨說穢，於未開顯時，無非諸佛方便分別隨順機宜之談，非究竟無餘之極說。以是之故，我於稱念彌陀名號，不取不捨，生極樂與生兜率，東土西方，無所可否，但求速成不退而已。如是知見，如是信解，如是發願，如是行持，不知能滿所願否。　答居士以求速成不退爲願，則莫速於念彌陀生極樂，經有明訓也。

問修行念佛，如何可必生淨土，不入魔境。入魔境因心起邪。但在萬惡的上海，欲制心眞難於登天，未知可有方便之法否。　答生淨土爲念佛之目的，必與不必，全在願力之堅否。然須知生淨土在命終時，而命之短長繫乎前業，非可强使速成。世之念佛入魔身心受病者，多由欲速而致。若心起邪，卽是業障，法宜懺悔。通法可用朝暮課誦中大懺悔文，因內八十九佛名，若能誦熟，或諳誦，或禮拜，是導心入佛，不待制心，自不入邪。請試行之。

問止心緣中之靜坐法，丁福保老居士所著之靜坐法精義一書中論之甚詳，似非外道。未知修念佛人可否兼修，可否取以爲修淨土之助道法。　答念佛法門，本是止心緣佛名號以習靜者。經云，執持名號，緣也。一心不亂，止也。能以念佛爲靜坐，乃修淨土法之正行，豈助道哉。若離念佛而別修靜坐，恐涉外道耳

問不侫極信因果報應，忙裏抽閒，亦肯念佛。惟讀唯心淨土自性彌陀二

語·以爲心卽是佛·只要我人一生行善念佛·其他不生正信·亦無重大關係·以爲彌陀淨土全在心中·是無事實·未知有無方法去此修持之魔障。　答有心必有境·有性必有相·執謂淨土唯心而無淨土之境·彌陀自性而無彌陀之相耶。須知浦餘生（問者名）亦是居士自性之浦餘生·無錫亦是居士唯心之無錫·不得謂無錫浦餘生全在心中·並無事實也。此乃居士執理迷事之病·卽是邪見·關係甚大·不可不除。須知心卽是佛·亦佛卽是心·何居士但達半句耶。請深思之。

問念佛時應始終一如·厭惡此世界·懇切求佛救出·歟抑應只念四字佛號·用耳聽音·心無他念。按若行前法·是信願懇切·但甚難一心·若行後法·則容易一心·然無懇切求生之可言。不知後法於往生上有無利益。

答念佛三要·爲信願行·信願所以起行·非謂行時要兼信願也。行須建立在信願上．非謂發信願心時兼念佛號也。如念有間斷．則於不念時不忘欣厭可也。如念無間斷．則在起念之初先發欣厭之心．欣厭既切．遂一念永念至於見佛往生可也。

問弟子是公務人員．現已實行淨素．但因寄居客地．諸多不便．每日清晨在牀合掌趺坐．誦大士聖號五百大悲呪五遍藥師琉璃光如來十遍。但惜未能焚香禮拜。未識有無罪過．能邀菩薩加被否。　答最先應誦本師釋迦牟尼佛三聲．示不忘本也。餘照誦極可。焚香禮拜．可由心意爲之．較爲有益。但至誠心誦．自無不獲加被耳。

問晚在室內供阿彌陀佛觀世音菩薩藥師佛地藏王菩薩像．每晚公餘．夫婦同念佛菩薩聖號各兩珠．念完之後．默禱「加被地方家庭無災無難人口平安」．合法否。　答亦可。但須再供本師釋迦牟尼佛像．亦念兩珠，方爲盡理。

問有母子兩人，先修同善社坐功，念該教所稱天元太保阿彌陀佛有年。本年三月間，勸其朝西持念南無阿彌陀佛，囘向西方。其母於陰歷五月間在床內趺坐念佛時，見身穿斜領衣，頂有髮結者兩人，分立左右，於床外者三次。其子亦照其母坐法，每日面西念佛，囘向極樂，由末學告以口念耳聽，未及二月，彼聞頂上亦有句句分明之佛號，聲音歷歷可聽者約旬日，如此境界是益是損。　答見形則病於目，聞聲則病於耳。念佛見佛，聞佛說法，尚不作聖解，況其他乎。切勿生喜，致受孽邪也。

問誓持晝夜彌陀十萬聲，恆不及數，奈何。　答須去其障礙（自省有何障礙）徒喚奈何無益。

問持念六字洪名的時候，心中屢生雜念，未知有何法可以鎮攝。　答但靜心用耳聽此六字。常令明了可矣。

問身體孱弱之人念佛。若至緊切時有無傷及身體。　答須緩急得中。多默念。勿令傷氣。

問予體素弱。每當念佛百聲或數百聲。卽感氣促。兼心多昏散。不知當用何法對治。　答念時聲勿高。氣勿急。（如昏多。先合眼令睡。醒後起念。如散多。則用耳聽法。令六字明了。或起而禮拜。）

問夜間合眼便夢。不知病根何在。　答非倦極睡易夢。正宜在入睡時想佛或默念佛。（如此則有夢亦屬佳夢）

問夫婦同床未行房事。若默念佛號有礙否。　答默念佛號無礙。不若念大懺悔之須備威儀也。

問阿彌陀佛爲皈依佛教者口不離誦。但非齋口。亦可隨時隨地口宣。或默誦否。　答阿彌陀佛萬德洪名，皈佛者稱之，固得出世福。卽未皈佛者稱之，亦得世間福果也。

問念佛常生雜念，無法鎭攝，但日日繼續作去，他日能得生西否　答得生與否，尤在志願。生西之願不退，命終十念亦得往生，可無疑慮。

問在俗緣中難於一心，敢問每日功課不輟，除不得已稍進葷菜，異日西歸可得上品生否。　答九品往生經中有例，可以比觀。須知往生以有願爲先，但得往生，同登不退，何爭上下。

問不茹素而惟積他德念佛者，臨終能否往生極樂。　答臨終正念分明，卽可往生。然雖不茹素，仍須戒殺。

問鄙人在學校讀書，素食不便，可否葷食而念佛乎。　答素食宗旨，在不食肉不殺生。如在校，不妨食肉邊菜也。葷菜中如有素菜等，但食其菜，不食其肉。未始不可。至於念佛與素食。本是兩事。但以佛心慈悲。既以佛爲念。即是以佛心爲心。故須戒殺。不忍食衆生肉耳。是中可與不可。全在自己發心。

問因要事而間斷早晚課誦。有罪否。可否補誦。　答中止常課。自係過失。但可減少以省時間。補誦亦可。

問誦經念佛。在月經期內。應否停止。　答不必停止。

問進過產室者。在尙未彌月期中。可否拜佛念佛。　答可以拜佛念佛（祇要經過洗滌）

問產婦可否在尙未彌月之產室內念佛。　答亦可默念。如能焚香淸潔。即出聲亦可。

問念佛誦經。朝晚不便。故定課中午。可否。　答修行以晝夜六時。中午即晝之一時，有何不可。

問夜間睡後，有時失眠，可念佛否。　答失眠時，可默念佛號。

問做功課時，雜念甚多，只有大聲念佛攝耳諦聽，除此以外，尚有何法。

答念佛時若多妄念，亦可將念稍停，靜觀佛字，至妄念消。再念，若坐念時，可改行念，或禮拜念，均可打消妄念也。

問弟子弱症數年，恐將死，世緣不能放下，關於佛法書籍事物貪求不已，不能一心念佛，恐礙往生。望先生與無緣慈，詳細開示，則弟子感恩之至矣。　答既知求生淨土，何可不一心念佛。宜放下萬緣，作已死想。記數念佛，勿使懈怠。定數之外，但看淨宗經典，作增上緣也。

問當危急時，專念觀世音菩薩，不念南無二字可否。如不幸遭難身死，專念觀世音菩薩，可生西方否。　答可不念南無二字，不幸身死，可生西方。

問室內衣物甚多。爲方便故。難以除去。此於一心念佛有礙否。　答念佛時先作室內淨空之想。卽不妨礙。

問爲環境所阻者。對於早晨十念法。欲施於睡眠始寤未下床時。向西坐定默念。較爲利便。但以未經漱洗整衣。是否無妨。　答苟其一心。卽是淸淨。亦無不可。

問念佛誦經固可有暇卽行。予見凡念佛者。每以佛珠計其數。何故。或佛珠果有其他之效用乎。　答念佛用珠計數。所以策勵修行。日有定數。勿使懈怠也。

問如一日中數次念佛。要否數次回向。抑俟至一天完時總回向。　答若此日專誠念佛。不作他事。則可一次總回向。否則以每次回向爲宜。

問修持當如何用功・方收確切之效。　答一切法門・念佛第一・不必探奇好妙。古德云老實念佛・此一語可爲苦海慈航。但能信願行三者具足・自收確切之效。念佛之法・當以大勢至菩薩都攝六根淨念相繼・不假方便自得心開四語爲準繩。六根不緣六塵境界・清淨其心專念彌陀名號念念相續不斷・不假參究觀想諸方便・自然得於自心中開發佛慧・了知卽心卽佛。

問今生的境遇不好・必是前生或多生所做惡業所致。敢問此人若誠心念佛・能將境遇改善否。再者此人念佛時・應如何著想。應心中想將此念佛功德布施前生或多生結冤之衆生・以此贖罪・抑應哀求阿彌陀佛赦罪。　答誠心念佛・可能改善境遇。但想佛的功德・是斷盡諸惡具足諸善・度盡衆生・我雖不能・至心嚮往之・如此善根增長・能把惡種伏而不起，卽得改善之機矣。布施衆生，祇要發願回向利益有情，求佛哀佑亦然。至於贖罪赦罪之意，佛法所無。蓋佛法主張自救自度，定業不可逃，時卽佛亦無能救也。

問凡遇拂意之事，拂意之人，及逢最難忍受或最危險之境遇，如是一切無論利衰毀譽稱譏苦樂等，皆認爲是阿彌陀佛法音宣流變化所作，種種紛擾之魔事，皆變爲佛矣。如此方便，可得一心不亂否。　答如此方便，正是念佛三昧境界。安得不是一心不亂。

問念佛須念念相續。然遇應酬世務，若何用功。如勿念者，是有間斷。如仍念則一心應事，一心念佛，是心有二用。竊意平常用功眞切，臨事自有不念而念之妙。然否。　答心無二用，誠是。然應酬世務時，暫止不念，應酬畢，卽繼續念去。是仍以念爲主，而應酬爲客。但能客不奪主，主不隨客，卽是功夫。

問念佛時心切，稍不愼，難免魔現。但眞念佛者，以了生死心，念彌陀佛，所謂獄火炎炎，念佛名正切之至也。今一恐魔來，則人不敢切念矣。奈何

答魔有病魔心魔鬼魔。病魔因不善調身而起，心魔因煩惱熾盛而起，鬼魔因夙有怨對而起。念佛人當持三聚淨戒，行一切善，除心魔也。斷一切惡，除病魔也。度一切衆生，除鬼魔也。持呪禮懺，讀誦大乘，以爲加行，則千萬穩當矣。

問昔聞楊仁山諸公說念佛以無後心爲是。迄今未了其義。究謂擧念念佛時，念念在佛，而無別計度，絕待一心，便爲無後乎。疑不可解。　答行千里者，到在一步。念佛人於捨報時，最後一念，眞是往生之因。故於平日念佛，亦當單提一念。一念之後，萬念不生。若其生心，卽復再提，如此

念念相續。實皆念念單提。此爲無後心也。平日如此念佛。臨終往生穩當矣。故曰以無後心爲是也。

問念佛兼懺悔乎。抑不必懺悔。專心念佛乎。　答念佛爲正。懺悔爲助。正助兼修。收功彌速。果能專一其心。何須更求懺悔。苟心不專。反不若兼以懺悔爲得。

問朝暮課誦列有八十八佛名。不知出何經典。佛名無數。何以只念此諸佛而爲日課。　答初五十三佛。出觀藥王藥上菩薩經。三劫千佛皆禮此五十三佛而成道。次三十五佛。出大寶積決定毘尼經。菩薩犯極重罪。在三十五佛前懺悔。當得解脫。

問平日念藥師琉璃光如來。同消災延壽藥師佛。二聖號。以何者爲好。

答藥師琉璃光如來。或藥師琉璃光王佛。均是佛之本號。消災延壽讚德·猶如大慈大悲也。

問我因身體弱到極點·常臥床褥·以後關於一切疑問·不問可否。關於飲食起居·皆不過問·只是斬斷萬緣·一心念佛可否。如不行善修福·是否專念佛號·即是行善。　答專念佛號·囘向一切衆生·令得福慧·即是行善也。信願持名·爲念佛宗要。凡關於念佛往生問題上有疑者·不可不求決也。

（十一）　雜修

問念佛誦經禮懺拜像·是有相法。參禪見性拈花微笑·是無相法。謂有相與無·其功成究竟爲殊途同歸則可。若謂無相能成·而有相不能成·無乃不可乎。請開示。　答佛法非有相非無相·要有無不二·方可入道。故有相修者·宜不住相。無相修者·宜不住無。經云以無我無人無衆生無壽者修一切善法，則得阿耨多羅三藐三菩提。

問誦經念佛，能滅重罪。修禪宗者，既不誦經，又不念佛，過去重罪，何能消滅。重罪未消，何能成佛。　答禪宗以斷除妄念，徹見心性，爲究竟。雖不誦經念佛，而成功則一。然此等多是利根夙世修行，功已將圓，故一悟千悟耳。若末世衆生，雖修禪宗，仍須誦經念佛，或勤修懺悔，方得罪障消除，而易於成就。不然，初祖達摩，何以傳楞伽經四卷，六祖慧能，何以傳金剛般若經，而永明壽禪師，何以提倡念佛法門耶。

問一切法門，任運修習，若稱名，若持呪，若修觀，若誦經，若禮懺，若坐禪，不限定一法，隨己意樂，任運行之，有雜而不專之病否耶。若以雜爲病，然一切法門，皆是如來無相方便，無性之法，雖多而不雜。又永嘉云，諸行無常，則是空，卽是如來大圓覺，空卽非有，圓覺非無，是中道義，又豈患雜耶。如是行持、不知有當否。　答所舉稱名至禮懺、雖似多法、然互相資、任運行之、原無障礙、惟其中須具一貫之旨則可耳。如淨土法門、稱彌陀名號、持往生呪、修十六觀、誦淨土經、禮淨土懺、及坐禪以爲修持準備、何雜之有。然其中誦經持呪有可作加行功夫、原不限於淨土範圍、但以之回向淨土可也。居士所舉、乃圓頓工夫。悟圓覺者乃能有益。

問淺學之人學佛、除念經禮懺尚可做到外、如其深入經藏了解高深之教理、似不容易。有何方法補救。　答祗要念經禮懺如法做去、亦可以伏煩惱開智慧。欲問補救方法、亦不外誠敬如法而已。

問學人從前曾誦經持呪、回向西方、人謂雜修。現僅於晚課誦懺悔文、蒙山。昨晤一比丘云、懺悔文及蒙山、亦非居士所宜誦、縱回向仍屬雜修、以專念六字佛號爲是。未知然否。　答蒙山施食、居士非宜、懺悔文未嘗不可誦，專雜在心，能回向西方，即是專修也。

問念佛有謂宜兼觀白毫相者，有謂凡夫妄念紛飛不必涉及觀想者。以何爲是。　答當量力行之。

問學人修淨業，欲單持名每因簡而生散亂。今欲持名時兼觀想，藉想以繫心，未知有違經旨否。　答持名易，觀想難，故應持名易一觀想易散。今居士不然者，從宜可也。

問近年於靜坐中，依觀經作觀，其觀法即從第一觀至第十二觀，意在熏習作往生之助。但迄今不見有何進境。請開示。　答觀經中惟第一日觀及第十三池上三聖觀爲易觀。其他觀境廣大繁密，均不易觀。宜足下之無進境也。請專修日觀或池上三聖觀。一觀成就，即獲三昧。切勿貪多速成，致遭魔境，反失善利耳。

問楊仁山先生禮拜入觀法第五觀有觀盧舍那佛法，其說云但以意識照經緣境觀之，不知欲觀盧舍那佛，應讀何經。　答盧舍那佛是報身佛，華嚴經梵網經均有其相。

問佛經論上載魔能現佛菩薩像，又能說法，又能令人得神通得三昧，敢問修行人倘若遇此等時，如何能辨別他是魔或佛，應如何處置。　答魔令人熱惱，佛令人清涼。魔則心攝念而自消，佛則心愈定而愈顯。所以修行人遇此，則一心不亂，行所無事。經云若作聖解，則受羣邪。

問唐善導等提倡專修而戒雜修，但四弘誓願中則云法門無量誓願學。此說矛盾否。　答願學是聞思的工夫，專修是修的工夫。又從雜修中方可簡擇一法而專修之。

問善導和尚謂專修者百修百成，雜修者十得一二，後學每日課四字佛萬聲。往生呪七七遍。大悲呪七遍。阿彌陀經一遍。四十八願一遍。楞嚴經勢至圓通章一遍。並參用龍舒淨土文大菩薩修淨土法門。又誦南謨西方極樂世界三十六萬億一十一萬九千五百同名同號阿彌陀佛百遍。又參用慈雲大師往生淨土懺願儀。每日仍課十念。又誦金剛經一卷。心經三卷。如是訂爲日課。不犯雜修病否。　答所誦經呪。悉皆回向願生淨土。何雜之有。

問結七閉關之法。未能施行。如前條所訂之課。能成功否。又家境困難不免煩惱攖遣謝一切寧爲餓夫不以俗務紛心再加雙足趺坐心念心聽功課。何如。　答如此用功。自入佳境。

問打七功夫之意義目的及其形式若何。　答欲令功夫加進之意。其目的在限期成就。將平日念誦功課連續做了七日。就是打七。或一人或多人均可。

問閉關之儀軌若何、在家可行否。　答閉關者禁足、謝客、專心靜修、在家人當然可行。入關時須齋佛、疏告辭衆、或請高僧說法封關、至在關內如何用功、則各隨所願、規定課程可也。

問每當逆境時、不知當作何等想。　答作反觀想、（即是恕）退一步想、忍耐不睬想、種種譬喻想、還債想。

問瞋心太重、如何纔可去掉。　答修忍辱度、及慈心三昧、可以去瞋。簡單說句話、處處自己認錯、人人當他子女。若求佛菩薩加被、則常念恭敬觀世音菩薩可也。

問平時克治以瞋恚爲最難、每發於一時、猝不及覺、未知除常念恭敬觀世音外、有何法可以對治。　答讀佛經、中關於忍辱波羅蜜文、可以對治防於未然也。如金剛經忍辱仙人一節。六波羅蜜經中忍辱一品。及發菩提心論中羼提波羅蜜。均可。又四十二章經以能忍爲有力大人。可詳玩味。

問消滅瞋火之方。　答以忍耐爲第一。慈悲爲第二。原諒哀矜均包含在內。明達因果爲第三。不爲現境所蒙。亦忍之後盾也。

問收攝放心之法。　答除念佛讀經之外。閱有興趣之佛典。如釋迦譜大唐西域記高僧傳居士傳淨土聖賢錄等書。

問學人每於增進修持之日。(例如長日誦經或結七念佛等)則三毒轉熾。莫由遏止。縱以種種自解求伏。終似盃水車薪。未審此係宿業使然。抑天魔所擾也。當以何法治之。　答此係宿業習氣。須在平日讀相當之書。令正思維。若在臨時。當以禮佛法對治之。

問云何是聞思修。云何入三摩地。乞詳示。　答聽講看經曰聞。了解其義曰思。依義從身口意實行曰修。修至純熟一心不亂曰入三摩地。

問余未學佛前思念極少。而學佛後反生種種感想。是何原因。　答此前之念少是愚癡。後之想多是聞慧。學佛者正應將佛理思維純熟。方能於起心動念處。順道而行耳。

問因解起行。行起解絕。其行起解絕句意義若何。　答研究其理。思維其義。謂之解。身口意業謂之行。如行路然。既識其途。然後起行。如方行時。猶須認路。如之何其行哉。故行起不須解矣。

問布施為六度之首。然照金剛經所說。則但誦此經。一切布施均不能及。更何用布施乎。更何為六度之首乎。　答布施有財施法施之二。誦經為法施。法施利人心。財施利人身。法施利及遠。財施利及近。故云不能及身命爲內財施身命亦財施也來問未明此義故致誤會。

問念經讀呪聞應於靜室中具備香案木魚等件倘無如上佈置時應如何誦念之。　答淨几開卷端坐念誦。

問同學某君好研佛理身體力行惟不喜念經及拈香祈禱詢其故則曰佛教爲最高之哲學哲學尙修持焚香念經祈禱非佛教之精神眞正佛教功夫不必作此等舉動云云其言如何乞指教。　答學佛有四層功夫曰信解行證某君注意解行工夫故云然但行實通乎始終不觀普賢行願品十大行願乎拈香卽修供養祈禱卽懺悔念經卽讀誦爲大乘十法行之一皆行也安得云絕對不必乎。

問後學對於閱各項佛書每每不能終卷。有礙答。　答看經不終卷者經不契機也。近居士處有法師講經者否宜就彼一聽卽生興趣而得專一入門矣。

問敝邑報本寺恭請能禪法師宣講地藏經，其開講時間，與敝社常課抵觸。未知於修持方面有礙否。　答聽經與誦經無異，時間衝突，不妨相抵也。

問聽經者每日所飲該寺之茶水，而並未齋僧供衆，是否爲侵損常住。

答聽經者所飲茶水，乃該寺之布施。受者，非侵損也。如聽經得益，則增常住功德矣。侵損云何哉。

問遠處講經，有人去聽，無親友處可住宿，飯食寺院中可否供給。其飯金住宿費如何計算。　答可否住寺，以寺屋能容與否爲斷。當預期接洽。至於計費，可約照住旅館所費者送寺。

古農佛學答問卷四終

古農佛學答問卷五

利他功德門

（一）福親

問父母年邁，疾病日多，為子者，如何可使父母轉趨康健壽考之境，令不受龍鍾之苦。誦經可能達此目的否。　答誦藥師經金剛經均可，但須戒殺放生。

問子欲報親恩，除父母在應盡孝道，外更欲為其修福，百年後得往生極樂國，現時求福壽安康，當誦何經。　答誦金剛經或藥師佛本願經。卽地藏經亦好。

問報父母恩咒，是否應於早課畢後誦之，誦後應回向否。　答報父母恩咒既非早課原文，自應於課畢後誦之，誦後理須回向。

問某欲自念彌陀經爲母囘向西方。不做疏焚告。但於誦畢之後自念云。以此功德爲母囘向西方。未知妥否。　答自己念經報恩。不必作疏焚告。但至誠囘向。自然感應道交。彼疏告者。乞證明耳。

問百行孝爲先。故學佛人成道後。須先度父母。今見阿彌陀經白話解云。極樂世界一日。抵娑婆一劫。則吾人求生西方。除上品上生外。其餘須經一日或七日。然後花開見佛。待聞法受記悟無生後。還度父母。至少已歷數萬年。則父母已不知過若干輪囘矣。如此焉能盡孝。　答須廣作功德。念佛囘向同生淨土。則盡此一生。即可報恩矣。

問湖南佛教居士林舉行持名願證。以十萬聲爲一願。予受持一願。以此功德每日囘向父母消災延壽。臨終祈生淨土等語。常課亦如此囘向。未知功德父母全得受否。前看不記何書云。功德七分得一分。本人得六分是耶非耶。　答果能至心發願·當得滿願。佛法功德·譬如炬火·多人引取·了無妨礙。至六分得一之說·據地藏經爲子女爲父母已亡者作功德言也。

問父母不幸作下罪孽·爲子者可否敬告上蒼代父母誦經懺罪。　答可於佛菩薩前行之。

問茍可代父母懺罪·應誦何經。　答應誦地藏經金剛經。

（二一）化度

問予父最不信佛·某曾時以因果勸進·始終不能啓信·未卜先生有何妙法使其歸心淨土。求指示。　答令看龍舒淨土文·否則待其有病苦時·勸令念佛。

問家母本信佛·自先室亡後·信心大減·百方譬解無效。何法囘復以繼前因果。答善根增減。均有因緣。令堂信心忽減。卽是不信因果所致。因果通三世。故報有現報生報後報之不同。既經居士百方譬解於因果。當可生信。或以言者係其子。故未生敬服。宜請高僧開示之。

問妻因子亡之故。而改信佛狀態。應如何令其恢復原狀。　答尊夫人既以子亡故。頓改信佛狀態。仍當在其子身上著想。令其恢復原狀。可告之曰。人之壽命。屬於前定。子既於病中皈依三寶。死後必生樂趣。正宜勤修以報佛恩。今若廢棄不修。豈不令子失所依怙。必更墮落受苦。既愛子心切。理當繼續吃素念佛誦經。令子早生淨土。永受快樂。他日你百年後。亦可仗佛接引。與子同生淨土。則長得母子相聚矣。

問啞子不能誦經念佛。我等佛徒當取何法化導。使彼解脫苦輪。　答宜使拜佛寫經以化導之。

問心經云，「無眼耳鼻舌身意，」然則盲聾等人念佛，豈不較易乎。　答
心經是明般若工夫，要從有處觀空也。六根清淨，正是六根明了，到極
處。烏可以盲聾等闇昧爲比擬，盲聾等經稱八難之一。難修佛法，若彼
等固具宿根，教之念佛，或能如法修行，方可恃耳。否則難矣。
問外道養精氣神，今八十多歲，勸他念佛求生西方，能可以懺罪往生否。
不信當如之何。　答果能聽勸念佛，往生定能有效。如其不信，亦是彼
之障深，無可奈何也。
問衆生無邊誓願度，某學佛即發大心，未能自度，先思度人，乃言者諄諄，
聽之藐藐，雖具苦口婆心，終爲人所竊笑。又無無礙辯才，不能一音圓
演，不知佛法中亦有使不信者能漸發信心之方便法門否。　答未能
自度，先思度人，此乃發心之勇猛，而非度生之方便也。度生方便，厥在

以身作則•感人在未開口之先。否則縱能取信於一時•亦恐難深信於永久也。總之學佛之道•在循聞思修三法•以此三法皆能生慧•故所謂聞慧思慧修慧也。由此三慧•流出言詞•不求辯才•自然動聽矣。居士其•勉之。

問時居末劫•人心愈下•世難日殷•信佛者流•誠如鳳毛麟角。竊以衆生原皆同具佛性•不有啓迪•斷難顯現。愚意當創立一佛學通俗圖書館•以供公衆閱覽•或通俗講演會•任人聽講•倣基督教之儀式•俾社會各界人士均明佛義•不視爲迷信•則收效必有可觀。然此舉非籌集資金不可•樂善君子•想亦願爲。若更有善法•則尤美矣。　答居士宏願能持之以堅•必有勝緣相助也。

問世人因事祈求觀世音菩薩加庇•虔誦白衣咒•極爲靈應•惟滿願之後•

須印送此咒千二百張一節、今見各處白衣咒極多、擬將印咒之款改作印書功德基金、或其他相當之起信戒殺放生經文小本、未卜有違背否。　答在理本是可以。然欲兩全者、可在印書內或後加印咒句、勸人持誦。

問普賢行願品、有恆順衆生一願。然則衆生間有發善願者、有發惡願者、抑皆恆順乎、或有所擇而恆順之耶。　答此順字卽隨緣之意、要以度生爲前提、順之卽有以度之也。

問已已得度、回向度他、是爲佛行、未能自度而先度人、是爲菩薩發心、兩者孰難孰易、當何所擇從耶。實行之方法又如何耶。　答兩者義別、無難易之可言。菩薩爲因人、佛爲果人、我輩凡夫、自當學菩薩。至於方法、卽依上兩句合行之可也。卽發心度人、先行自度、蓋自度爲基礎、度人爲究竟。故發心須遠大・而實行當從近小做起。

問同人欲組織佛學研究社・不卜由何經何法著手・一切規章如何。　答先宜研究佛史及宗派源流・暨佛法要義等・有「佛教初學課本」一書・雖是三字經・然體用兼賅矣。至組織團體手續・可詢世界佛教居士林・或貴處附近之社團。

問擬以不穿之狐皮衣服標賣・所得之款・購請磧砂藏經。（辭長從略）

答化無用之物作法施・功德甚爲合理・託書局或居士林之處是否可行・請直接商之。如果有受之者・亦是間接作法施・又何以不欲施人爲嫌哉。

問如前問不能如願・豈非枉爲三寶弟子。延壽院比丘尼弘願斷臂完成刻經。後學亦佛子也・宏法利生・當步其後。斷臂成爲廢人。擬斷左手無名指一個瀝血書募捐啓一張。到處求布施。未審有違律藏否。敬求老居士訓正。　答凡事在律己固曰有志竟成。在對人則又以遇緣斯達。故但持願行。隨順機緣。不必矯揉造作也。居士所辦公閱社。已有佛學書報三百餘種。但得閱覽人衆。自有機緣。否則藏書備觀瞻而已。何必汲汲焉。

問凡設會立社。其規章頗難善全。而念佛人本懷自利利人自度度他之心。如敝社對於出外與人誦念。例所不許。似非利度自他。設或方便赴應。不但爲人譏毀。更爲僧侶白眼。損居士之人格。茲欲得一兩全之法。既可自他利度。又可免人譏評。願高明教導。　答念佛回向淨土。但一回向偈。（八句者……願以此功德……）即兼自他兩利。出外應赴。非所宜也。如飭終團能策勵同修往生者。不可以應赴論。但以臨終時爲限。

問古人常有刺血書經之舉。據聞係刺指血和硃砂・旋刺旋寫・非全用血也。當今世界浩劫奇重・實因各國縱貪瞋癡之所致・然不能謂各國無慈悲人士・倘刺血繪觀音像・使其觀感・俾同傳佛教・或於挽回浩劫有所裨益。況西人信耶穌代世人流血之說・此亦代世人流血也・當易攝引信受・惟刺法書法有何準則・應看何經・敬乞指示。　答刺血寫經見華嚴經普賢行願品所謂「剝皮爲紙・析骨爲筆・刺血爲墨」云云・一如何刺寫・未見經書・惟古德經驗・亦有刺舌血者・血初出時須將研磨去其韌絲・方可著筆不粘・加硃與否・亦隨意・唯純血則色易變黃耳。

問後學發願抄寫金剛經一千本・除早晚念佛外・尚須赴軍部辦公・每日要去九小時・因此七天纔能抄一本・每年祇成五十二本・二十年始可滿願。然後學已逾不惑之年・豈能尚存世間二十年耶。現已寫成九十本，隨成隨贈。近擬刺血寫成十本，供養居士林圖書館。其餘八百本，親寫石印。如此辦理，有違誓願，定獲妄言之罪。倘求老居士開示救濟之法。答照辦亦可。然仍須逐日暇時書寫，至二十年爲度。但依時不依數（本數）可也。

（三）慎終

問臨命終時，一生善惡俱時頓現固也。然世人有平時爲惡而臨終忽起善念者，何也。　答惡人雖一生作惡，其惡心決不曾打成一片段，有時亦有善念於其間也。所以到臨終時亦有善念，或宿善發生，遇善知識教令念佛，猶可有往生之希望。

問修淨宗者，如信行願俱備，是否必能往生。如必能之，又何以飭終有如是之重要。苟不飭終，則平日所修者，若一時不能自主，不盡歸無用乎。

又修他宗者。亦有飭終之舉否。答飭終之法。原爲輔助行人臨終時之方便。不問本人之功行能否往生。均爲增上勝緣。他宗苟信此法。亦可行之。

問敝友謝君欲受優婆塞戒。身後火葬。滅去形跡。僕意謂不然。在筆記中閱見。均嚴行禁止。然多數老法師之圓寂後。均歸火葬。未識是何意義。

答世人愛戀肉體。故死後衣衾棺槨而全埋於土中。以示永在。佛家厭惡肉體。故死後以不留行跡爲上。而用火焚毀。以示清淨。若言其歷史。則釋迦佛滅度之後。身內自出火焚毀。及一切羅漢滅度時。亦自出身火焚毀之。故學佛者仿行之矣。又查印度南洋日本風俗。卽世人亦均用火葬。蓋人身本是地水火風四大所成。死後遺體仍令歸於地水火風。故有土葬（卽埋土中）水葬（卽投大海）火葬（卽火焚）

風葬（即棄於曠野令其腐化）四種處置耳。

問歿後焚化屍體遺骨是否葬於塚・或懸於塔・抑入於海。三者中何者爲宜。　答可以兼行以焚化後灰積小故・分合便故。欲使人紀念・置於塔爲宜。欲不留形迹・拋海爲最簡。

問臨命終時・兒孫輩職業在外・家中助念無人・而延人助念・礙於經濟・事到其間・行人無宿根者・勢必徬徨無措・失其正念。有何辦法。　答平時淨友間互相策勵・臨時相邀助念・可於經濟無妨。

問歿後用極經濟極簡單法入棺・穿何衣服鞋帽（居士身不願穿常服故）出殯用何儀式・（一概不用如何）七內不拜經懺（因經濟故）單正請和尚念佛號四十九天如何。　答用布製單夾衫褲外加海青兜子布鞋入棺可矣。出殯原可不必鋪張・七七日念佛・甚爲合法。

問歿後俗儀、有用道士接眚之舉。既信佛教、可免否。　答大可不必。
問敝林林友甚衆、欲附設助念團以助生西。但助念時、除佛號外餘誦何經呪。　答彌陀經往生呪。
問臨終助念團、爲臨命終人助念往生之後、仍按習俗尙赴廟中燒紙、及所謂送盤餞報廟焚紙車轎否。　答助念團助念往生之後、應作是念、亡者已蒙佛接引往生西方極樂國土七寶蓮池內蓮華胎中、唯相與在寺中佛前齋供、請僧念佛作諸功德、祈其早日花開見佛得無生忍、回入娑婆廣度衆生、豈可再作神靈往廟等想乎。故赴廟燒紙等習俗、決不必行也。
問後學奉耶教垂三十年、詳察牧司傳道司鐸等教師、行與道違、所以中心疑之。後閱外交通商條約、强迫我國允許自由傳教爲條件、更加疑焉。外人侵略中國・無微不至・如傳教有利益於中國・決勿迫訂約於專條也。民國十六年接直隸北洋官印局篆圖書室・藏有佛典・閱覽數遍・始悟佛說平等博愛眞實無虛・然後茹素皈依三寶。二十年求八關齋戒・惟家父在籍篤信天主教・亦三十餘年矣。屢勸棄景教改皈三寶・痛責不從。今年七十六歲・精神矍鑠。立有遺囑・百年之後・一切喪葬儀仗・須從景教例。則臨命終時・必要神甫主喪做彌撒・如此有犯八戒・違命從佛法・以世間法論・家父未必安心。託親友疏通三年・未見允諾。違命則是逆子。家父現想離舍赴甯波住教堂・因此謹求老居士開示兩全之法。

答居士以文字般若因緣。翻邪歸正・精進淨業・法行利生・矢志遠大・必能仗佛威神・如願以償。令尊年邁・成見已深・恐難勸轉・然張純一居士「佛化基督教」一書・則基督所未至者・佛能盡之。但盡爲子善道之力、不從、非其罪也。遺命從違、可以家屬之多寡主張決定之。且俟來日。

問先君臨終時口不能言、予對其念南無大慈大悲救苦救難、(念至此)先君忽開口曰爾念經、予曰是、復對先君曰、知我念何經、先君卽言曰大慈大悲救苦救難、遂不復言。不識臨終人念此一聲可得益處否。

答當比念他語得益。

問先君臨終時、身穿皮裘、忽自行脫下、爲子者深恐老人受涼、依然仍代穿上、是夜先君卽棄世。不知穿皮裘身故、有壞處否。　答當無壞處。

問受五戒居士所著之懺衣、臨終時不著於身、而在柩前焚化、包好藏於亡人懷中、此辦法是否根據佛制、其戒衣制度如何。　答焚化懺衣、並非佛制。此種禮懺衣、可函託佛學書局代製。至死後處置懺衣之法、或由家人保存、或贈送他人均可。

問五戒居士日後逝世、其五衣（即五條袈裟）及臥具如入棺者、其五衣可否令如生時披之入棺、或應如何安排方合於法。　答五戒居士應備縵衣、（無條文）縵衣禮佛服、入棺不可披。宜保存紀念、或施人結緣。不可入棺也。

問居士終後、究竟宜用火葬或土葬。入棺宜用何服何冠。並乞見示爲感。

答居士是在家人、可從俗、不必作禮佛時狀也。至葬法、自以火葬最宜。但從俗土葬亦可。

問諸城舊俗葬壙內、多陳列孝經、求後輩出孝子之意。今學佛同志、擬取此義、於壙內莊嚴佛土修潔淨處所陳佛像經卷、求後世出斷惑證眞之善知識。皇陵殉葬、陳佛像於棺內、鄙意嫌其褻瀆。今莊嚴於棺外壙內，不知當否。　答於葬先人遺體處，求後世子孫禎祥，乃世俗之愚見，與佛理不合。若欲佛法加被先人身後，則宜供在棺之上方，或在前較高地位，而於上須作標幟於外，以免褻瀆。若於墳外造塔，則合法矣。

問陀羅尼經被，原爲入殮時蓋於亡人身上，設遷葬啓攢，棺無法更動，將此經被安置棺上，鄙意較用銘旌於棺上尤爲完善。不知是否。　答經被安置棺上，自較銘旌爲善。

問陀羅尼經被上有佛號總持經文等，入棺與屍骸同腐，不亦穢汚佛法，與死者增罪孽乎。又此被彌陀聖號下，橫列六團，兩邊各直列十一團，如漢瓦文，究竟此二十八團是何文義。又正面全幅其形如瓶，瓶脚有一字眞言，瓶胸有三字總持，其意義又如何。請詳示之。並三字總持究竟吽啞唵或唵啞吽，亦請示之。　答陀羅尼經被本毘盧遮那佛光明灌頂眞言經所說、若以眞言著屍身者、死者卽得往生佛國、其意原取度生、豈嫌汚腐。作團形者、呪文旋繞種子之式。如瓶者、或取甘露瓶之意。三字總持是唵啞吽。

問爲家母請陀羅尼經被一、現在鐵航師處加持經呪。但先父棄養多年、欲請此被焚化、其法當如何。　答經被可蓋柩上、不必焚化。

問遷移先人遺骨重葬時、可否請購陀羅尼被蓋覆其上。如亡者已歷多年有效否。　答亦可、當有效也。

問陀羅尼被有不可思議神力。然則罪大惡極之人、只須死後覆以此被、卽赦免一切罪惡往生淨土乎。　答凡事因緣具足、乃得成辦。彼罪惡之人、能否有覆被因緣、何能斷定。如其有緣得覆、亦是彼人往昔善根成熟、與下品下生者得遇善知識何異。

問普陀山蓋印之接引佛路引·應否置亡人手中·或在靈前焚化。答可置在棺蓋與天花板之間·不與遺體同腐·而在亡人身之上面·似最相宜。

問喪禮何種為合法。答集衆念佛最為合法。

問社員在家生西·同志往對靈前念佛·於上供及晚課施食時·有人用衣具·錯否。答用衣具拜佛則可·拜靈位則不可。靈前當供佛像·尤以對靈設供為宜。另卓設於靈座對方·或前方他方均可供佛如此則禮佛禮靈不混淆矣。

問犯人每於臨刑時·其神經痛苦可知·余隨往觀刑·甚為憫之·故持往生咒三遍及彌陀佛號·未知合否。答最好能預為刑者開導·勸其皈依三寶念彌陀佛·神往淨土·可免痛苦。

（四）利幽

問經懺等陰間果有用歟・抑無用歟。　答我佛說法・遍度衆生・衆生有六道・陰間卽指地獄餓鬼二道而言。若聞佛法・正堪度苦・安得無用。但念誦禮拜者須專精其心・肅恭其貌・庶能上感佛力之加被・下格幽冥之開覺・自然功德不可思議。至俗以經懺爲陰間當作金錢用者・陰間以佛法爲救苦之資・如世間之金錢作用・其義亦可比知。要之誦經禮懺原是佛法常規・爲修行人長惡去善著手處・並非專爲陰間而設。（是點俗多不明・致以經懺爲不祥可歎）茲乃推己及人・體佛大悲・爲陰間禮誦・正是代佛說法・代鬼悔過・令其長善去惡・亦如自己。衆生乏善・故墮陰間。今仗禮誦之功・長善去惡・必獲超昇之果矣。

問念經何以能超度餓鬼。　答仗念經力・感發餓鬼善根・宿昔罪障・令悉消滅。故得超度。

問仗念經力。感發餓鬼善根。敢問餓鬼何能解悟經義。　答六道衆生咸有佛性。經義是稱性之言。但得外障稍除。自能了解。餓鬼但貪業重。報並非過於愚癡。安得不悟。況餓鬼宿世或曾種善根。仗此念經因緣。熏培功至。自然發芽。人道衆生有驟聞佛法而即篤信者。亦有多聞而不能領悟者。勿以餓鬼而輕之。

問大藏中雖無陰間寄庫之說。而還魂之人與附人之鬼。則均謂經佛可作錢用。何也。　答藏中雖無此話。須信佛法功德如摩尼雨物。能滿乞者所求。此等還魂人附人鬼生前信有用之心。冥間感有用之物。萬法唯心。即此可證。足見信之力用大矣哉。

問經呪本非陰財。乃有人向我買而當陰財。我售之有罪否。　答經呪既非陰財，亦非買賣品，均犯慢法之罪。

問敝鄉有一般念佛人，偏要依世俗還受生，破血湖，誦藏經，寄庫等事。此種世俗之見，對於佛化有無裨益。　答易生邪見，何裨之有。

問親友多勸爲亡者還受生，禮粱皇，以超度，鄙見以爲無益，然亦不敢臆斷。又焚燒庫屋錠箔，尤不明其所以然。懇求指示。　答還受生雖非正法，然誦金剛等經以資回向，不爲無益。粱皇則懺悔以滅罪，令亡者速生善道，卽所謂超度，非無益也。焚庫箔事，全是中國古禮送死者用明器之變相，與佛法無關。

問焚化冥財冥衣等，內典罕見。末學愚想，當作祭之以禮解之。若謂鬼神實可受用者，恐無是理。蓋鬼神之感果，與人道不同，則鬼神自有鬼神所報之依正，不必待人給與也。是否。　答鬼係餓鬼道，以乏少資具爲苦、故若誠心施化、鬼得受用、如仗佛法之力、更增效果、勿謂無理。但不必用同人用者而暴殄之耳。

問紙錢紙屋及一切冥具、焚化之後、亡人確能受益否。是否佛家之事。

答亡人如固在鬼趣、當可得益、但非佛家事也。

問焚化紙箔本非佛家儀式、貴刊解答已非一處、然世界佛教居士林乃佛教之指導機關、何不爲首提倡免用、以免知識界誤謗佛法爲迷信耶。　答焚化紙箔雖非佛家儀式、但亦我國古代用明器相沿的舊俗。其意不外由孝慈而發、大體無傷、不妨從俗也。

問先天道家追薦亡人、嘗用往生錢、穪以往生呪、固當然矣、然呪版依錢形、又名往生錢、豈非以往生呪當錢乎。可乎不可。　答此係用錫箔之改良方便、按之正法、固不可作錢形也。

問吾人每至淸明等節。必須設祭焚箔以敬祖宗而表孝意。但祖宗是否能來受惠。不得而知。結果仍是子孫受用。以寶貴之錢。作無爲之舉。豈不可惜。然不如此不足以表孝敬之意。當用何法。則兩美兼施。答旣足以表孝敬。不得謂爲無爲。但佛法則茶宜斷。肉箔不必多。而誦威德自在呪（卽變食呪）以加持之。用觀想法。令化少爲多。化劣爲美可也。

問有謂寫經焚化可資冥福。故各處有硃書經出售。又有人謂焚之有過。不知孰是。答大乘十法行有書寫經典一事。原爲贈與供養誦讀等作功德也。焚化利冥。起於乩壇鬼神之敎。應非佛法。試以其他利冥事例之。如紙箔紙屋塗車芻靈之類。皆用假像而不用眞物。今若以經利冥。亦但用空白紙標一經題。藉行者念誦之力爲之回向足矣。若眞寫經而焚毀之不亦傎乎。今世俗所用佛碼。其中亦有釋迦如來無量壽佛等像。供畢送佛均焚去。無怪經典亦欲焚之矣。然此豈佛法所許哉。

問有一般人取硃砂書寫各種經咒。焚於新靈。欲藉此薦度亡者。是否有效。　答違經有罪。不宜效尤。如欲度亡。但口誦心維回向功德可也。

問閱第六十二期半月刊內。載毘盧遮那佛大灌光眞言。其眞言卽「唵。阿謨伽尾盧左曩。摩賀母捺囉。麽抳鉢納麽。入嚩囉。鉢囉韈哆野吽」等五句。以此眞言加持土沙一百零八遍。散於亡者死骸或塚墓。雖在地獄等道。獲受加持力。故應時光明及身。除諸罪報。往生淨土云云。不知是否有人試驗。　答此係佛語。不同凡夫外道有欺誑者。至問試驗。則有四川劉泌子事。另錄如次。「癸酉九月。有川西資中縣老友郭季良邀說彌陀法。彼有商人喬姓。頗讚喜。及至喬君已死。予憫之。爲持灌頂光咒、咒於碎米、令撒墓上、而聞者興起、相索、有郭君之胞姪女適姓唐、其夫早死、唐郭氏持咒米撒其夫墓、卽日返、遇有人放陰問事、彼術者云、茲過某處、見一人如唐老、但何以服僧衣戴僧帽乎、而且獨作悲啼狀者、術者令詢之、據答云、因我半生幷無特恩於婦、今乃爲我作大提攜、感激而悲耳、幷囑之曰、汝千萬爲我帶個口信、修持門中、畢竟求生西方是眞不誤、不可他修、聊以報也。唐郭氏聞之大喜、比已長素念佛矣。前日郭君來爲予言者。一

問此呪確能拔苦、而已死之人靈識早去、久葬塚墓、怎知加持此咒代其拔苦。且使能藉此咒威德之力往生極樂世界、我等凡夫又何從探悉。

答人死識神離體、猶戀遺骸及其塚墓、故能知之。我等雖無天眼、但信佛說可也。

問嘗聞毘盧遮那佛大灌光眞言能度亡生西、神咒威力誠不可思議。然普通人一見此咒、必疑數句咒語、何能頓令亡者離苦得樂、生天已不易、何況西方、果得往生西方、則念千遍萬遍以至十萬、亦非難事、豈非較彼一生念佛者、爲更簡易穩當乎。幸教解之。　答凡一切呪、是心願之結晶、是從三昧中說出、故咒力卽是心力願力。能頓令亡人滅罪生西、乃不空羂索毘盧遮那佛當時說咒之願力如此、固不論句語之多少也。一切諸法從因緣生、因緣具足、事乃成辦、加持之物與所散之處及遍數、並持者之人及時間、皆有一定軌則、一咒有一咒之體用、何容致疑。卽以念佛而論、十念功成、豈非更爲簡易穩當乎。

問毘盧遮那大灌光眞言度亡生西、與尊勝呪之度亡生天、皆爲殊勝妙法。何以世人惟知拜皇懺建水陸、不知誦呪以報親恩。　答咒力因緣、既如前述。我國密宗失傳・故持咒但憑自力而無法力・奏效難易・非可決定。至於皇懺水陸功德・乃在齋供超度之處・全仗回向・固非咒比・非若持咒之少也。此亦因緣之屬矣。

問未經高僧證明皈依之念佛人・如持念光明土沙以撒先墓・是否盜法。

答凡念經咒・總須先皈依三寶・皈依本師・皈依毘盧遮那佛・至心念誦・不爲盜法。然念者須有十萬遍之經過・方有效。

問爲亡者說毘盧遮那佛大灌光眞言者・未受五戒之居士可否。　答平日持是咒已滿十萬遍者・卽能說之。惟誦持期內・須齋戒也。

問作惡之人・死後定必隨其行爲輕重以爲罪責・如其過失生出無心罪過・或有前生宿業・將用何法超度・令得解脫。　答無心過失不爲罪過・前生宿業與現業無異。死後超度・宜依地藏經・將其遺貲作福供養三寶最爲有力。如其業輕。得速解脫也。

問如亡者生時未聞佛法。超度時是否先禮懺後念佛。　答祇用念佛超度亦可。經云。至心稱名一聲。可滅八十億劫生死重罪。故念佛卽是懺悔也。

問平常不信佛之人。及未聞佛法之人。死後隨業受報。代彼作福念佛回向。能往生淨土否。　答死後甚難。未死時（卽臨終）令知佛法。勸令念佛。方可希冀。否則但能令生人天耳。

問欲以經呪超度亡者。以何經呪爲最宜。應作回向語。如「願以此功德超度諸亡者。同向佛國生。早將苦海捨」。未識合否。　答金剛經彌陀經均可。均須帶念往生呪三遍或七遍。回向語亦行。

問念心經與去世者。受之不知亡者在陰間能得何益。　答虔誠念去。能得超出鬼道之益。

問世間之人．往往延僧道誦經拜懺爲祖先修冥福．倘祖先已投生陽世．未知亦有益否。　答世間之人．生時善惡雜行．死後未必即能投生．所以子孫孝順．延僧道誦經禮懺以薦悼之。即祖先已生陽世．其功亦不唐捐。

問爲子孫者．爲其過去已久之祖先做功德．倘其祖先已經投胎．諒不得享受功德耶。欲度往生．更不可得乎。　答祖先已經投生．亦能令彼現在得益如幸福等。欲度往生．亦非不可得．但較難耳。

問家父已亡．亦可代其誦經懺罪．俾早超生否。　答可於誦懺後回向之。

問薦拔先靈超度孤魂．能否可以完全獲得。　答不能．據地藏本願經說．亡者獲七分之一．其六分仍歸作福者得之。

問地藏菩薩本願經說・父母亡者・子女作功德・七分得一分・本人得六分。何以功德不能均得。　答此指普通凡夫之願・因非出悲願・但是愛情所感・故力弱也。然功德係自發心作・功必有歸・故已得反多也。

問父母壽終・或請僧誦經・或印送經書・或施貧人・何者爲宜。　答以誦經送經爲宜。

問如何可救過世之祖父母外祖父母昇西方極樂國。　答懇切念阿彌陀佛名號及往生呪・發願回向・求先祖往生可也。

問學人不自揣度・意擬於先父母生辰忌日及中元節・默向佛前稟告・於家堂敬設香案・照本對空講解彌陀金剛心經等・俾亡靈得聞大法・不知可行否。亡靈能得益處否。不成盜法之罪否。　答此法可行・當有益。

問七月十五盂蘭會之緣起・乞指示。　答盂蘭盆經載目犍連尊者度母

於餓鬼而不能佛令在是日設供廣施僧衆其母得度故名其供盆曰盂蘭盂蘭梵語此云解倒懸也

問家嚴外出十年終無音信風聞於亂軍中退却去世尋葬無著念何經可超度爲人子者應如何以盡孝思　答當念地藏經及供養地藏菩薩稱地藏名可以得見可以超度再念彌陀佛名回向願父往生西方佛國則更善矣

問超度亡室作何功德　答宜請高僧爲受幽冥戒幷時作放生功德念佛回向願嫂夫人早生安養卽是懺悔自己

問先王父所遺房屋一所大且美麗只因當年有婢自縊之後人皆不敢住未知有何法可除之使安敬求法施　答請僧虔念佛七（七日）每日放蒙山施食最後夜放餤口施食一堂如縊者未生他趣者經此

一番功德。定得超生矣。

問敝地薦亡和尙。有表文上奏。合法否。　答佛法度人事業。從俗不妨。但文中措詞。須以合乎佛法爲宜。

問敝處無和尙。念佛人父母歿後。請道士收斂。有礙佛教否。　答不宜。可以自己人或親友照常靈前念佛數天。

問歿後七七日誦經念佛。助亡者往生。七七圓滿。能往生否。不知誦何經功德最大。或念佛誦阿彌陀經可否。念佛功效大。抑誦經功效大。乞指示。　答只要念佛兼念彌陀經可也。得生與否。全在念者之懇切與否耳。念者均須作彌陀佛放光接引亡者之想。

問超度亡魂。是否必屬之沙門。或吾輩居士亦能自爲之。而收善果。鄙意以爲沙門僧衆。戒行高者固然不少。惟爲人誦懺之流。每多奉行故事。

反不若吾輩居士自爲之之爲愈也。尊意以爲何如。又居士若爲親眷超度亡魂，應以持誦何經爲上。　答超度本不論緇素，皆可爲之。但能至誠禮誦，不拘何經均有功德。

問道長答某居士問，以居士不宜放蒙山。晚學深爲遲疑。蒙山施食，原爲普濟孤幽，居士同屬佛子，焉得非宜。乞解釋。　答蒙山施食法，原係密宗師所輯，與燄口無異，均以沙門作主座爲宜。其中有三昧耶戒，眞言須受過三昧耶戒者可持。普濟固宜行。但自修未成。安能利他。不宜者，就實際言之也。

問我鄉居士多爲人念經拜懺，此係僧衆缺乏不敷應酬所致。然無道心者不足論。有道心者，妨礙正行否。　答眞有道心者，並不妨礙正行。但須規定地點時間，不可計較供資，方足以表示眞以佛法利人，而不蹈俗僧應赴習氣耳。

（五）護生

問素食固好，而儒門不戒，與釋道併爲三教。何故。（如曾子大孝，養親必有酒肉是，）　答儒門無故不殺，七十食肉，亦是戒殺之漸。但未能如釋教之圓滿耳。

問不論何種蔬菜，其中多不免有微菌，在喫素人連微菌都喫下去，是不是和殺生一樣。　答微菌而是植物，亦無嫌於殺生。倘是動物如寄生蟲之類，乃防不勝防，即或喫之，亦屬誤殺之類，倘不爲過。蓋佛教中凡有可以避免殺生者，無不努力爲之。佛制比丘常備漉水囊，知水中有蟲也。以之責備則可，以之譏誚則不可。

問予稟受五戒不殺生，但每日飲水內含細菌甚多，應念何咒可解除罪孽。　答細菌是植物，非動物，於殺生無關。若恐含有微蟲，有關殺生，則可念六字大明呪，幷觀音名號，祝其解脫往生佛土。

問水中有無量細蟲，爲人目所不能見，吾人日日烹而飲之，殺業大矣。若謂誦經咒以度脫之，便可安心，則殺生食肉者，亦將援例以自解。近來反對素食者，輒以此爲誹謗資料，欲解決此種困難，宜用何法。　答目不能見其細，已極濾漉等法，或窮其技，欲解困難，捨懺悔超度外，實無辦法。至於心安與否，如夜中不見足下之蟲，誤踏致死，尚不覺知，寧得謂罪，安用杞憂過慮爲也。若對付反對者藉口，亦甚易易。試問食肉者，見此肉否，苟曰見焉，則不能以不見者爲例。如曰不見，或幷不問實在不知，則食肉之名先未成立，尚以食肉自傲哉。

問各地農場所栽之除蟲菊，將此菊粉用於農家殺蟲保苗，農人甚喜。但我佛之持不殺戒，對於禾苗上之害蟲，可另有妙法處置乎。　答佛法除害，除之於其因，非除之於其果也。有蟲而殺之，是除之於其果矣。要使其先不生蟲而後可。若菊粉而能令未生之蟲不生，則可用。否則不宜。至云妙法處置，則莫若以慈心不殺感格之。而安士全書中萬善先資後載有諸法，亦可查閱取法。

問戒殺放生，是人類應有之責任，每見大旱之年，螟蟲作祟，甚爲可怕，生之則爲害非淺，殺之而反增罪過，殺耶否耶，謹請詳答。　答宜防之於其未生，不宜殺之於其已生。須知螟之食稻，猶人之食稻也，非有意於害人。仁人君子，決不濫殺。古人列入天災之例。佛則謂爲共業所感。固宜修德以弭之，毋以殺爲可盡也。

問農鑛部發明種種妙法，俾大地苗稼免蟲傷之患，普利民衆，利非淺鮮。

依佛法修行，抱不殺主義，豈不與國法相反乎。　答世法之利祇及一隅一時，固不若佛法之利能普及也。殺蟲護稼以利民衆，亦猶是耳。若依佛法，當設驅蟲之法與防蟲不生之法，使得護稼利民而不殺蟲，斯爲上策。否則顧民不顧蟲，亦不得已之事。但須使被殺之蟲解脫蟲身，超生善道，爲之持大悲呪，去其愚癡，說皈依發宏願，以己之精神感格蟲類，則蟲類雖死，即得解脫，何以故，此蟲類實能捨身救世行菩薩道故。又復應知蟲類無知，其傷苗稼，乃其生活，非有仇於民也，故不得已而出於殺，亦當哀矜而勿瞋。能若此者，國法佛法，二俱隨順矣。

問楚不捕蛙，蛙反少，蜀不食蟹，蟹自稀，則人不殺牛，牛亦自絕。蟹固無益於人，而蛙與牛乃有益人類之旁生，假令其絕滅，豈非將田地荒蕪，稻爲蝗傷乎。　答正惟蛙牛有益於人類，所以更不宜妄殺。子乃反以捕殺為美耶。至於耕作．豈全恃蛙牛．所慮毋乃大愚。

問在家居士因業農．故捕殺害蟲．是否破戒。可否養蠶。又因開工廠．故其原料不免有生物。當用何法補救．　答此種在佛法均屬邪命．理宜改業。但既生在不淨國土．如果無法避免．惟有作報恩想．作佛事以超度之耳。

問蠶桑為天然生產．世間法蓄繭收絲．凡夫欲持戒修證．事理勢難圓融普偏乎。　答蓄繭收絲．但為衣錦．若但布衣．即不需此．故欲持戒修福宜禁錦衣．即無養蠶．並不為難。否則提倡人造絲可也。或謂但取破繭勿傷其蛾亦可也。

問夏日在家中掃地．螞蟻四布．掃則必有被喪生命者．不掃則又不潔．反易生蟲。應如何行．方為兩全之法。　答蟻有穴．非遷穴時．並不布地．而遷穴時不常・何至不掃而感不潔。無已・則用軟舊蘆花帚掃之。俟塵入箕後・察有蟻震箕使散可耳。

問戒殺第一・衆生平等・然臭蟲一類・較蚊蝨尤厲・人煙稠密處伏藏吮擾・除則犯戒・不除非事理。及蛛網遍結庭戶簷角花樹廟像等處・阻礙出入觀瞻・蟑螂蚰蜒鼠蟻等屬・盤踞廚堂飲器・凡此蜎飛蠕動・心佛衆生一體同觀・講衞生講佛法・對世俗凡夫心理・有何超脫安定之法自然之道乎。　答萬物並育・本不相害。但令各行其道。眞講衞生者・宜從清潔著手・不使蚊蝨蟲蟻等與我人同住・自無相害相殺之事。宜未及其生而使不生。不當及其已生而除之也。不得已而除之・宜護其生命・安置他方・令遠人羣可也。

問人身自宜清潔・而免生蚤蝨臭蟲等物・然苟不幸而生之・究竟殺之乎・

棄之乎、抑或聽之乎。殺之則犯戒、棄之則必餓死、與殺無異。固亦不宜。既不能殺、又不能棄、只好聽之而已。然此等生殖尤繁、恐於刹那間人身或牀榻間、已無容納之地。究應如何處理。　答此等衆生壽命不長、卽一時繁殖、移時死滅矣、何恐之有。如不聽之、祇好棄之、決不可殺。又此等衆生係濕化之類、故棄之他處、能改變其種也。

問青蠅逐臭、有礙衞生、且爲傳染虎烈拉病菌之媒介、是害人之物。撲而殺之、所以除害。今護生畫集題暗殺爲刺、無乃不可乎。　答善哉問也。此事雖細、理甚弘博。欲辨其義、宜分析以研究之。　一蠅之逐臭、　必先有臭物、然後可逐。設無臭物、蠅將焉逐。所逐之臭、不是物腐、卽是人遺、非關蠅事。苟欲咎蠅、應先責遺腐之人物。倘論衞生、但應除臭、不應殺蠅。　二傳染病菌　病菌在蠅、是否蠅造。苟非蠅造、則尙有造菌者實爲罪魁。害人之罪。應科其魁。若是蠅造。誠宜科蠅。但應審查者二事。一此蠅所傳之病菌是否定能殺人。二傳此病菌之蠅曾否殺人。如前者不能殺人。或後者未曾殺人。則蠅卽有害人之罪。其罪必不至死。殺蠅之罰。豈非已甚。　三撲而殺之。　若蠅確已殺人。理應得相當之罪。致諸死地。例以治人刑律。凡犯罪判定死刑。應當庭宣布罪狀。使犯者自己承認。然後就戮。或在逮捕時犯者有反抗行爲。格而殺之。均爲治罪之相當辦法也。今蠅之撲殺。蠅既不解所布罪狀。無從承認。亦未有反抗逮捕行爲。乃乘其不備而逕殺之。幷且誘之以糖餌。令其來而襲殺之。名曰暗殺。誰曰不宜。　四除害。　今撲殺之蠅。能否審查確已殺人乎。我知其未能也。所可確定者。但病菌之能殺人。而非此蠅之能殺人也。譬如審定刀能殺人。而卽認凡佩刀者。皆已有殺人之罪。科之以死刑，於事理得無荒謬乎。故今以除害爲名，舉一切蠅而殺之，其荒謬何以異是。

五護生，

統上所論，對於殺蠅之非是，已可概見。夫蠅之爲害，既未能確定其已否殺人。若以身懷可以殺人之病菌論之，則祇可認爲有殺人之嫌疑。故對於青蠅之處置，無論如何必須保全其生命。然則辦法宜奈何，曰一爲權宜辦法。用玻璃器內置糖餌少些，（多則氣悶窒死）誘令來集，俟蠅有相當之容數，（多則氣悶窒死）仍用鐵絲布蓋之。如蠅在內不致死亡，聽其自然可也。如患其死則攜器至荒野草地而放出之。此就蠅方設法。若就食物方面設法，則以病菌之傳染乃在蠅之食物以爲媒，宜將食物防護勿使蠅得接觸，譬諸派兵勦匪，匪不可盡，不如保甲自衞之爲愈也。二爲究竟辦法，蠅之爲物生於穢汚之處，宜在未化生前除令不生。故根本辦法，惟有將一切穢汚之處掃除淨盡，則蠅無從生，而害乃究竟除去。衛生護生，均莫善焉。慎勿釀之令生，而又殺之令死也。

問閱勸戒書中云一切毒物如蛇蝎蠅蚊類，何故亦祇能驅之或避之不可加以傷害。如殺之，有罪乎。　答一切毒物皆所以自護，而非所以害人，故宜驅避而不傷害。卽蚊之噬人，未傷人命。若殺之，其罰太甚矣。人爲萬物之靈，膺護物之責，殺生必不相宜。

問蛀蟲蝕器物，應如何驅除，始不違背佛法及世法。　答器物蟲蛀，但可預防。一旦生蟲，驅除卽難。宜剔去蛀的部分而修補之。

問凡遇直接或間接有害於人類之動物，（如蚊蝨蛇鼠等）及害人財物或生命之惡人，可行相當之防衛或殺除之，心中默持佛號，祝彼往生否。又彼衆生害人財物器具或性命等，必受苦報，我今殺之，發願代彼受苦可否。　答凡遇毒物或惡人．非至萬不得已．總不當殺害。不得已而行之．念佛願彼往生．此是正當辦法。或再放生及救濟同類以代彼結緣可也。殺害彼物而願代受苦．此是大菩薩之行．須具眞實心．非徒托空言所能成功也。

問殺爲根本大戒．學佛者自應極端遵守。然已雖不殺．而見他人殺生無法救護．每懷慚愧。且植礦二物亦具生命．幷此不食則已之生命又不能維持．加之日用各物有不免殺生而得者．如牙刷毛帚之類．究應如何辦理。即祈明示遵行。　答無法救生．心懷慚愧．是猶守戒也。至謂植礦亦有生命．非佛教義．不足戒也。日用所須如無法免除．惟有作報恩想．回向發願以度脫其前生耳。

問經云．一切衆生皆有佛性．皆可成佛．解者曰．草木等雖無識心．以有生性，故亦爲衆生之一部，因之咸謂情與無情皆可成佛，講家且每引頑石點頭爲證。然則吾人日夕所用衣食住用各物品，無一而非未來之諸佛矣。殺佛燒佛煑佛食佛，學佛者又豈其宜耶。　答經云衆生又云有情，亦云含識，原非指著無情而說，故謂草木等亦爲衆生之一部，非佛說也。又無情成佛，乃間接說，非直接說也。蓋無情物爲衆生之依報，正報成佛時，以佛自在力依正不二，故云成佛。若正報未成佛時，依正各殊，不得以依例正也。又既云未來之佛，即現前尚未是佛，既未是佛，即無殺佛等嫌。雖然，若嚴密言之，是誠不宜。故比丘不履生草，墾土伐木，皆垂禁誡。但吾人爲業報所障，對於無情既非同體，又無表示，不得已而用之，所謂彼善於此耳。然用之應生慚愧心，作恩德想，仍須懺悔業障，使得生上二界天，即不需食用矣。

問或問余植物動物均含生機而能生長、所以科學家並稱之為生物學。信佛之人禁止傷生、為何傷植物而不傷動物、其仁未免不普。究係何意。余不敢妄言、特請指示。　答植物有生而無知、其生長也、如機械之動作。然動物有生而有知、有知則有情感、故傷之則覺痛苦而懷怨恨。此佛之所以不令傷動物也。至於植物但能生長、傷之者如剪髮爪、並無痛苦、亦無怨恨、故佛不禁。然比丘持戒精嚴、亦有不忍傷及草木者。經有草繫比丘故事、人繫比丘以草、比丘不敢逃、恐傷草焉。

問嚴格言之、植物亦有生命、故僧律有不得割草之條、此道長固已屢屢持以答諸人之問矣。然則採花供佛、何以經言有如許功德耶。豈草不可割而花獨可採乎。　答植物獨有生而無命、故割草不為殺罪。但比丘持戒精嚴、寧自苦身、毋損及草、此屬於「不害」之善心所發、無關殺戒。採花供佛・功德在供佛・非謂採花有功也。況花卽不採・亦須自萎・花開花萎・於草木之生存關係極微。然採花亦當擇已開足者爲宜。如能連盆裝供更好。此中應用之妙・存乎其人・不可因噎廢食。

問或問佛制戒殺・乃從古法器中有牛皮鼓・孟子有牽牛過堂將以釁鐘之說・其初究屬何意。　答鐘鼓樂器・本是世俗用品。並非佛教特制也。用牛皮及牛血釁者・一取其堅・一取其粘・（鐘新鑄有孔・用牛血塗之・謂之釁鐘・）此外當無他意。

問現今學佛之人・冬日御裘有多至六七件者・究竟是否合於佛法。　答出家沙門・有律可繩。如在家居士・以戒殺爲法。但亦須發慚愧心・度脫心方可。

問佛家旨在利生・故不論胎卵濕化・均宜護而不宜害。凡出自殺害物命而來之獸毛絲綢等、佛徒俱禁不服用。但寺院所用之幢旛帳蓋棹圍以及袓衣等、悉係絲綢、得無有礙乎。是否有改良之必要。　答幢旛帳蓋世人所以供佛、以絲綢貴重、表示敬意、原無不可。袓衣古昔每爲帝王國主所賜藏而不服。絲綢無礙。常服者不用絲綢爲宜若僧家自製莊嚴、亦宜不用。

問若要戒殺放生者、吾枚女人生產時、祭神係用雞酒爲主、如何有何物可代否。　答地藏經云「主命鬼王言人初生之時、愼勿殺害、取諸鮮味、能令子母不得安樂」可見女人生產時、不能殺生、如欲祭神、當用蔬菜。

問奉佛俗家、或小廟、貧難生活、欲牧養小猪以謀利益、及稍大、仍賣牧養之戶、不直接賣與屠門、與戒殺放生有無禁忌、亦請示知。　答就養猪謀利言。尚與殺生無涉。然亦明知此種勾當原爲賣殺討故。亦不無嫌疑耳。

問。昨晚余家忽飛來一物。其名曰蠱。俗云爲五毒所化。爲人所養。縱以吸人之精血。其狀甚怪。家人急捕之而欲殺之。余爭之。家人皆曰縱之以殺人。不若殺之以除害。卒爲家人所殺。未識此種物果係如俗所說否。如果能害人。則應否殺之。　答。蠱之爲物。嘗聞粵人用以毒客而劫其財。不過一種毒質而已。未聞有物能飛者也。此固不論。即就其害人而殺之之當否言之。此乃不得已之舉。但須以悲憫心殺之。並爲說法念佛。發其懺悔覺悟之心。被殺之後。即生善道。是猶度之也。再能以自願受地獄苦果。代其害人墮苦之罪。是人行菩薩道。但增功德。無有罪過。但對於物之能害人否。心有狐疑。切不可殺。殺之有過。世人以決定彼能害人而殺之，不發悲憫心度苦心自願受報心，而以憤恨心殺之者，必得惡報。若以無記心殺之者，亦得惡報，惟較前稍輕耳。

問殺生爲至重戒，學人亦持之獨嚴。但事甚矛盾，如某丞相問某古德應否食肉。古德答云，食是相公祿，不食是相公福。（食肉是間接殺）宰相如此，天子玉食萬方者可知。且長壽如康乾，其一生所殺奚啻千百萬命，眞是怨氣瀰天，仇深如海。然殺者自有其應食之祿，豢之家畜招決定殺業，雖怨亦只宜自怨，不應怨人，抑亦不能白殺，非曾付代價購來，卽曾費米糧飼養，詎無相等權利。據此戒殺，似非畏報復，實出於一念慈悲。信口開河，幸加糾正。　答祿卽食報，福卽造善，祿報有盡，福業無窮，賢如丞相，當能理會，故作是言。須知祿報是果，福業是因，菩薩畏因，不貪樂果，不宜享福而造業也。故因果乃法爾之談，修行乃佛門之訓。修行固以慈悲爲前提．以了果不造因爲究竟。按畏因卽是畏報復．是就自利邊言。慈悲是就利他邊言。又前是智後是悲．何可偏廢。

問或問君勸人不殺生物．然以省城而論每日運到之畜生無數．不殺則此運到之百萬畜物將如何處理。晚不能答．請示。　答如其不殺．運來做甚。任其自由生活．何須人爲處理。此皆殺生者之自擾．苟不殺生本無問題也。思之。

問惡業重者死後墮畜生道．是則畜生本有應得之殺報．吾人雖不殺彼．而彼難逃因果之律。有人以爲彼日後終必欲受殺報．盍若早殺之使得轉生善道．以免久淪惡趣．此種見解．是耶非耶。　答被殺者彼之報．何關汝事。殺彼者汝之業．彼豈肯恕．況彼之報或可幸免．而汝殺之則彼受其寃．而汝業成矣。損他不利己．又何苦來。此種見解．名曰邪見。

問元珪禪師授東嶽帝五戒，問汝能不殺乎。神曰實司其柄，安得不殺。曰非謂此也，謂無濫殺疑誤耳。神稽首曰能。是殺得其當，非犯戒也。然燃燈佛欲殺一强盜，救賢劫中五百菩薩，自言曰若殺此惡人，自己必墮惡道。是殺所當殺，亦難謂爲造善因。究竟爲法官軍官依法行除暴安良之殺，後受惡報，抑不受惡報耶。禹稷契有後，且爲帝王，獨皐陶無後。卽此可見殺所當殺，亦係惡因。是否。請訓示。　答果具大悲心殺人，不特無罪，且有功德。不過我等凡夫愛見重重，雖如法殺而無悲心，或悲心欠足，故不免罪報耳。

問物不當殺，以衆生過去劫中互爲父母，互爲眷屬。今我生善道，應普爲救度。然毒蟲猛獸，及一切害人之生物，若於危險地方相逢，彼欲殺我，避之無及，不與抵抗，勢將坐以待斃，無乃過愚乎。敢問學佛人值此進退兩難之際，當以何法對付之。　答當以不傷其命之法對付之，萬一他不傷命，我即被殺，亦須忍受作償債想，作增我道念想。須知人身危脆，生死無常，不死於彼，即死於此，與其空死無益於他，不如捨身用滿彼願。夫學佛人以成佛爲宗旨，常發慈心救護衆生，我捨命之日，即我慈心圓滿之日，回此功德，與成佛作增上緣，彼害我者不啻我之善知識矣。能常作如是理會，自能逢凶化吉，轉危爲安也。如其不信，請小試之。（來問彼欲殺我一句，大可研究，如能研究透澈，自有辦法矣。）

問或問犯殺戒者，罪業固重，應墮惡趣。然有因衆生業重，上天特遣殺星下凡，專以殺生爲事，而此殺星如張獻忠之流者，在此犯殺業，應墮惡趣否。　答天降殺星之說，所以示衆生業報之難逃，非眞天有此作用也。殺星固衆生前業之所招感，然既造作殺業，又安有不受苦報之事。

此輪迴之所以不息也。

問世人日用多量水、足踐蟲蟻、多傷物命、正符經云舉動皆罪之語。但大雨時傷蟲蟻甚多、或如今年黃河冲壞淹斃生命無量、此等罪報如何理處。　答衆生苦報總是罪業所感、自作自受。但受報情狀不同、乃其遇緣有殊也。菩薩愼因、逆來順受耳。

問有鱗無鱗、同爲生物、何以古德於戒殺中尤戒食無鱗魚。　答此係世俗以他種因緣故而戒。如蛙像人形、龜爲靈物、蛇能生財之類。在佛法中無此差別、應一律戒食也。

問有說魚蝦放江河中、仍慮被捕、宜放於放生池。但有說放生池較江河反爲不妥、因人心不古、屢有私捕之弊。且池小魚多、亦非宜。不知究放何處爲佳。　答兩者均是美中不足。此係衆生業報之苦。在放者只要我盡我心、河中池中、原無優劣。

問買放水族、似非徹底法。每見西流放生、東流捕捉、是修善而反造孽。且經過一番捕禁、一番買放、只見受逼滅生、豈得自他兼利。言放生者、如何補救乎。　答行善大小、視乎力量。放生而能禁捕、固屬盡美。即不能、亦足以救其垂危之命於片刻。勿謂小善而不爲也。夫放生者須爲說法、不但救其生命、亦且長其慧命、直令來世不爲畜生、故即復遇捕而死、其獲益已難思議。但竭仁慈之心、即非造孽。況能輾轉勸化、善其方便、不患無補救之策也。

問或謂黃鱔螺螄黃蜆等物、放諸溪澗之中則死、以水太清故也。其說然否。　答此種水族、衆生有從清水來者、或自濁水來者、溪澗之水、似不宜放、既性質不同、則死無疑。

問放生水族鵲鳥等、如放生之日、用何種說法、何種咒語、放後免至再被人捕捉。請示。　答有放生儀軌可以照念。或但念其中咒與佛號。

問戒殺放生、可相輔並行、如遇鳥獸鱗介之被擒就殺、或就烹時、修佛者、因未能解救、而代爲誦往生咒、祝彼往生、能否有效。暨能免「見死不救」之愆。　答誠心行之、自有效力。

問放生念往生咒、是何理由。　答放生加諷大乘經咒者、願三寶加持、令所放生物及放生施主獲多功德也。

問敝處素無殺蛇以佐饌、一般乞丐捉蛇賣與放生者以取利、如放生者停止放蛇、則乞丐無利可圖、將永不捉蛇矣。是放蛇並非行善、實間接造業。此說未知合否。　答蛇膽蛇骨均係藥物所需、乞丐殺蛇取利故捉蛇、不僅爲賣與放生者也。

問喫一雞卵。少殺一命，當然之事。見戒殺放生書上云，魚子不經鹽，三年倘可活，將魚子放在淺陰處或水草際，卽出，然難免刮鱗破腹之慘。鄙意爲反增罪業。然否。　答不然。戒殺者，戒現前殺也。放生者，放現前生也。雞卵中有雞命，喫之卽是殺生，不喫卽是放生。魚子亦然。若慮及將來，則人必有死，殺之令早滅，亦可耶。

問水族中有烏力子魚，惟喜食魚。可放否。　答一切生靈，皆可買放。其功在能放之心，不在所放之境。

問有證毒蛇猛獸不可放生，以放彼一命，間接反多傷生物。或曰蛇之毒獸之猛，皆因人之厲氣所招，倘放之，彼自不害物命矣。未悉二說何者爲佳。　答毒蛇猛獸亦宜放生，但放之法，須求妥善耳。

問昔孫眞人療虎毒，蓮池師放蜈蚣，夫虎與蜈蚣，均是害人之物，亦可療亦可放耶。答老虎蜈蚣．亦是惡人後身。人受其害．亦是宿業所致。眞人無惡．故能療。蓮師施善．故能放也。

問或謂買放生命．現世得長壽報。其說然否。答然．

問每年放生月日。答放生原無定期。但遇見有遭害者．即可買放。若必欲定期．則可於佛菩薩紀念日．或父母生忌日．或自己生日均可。如杭州西湖各寺．均以四月八日佛誕爲放生日是也。

問佛學半月刊八八期動物標記之「毋忘我花」一語何謂。答花即生意．謂毋忘護生也。又花對果爲因．言毋忘善因亦可。又花可愛護．比動物宜保護也。

古農佛學答問卷五終

古農佛學答問卷六

護持正法門

（一）宗乘之校量

問佛教始於何時・究竟何人爲創始者。　答佛教爲釋迦牟尼佛所創。在我國周昭王時代。距今二千九百六十年。後漢明帝時有迦攝摩騰竺法蘭二僧傳到我國。（編者查此條答問時在民國二十二年）

問五祖是否釋迦牟尼・六祖是否須菩提。　答非也。釋迦是佛教主・須菩提是佛弟子・解空第一大阿羅漢也。祖之名起於分宗奉佛教之一義・爲修行之宗主者曰宗。如禪宗淨土宗等。開宗之人爲其宗之初祖・以次傳法則有二祖三祖等。如禪宗之初祖達磨・二祖慧可・三祖僧璨・四祖道信・五祖弘忍・六祖慧能等。是淨土宗之初祖慧遠・二祖善導・三祖承遠、四祖、法照、五祖、少唐、六祖延壽等是。

問何謂淨土宗、何謂禪宗　答宗之為義、已見前解。以往生淨土為修行宗主者曰淨土宗。其法以念阿彌陀佛回向善根、發願來世生彼極樂世界、仗彌陀接引願力、命終必定得生、既生彼國、卽不退墮、義見阿彌陀經。以明心見性為修行宗主者曰禪宗。其法以屏息外緣、不起一念、心念滅已、心性自見、心卽常住、名究竟覺。所謂一念不生、卽如如佛也。義見金剛楞伽。

問何謂大乘法、何謂小乘法。　答聲聞緣覺二聖之法、為小乘法。菩薩如來二聖之法為大乘法。至於大小之別、其義安在、據雜集論有七種大義、故曰大乘。一者境大。以菩薩道緣百千等無量諸經廣大教法為境界故。二者行大、正行一切自利利他廣大行故。三者智大、了知廣大人法無我故。四精進大・於三大劫阿僧祇耶（此翻無量數）方便勤修無量難行行故。五方便善巧大・不住生死不住涅槃（不生不滅）故。六證得大・得如來法身無所畏不共法等無量無數大功德故。七者果大・窮生死際示現一切成菩提等・建立廣大諸佛事故。前五就因言・即菩薩法也。後二就果言・即如來法也。若夫小乘則反是。但緣生滅四諦十二因緣及事六度・（但修事不達法性）故境小。但能自利・拙於利他・故行小。但了人無我・故智小。但經三生十六劫修行・故精進小。但能出世不能入世・故方便小。但得戒定慧解脫解脫知見之五分法身・故證得小。灰身滅智住方便土・故果小。由此觀之・大乘是究竟法・小乘非究竟法。大乘是眞實法・小乘是權假法。大乘法是積極的・小乘法是消極的。此大小之梗概也。

問藏二乘通、三乘別、三賢圓十信、皆已斷見思、未破無明、寄居方便土。究竟藏通別圓、由何區別。或就修行程度淺深言之。或小乘經謂之藏、大乘經謂之圓。請詳示之。　答台宗判佛教之化法、爲藏通別圓之四、藏即小乘、別圓爲大乘、通則介乎大小乘間。通小通大、故曰通。亦可云藏教應小乘鈍根、通教應小乘利根、別教應大乘鈍根、圓教應大乘利根也。若以經言、則小乘經屬藏教。餘教皆大乘經也。

問淨土宗屬於大乘乎。抑屬於小乘乎。　答淨土宗以發菩提心爲因、以得佛果爲究竟。故屬大乘。非小乘也。

問法華經譬喻品有云、取羊鹿牛三車、度出三毒火宅。又七寶大車駕於白牛。此白牛與三車之牛同否。羊鹿牛是何譬喻。　答法華經會三乘之權教、歸一乘之實教、故以羊鹿牛三車、喻聲聞緣覺菩薩之三乘。而大白車則喻一佛乘也。

問從初果須陀洹至妙覺。其間修證次第地位。可否簡單示明。或應看何經論可以備知。 答須陀洹是小乘果名。妙覺是大乘果名。應分別論之。小乘位有七賢四聖。七賢者。五停心別想念總想念煖頂忍世第一也。四聖者。須陀洹（入流）斯陀含（一往來）阿那含（不來）阿羅漢（無生）也。大乘位有十住十行十回向十地等覺妙覺之四十二位。如初住中開出十信。則爲五十二位。若第十回向中開出四加行。則爲五十六位。妙覺是佛位。通常除佛位。故稱菩薩四十一位。或五十一位。或五十五位。若欲詳悉其名。可考教乘法數及大小佛教辭典。若欲明其修證。小乘果位看俱舍論賢聖品。大乘果位看大乘入道次第章。及華嚴經楞嚴經。再如統大小乘而比較之。則看天台宗之四教儀。

（有集註）及教觀綱宗或賢首宗之五教儀。

問六祖在華僧中成就最偉，但沈著報恩論謂其通宗不通教，開口便錯。蓋西方人造罪求生何國，一語顯係未嘗讀過淨土三經之瞎駁。又死爭衣鉢亦少讓德，得法與否，豈眞在衣鉢。乃甘冒危難何也。又衣鉢之爭甚烈，五祖何竟袖手無一語解紛。又佛滅後數百年間無大乘，則馬鳴以上禪宗諸祖所弘者何法耶。法華會上盡皆回小向大，何阿難等尙弘小乘耶。　答六祖西方之語，乃宗門拂迹之談。沈論就迹議之，亦非的論。五祖傳法六祖，實屬破格之舉，故恐人爭，囑其南行。後六祖捨衣，奪者自不能取，又何足病。佛滅後，阿難結集不僅小乘經典，但後之學者弘傳乏人，故大乘隱而不著。在馬鳴時，甚至傳小乘者排議大乘，謂非佛說，故不得不弘之也。倘以前無大乘，馬鳴又烏從而弘傳之耶。

問唯識一門有性相二宗之分。抑相宗屬唯識・性宗屬禪宗。　答欲了唯識・須辨法相。故唯識亦相宗攝。其他禪宗・天台宗・賢首宗・三論宗皆性宗攝。性相兩宗・乃印度所有。其餘各宗・皆我國所立。

問護法清辨時代・性相之爭甚烈・却後奘公不肯以法相傳異派・（或因竊聽而得唯識者・師云彼不知因明・終屬無用）皆甚執著。以祖師菩薩之道德・仍難泯門戶之見。何也。　答學以愈辨而愈明。性相之爭・乃道義之爭。其爭也君子。學貴專精・故不宜濫傳・必非門戶之見。況測師竊聽・不以其道・奘師之言・足以警彼・豈不肯傳耶。

問近閱窺基大師心經幽贊・其中有勝空者言如應者言云云・不知其義・以意度之・似係印度兩種學派之稱。此二派之著名祖師爲何人・有何書籍可查其歷史。　答勝空卽第一義空・此派卽是空宗・龍樹菩提清辯、等師其著名者也。如應即如如應理、此派即是有宗、無著世親護法等師、其著名者也。付法藏因緣傳高僧傳佛教史等書可查其歷史。

問金剛經云、「是法平等無有高下、」邇來提倡佛學者、往往各執一法、唾棄餘宗。尤其奉密宗者、盛稱「密爲最上乘」如震旦密教重興會、與海潮音社往還駁斥、甚囂塵上。究竟密法是否最上乘。學密法者、應否不取他宗。現代果以何法爲最當機。各種紛爭、於宏揚正法挽救人心有無障礙統祈指敎。　答問題中所應答者有四事。今分答如下。（一）密宗以方便爲究竟、故密宗者、方便之最上乘也。（二）密宗法最完備、故學密法者、可不取他宗、然有與各宗共通之法、固並行不悖也。（三）現代當機、鄙意謂接普通機者、宜淨宗。接特別機者、宜密宗。或禪宗。（四）道義之爭有益、意氣之爭有損。

問佛教宗派甚多・互相衝突・各宗皆然。如禪宗多詆淨土・六祖慧能其一也。金剛經有不應以三十二相觀如來・若以聲音求我・是人行邪道・不能見如來・亦與淨宗觀像之說衝突。他宗又有以淨宗念佛生西為愚夫婦修持法門。大乘說法不以此為究竟。而淨宗之言曰・淨土法門三根普被・利鈍全收・乃如來普為一切上聖下凡・令其於此生中・即了生死之大法・謂餘宗侈談自力・不仗佛力・欲求斷惑證眞・了生脫死・為極難之事。其他各宗亦有互相詆毀之處。敢問佛教宗派如是之多・而又難於統一。學佛者將何所適從乎。

答大乘各宗・各擅其長。究其極處・均可以成佛。但眾生根器不同・得益與否・自然發生差別。即今而論・自力終遜他力・故淨土一宗・隨人可學。又各宗之理本可會通・各宗之事各異其法・法以應機・機不一・法又何必統一也。

問密乘以即身成佛爲殊勝。然既言成佛。似不但約性德。若約修德。修密法者。不乏其人。有幾人成佛。是何如來別號。何名可指示否。禪宗亦云直指人心見性成佛。歷代祖師明心見性也否。若不明心見性。云何稱祖。如其明心見性。何不稱佛。或某如來。或如台宗六即佛義。即身成佛與見性成佛。在何位次。請示。　答依本覺而起始覺。始覺圓滿還合本覺。此顯教成佛之通義也。台宗所謂全性起修。全修在性。原不可離性修而二之。然密宗之即身成則可在全理成事、全事即理而成事事無礙法界。故以佛之三密加持我身心。而我身心即成佛體。全用唯心之力。令佛入身。我身入佛。身佛不二。故即身成佛矣。至於名號如何。則如其本尊以爲名也。本尊雖有佛與菩薩明王等別。然在曼荼羅中同爲大日如來之化身。故皆云佛。又禪與密均屬頓教。不可思議。若從漸教見性卽是見道・已入初地・而能分身他方作佛矣。故曰成佛。若用六卽判之・禪密兩宗之成佛・均屬相似分證究竟三卽攝也。禪宗成佛乃法性身佛・非應化身・豈可得而名耶。

問庚午出川・得奉面提於春申江上・解行一語・破醒疑情不少・茲欲叩長者先生於時下崇密宗之意見及主張何宗爲入教義之切近者・俾知所遵。學小子意謂念佛固佳・但若以老實專修飾其拙・一味擱置教理不談・亦非內學住世之法。例如先未明唯識相・次何能順唯識性・幷作唯識觀乎。時賢有主張先不必觀經者・爲防誤解・其意固善・但既未觀經・則難免盲修瞎鍊矣。如何。　答時下衆生好尚新奇・故崇拜密宗者・亦祇矜其神異耳・非究竟也。況密者不離顯・離顯無密可學・觀宗喀巴菩提道次第・以密爲極點・其故可思矣。我國密宗弘傳在各宗齊備之後，非無故也。至以何宗爲入教義之切近者，竊謂性相兩宗，猶車之兩輪不可偏廢。孰先孰後，當視根性之如何。此兩宗義明，而一切宗均可得而通矣。淨宗老實念佛爲行，行必資於解。惟淨宗指導修行書籍甚多，雖不觀經，亦不致誤。若欲探其根本，自非閱藏不可也。

問胡超伍居士對於佛學分宗不甚滿意，並以一人而爲數宗之祖，及某宗在印度有而不盛者，爲滑稽矛盾，令人發噱。究竟分宗有無錯謬。

答胡居士皈依大愚法師，習眞言宗，並依弘法大師辯顯密二教論，抑揚之語，以意推測，遽加批判，寧能無失。若將各宗源流考察一番，即知諸祖立宗，各有依據，所依經論，必各具觀境修行得果三種要素，未可具門戶之見，一概抹煞也。又宗祖乃後人所推，原非自立爲祖。如龍樹菩薩宏揚華嚴，造中觀論，傳受眞言，後之學華嚴者，學中論者，及學眞言者皆各推爲自宗之祖，豈龍樹欲爲各宗之祖耶。至某宗非印度學者所倡，即爲印度所無，如印度學者少而中國學者多，即彼衰而此盛，事實如此，何滑稽矛盾之有。

問胡居士之評智者大師，至謂佛學中最毒害人類的邪說，莫如智顗的五時判教及大小乘之分。又謂智顗這邪見引起千餘年來學佛者的誇大狂，競言大乘，毫無實際，使佛學在中國竟成買櫝還珠的怪象，這是如何令人痛心喲。云云。似太唐突，請辭而闢之。　答此係胡居士未嘗讀台宗教典耳。五時判教原是依釋迦佛一代教化事實之次，第使一切經典有了系統，宜爲學科學者所贊許。至大小乘之分，佛經上自有明文，原非智者所分，今目爲邪說，且加上毒害人類四字，無乃擬不以倫矣。若以買櫝還珠爲罪，以之評論台宗學者未能教觀齊修則可，若即以爲智者邪見之證，則適得其反。蓋智者大師宗法華等經、智度等論而立止觀，足爲修三摩地者之軌範。原書具在，請胡居士一展讀之。按智師所說止觀法門有四種，一修習止觀坐禪要法，、（小止觀）二六妙門禪法，三釋禪波羅蜜次第法門，四摩訶止觀。

問顏淵亞聖，孔子贊其服膺勿失，子思作中庸，亦爲誠之者擇善固執，蓋從善如登，從惡如流，若不固執，必趨於惡。而佛菩薩說法，每勸人破法執。愚謂法執不可强破，若强破必受羣邪，功夫純熟，自然到此妙境，修行入手必須法執。觀小本彌陀經內云，聞說阿彌陀佛執持名號，是佛明明敎人執持，則法執又安可强破乎。 答法執言其病也，執善非病，不可同年而語。依敎奉行，本非法執，又安可破乎。凡佛經中所言破執者，皆是破其病，並非破其法。應知之。

（二）經典之考據

問何爲藏經。　答此乃吾佛所說之法・而弟子所結集記出者・所謂經律論三藏是也。

問何以稱藏。　答佛法深廣涵容甚富・有如於藏。佛法功德利益羣生・亦如寶藏。故稱之爲藏。

問既有三藏・何以獨稱爲經。　答經係吾國聖教之通稱・曰經藏律藏論藏者・方爲確指佛經之類別耳。

問何爲經藏。　答吾佛出言契理契機。示修行之逕路・作萬世之常規・故曰經。梵文謂修多羅。

問何爲律藏。　答吾佛所制禁戒清規・束身攝心・止惡行善・故曰律。梵文謂毗奈耶。

問何爲論藏。答佛弟子對於佛說有所申議，對於外道有所辯難者，故曰論。梵文謂阿毗曇。

問藏經如何結集。答佛滅度後四十五日，迦葉尊者會千人於迦蘭竹林界內結集爲上座藏。復有千人在界外結集爲大衆藏。復有彌勒文殊同阿難海衆於鐵圍山別集三藏，是爲菩薩藏。此乃最初結集也。

問以後尚有結集否。答有之。佛滅後百年，七百羅漢在毗舍離城結集合法律藏爲第二次。又佛滅四百年，有脅尊者於健馱邏國集五百人結集爲一切有藏，是三次也。正法既沒，學佛者各部分裂，各有結集，五百年中難記次第。其他龍樹出華嚴下本於龍宮，兩界密典於鐵塔。是謂佛滅後七百年結集。無著請彌勒菩薩於阿瑜遮國說五部大論，世親護法造論發明，三百年來至戒賢而大成，是謂佛滅後千一百年之結集。

問上所結集之典，與我國現有之經同否。　答同其義理，不同其文籍。

問與我國文籍如何不同。　答有二不同。我國文字異於彼土。一也。梵筴傳來容有隱佚，二也。

問何爲梵筴。　答佛經原本字，係梵文，卽印度字，相傳爲梵天所造。

問佛經既是梵文，如何改成漢字。　答有兩土大法師翻譯成之。

問我國譯經之事如何。　答舉其大者，有三譯場。一爲姚秦宏始之關中，鳩摩羅什法師主之。二爲大唐永貞之慈恩寺玄奘法師主之。三爲開元大歷於薦福與善寺，義淨不空二法師主之。

問所譯之經共有多少。　答佛經譯本彙集，始於晉之羣經目錄，梁有出三藏記，隋有衆經錄。然稱藏者始於唐之開元錄，共有五千四十八卷。

（今世稱一藏之數指此）宋之祥符景佑錄爲宋藏、五千七百十四卷。元之至元錄爲元藏、五千三百九十七卷。明有聖教錄爲明藏、六千七百十一卷。海東之弘教正藏、增廣之爲一千九百十六部、八千五百三十四卷。淸之龍藏、較明藏增而不及此數。現在海東之靖國續藏、又增千七百五十六部、七千一百四十四卷。我國燉煌石室發現者、別鑒彙鈔可成千卷。若將海東正藏及彼龍藏燉煌而刪簡之、必得萬有餘卷。此乃藏經之大觀、而成今後之彙集矣。

問佛經浩如烟海。閱覽經典、何者爲先、何者次之。何者最後。乞詳示。　答佛典有經律論三藏。律屬實踐、非僅可閱覽而已。茲姑不論。經藏是佛之雅訓、論藏是經之註釋、故閱藏當以經爲主、而緯之以論。吾佛說法有頓有漸。頓說之經、是華嚴部、不入次第範圍。其漸說者、台宗判爲四部首阿含次方等次般若而終之以法華涅槃。蓋阿含部世尊爲人天小乘之所說也其主要經有四曰長阿含中阿含增一阿含雜阿含。方等部爲引小入大之經其大部曰大寶積而凡維摩楞伽楞嚴圓覺及阿彌陀經等皆屬焉。般若部經深談實相大乘之極趣也其大部曰大般若經而金剛心經等屬焉。法華經者會三乘於一乘會一切衆生盡入佛之知見以示世尊出世之本懷。涅槃經猶世之遺訓捃拾未盡之義故終焉。論爲論議論辨雖有宗經釋經之異而爲經之註脚經之關鍵爲欲明經義者所不可不讀則一也。然麗於小乘經者則以俱舍論成實論二部爲要典。麗於大乘經者有通有別。通者以大乘起信論攝大乘論大乘五蘊論大乘阿毗達摩雜集論中論百論十二門論（上三論卽三論宗之要典）等爲要。別者如往生論淨土十疑論西方合論（淨土十要中尙有數種）、等則屬於淨土宗、如唯識二十論、成唯識論、顯揚聖教論、瑜伽師地論（相宗八要中尙有數種）、等則屬於慈恩宗。他如大智度論之釋般若經、金剛般若論之釋金剛經、法華玄義文句之釋法華經、華嚴懸談疏鈔之釋華嚴經、俱爲要典。然則經教爲源、而宗論爲流、探源者必須溯流、故讀經當先讀論。此閱覽經典之通規歟。

問我佛世尊說法四十九載、談經三百餘會、其法門八萬四千、現存經典是否盡有。　答理盡書不盡也。

問不知昔唐三藏聖僧往西方取得何經、究有其人其事否。　答唐代往天竺求佛經者、不一人、世傳西遊記係玄奘法師事。今佛學書局有眞西遊記一書可取閱也。至世傳西遊記、乃說謊、非信史、並無研究之價値。

問佛教史現流通有數十種、欲研究印度支那、何種爲妥。 答各種詳略互見、宜多備幾種參考。印度佛教史、有支那內學院版、武昌佛學院版。中國佛教史、有商務版、武昌佛教院版。

問佛說四十二章經「佛言……生中國難、既生中國……」此二句頗可疑、與其他佛經不類、大類儒家之言。當佛在印度說法、萬無出此言之理、恐此經係僞書。余淺學無知、願質之高明、求提出反證以釋疑。

答尊問是否疑中國爲指中華。經言中國、乃對邊方而言、以邊方類無文化、中國有文化、故曰生中國難。法顯佛國記、到一國名摩頭羅……從此以南名爲中國。丁謙改證曰「中國者五印度之中、卽中印度也。」若言其廣義、凡非邊地、皆可稱中國、不局於一中印。此經文約義豐、本係摩騰等初到中國撮取佛說大意所譯。爲利漢人讀誦，故體裁略同周秦子書。佛法中有四依之條件，第一爲依法不依人，雖其人爲凡夫外道，而說契於法，亦可信受奉行。蓋佛法最平等廣大，人人皆有佛性，人人皆可成佛，佛佛道同，無上妙法，法爾如是也。四十二章不違聖言量，故非僞。

問華嚴經楞嚴經法華經金剛經彌陀經等，是否世尊弟子所著。　答一切佛經皆是佛口所說，或是菩薩天人所說，爲佛所印可者，迨世尊滅度後，弟子述說而筆記之，則是世尊弟子所述而非著作者矣。

問大方廣佛華嚴經何種最好，何處可請。　答以唐譯八十卷爲善，上海佛學書局可請。

問楞嚴經屬何宗。　答楞嚴在大藏經編入祕密部，應是密宗經典。

問楞嚴經說理甚深，何註最詳。　答續法大師之楞嚴灌頂疏最詳。

問楞嚴經博大精深，言心性更爲詳盡，然原文譯筆晦澀，不易了解，近得楞嚴金鏡疏一書，講解詳明，又苦其太繁。楞嚴白話講要，又嫌其太簡。嘗讀徐槐庭金剛經解義，先註次論，後解，明白曉暢，未知楞嚴經註釋家亦有上述之體例否。如無此種，亦有不繁不簡便利初學之善本否。

答楞嚴指掌疏其釋文句處，較爲簡明。楞嚴易知錄，未知如何。

問法華經以何註爲最佳。　答法華經是佛一代說法圓滿之教也，闡發此義，要推天台智者大師之法華玄義文句矣。然卷帙甚巨，如求簡要，則蕅益大師之法華會義亦可。

問金剛經中國共有六譯，各譯稍有不同，當以何者爲主。又諸家箋註金剛經甚多，當以何種爲佳。　答當以秦譯爲主，而參以各譯以爲訂證。

至註，以金剛決疑及金剛破空論爲佳。尙有續法金剛直解，頗爲精當。

問金剛經傳本，世稱壽春板旁註爲詳，考此經皆鳩摩羅什譯，何以微有異同。持誦此經，究以何本爲指歸。　答羅什譯經，恆有簡略。此經有六譯，如欲研究，可參考餘譯本。

問石註金剛經及金剛經傳燈眞解，內均附刊有金剛經纂。又眞解內之金經纂後刊有靈感二則。其第二則載大藏中，歷有經纂，古本尙存，近今坊本漏刊云云。惟愧無閱藏機會。居士博覽三藏，定知藏中有無經纂。乞查示。　答金剛纂大藏所無。雲棲諸經日誦載有問辨。今錄以告。「問金剛纂稱功德甚大，何不錄。答以僞造。故又大爲害，故彼云，誦此纂一偏，勝誦金剛經三十萬偏，脫使愚人信此，若擅將多卷之經置之不誦，而以一纂塞責，豈不誤陷其人入地獄耶。

問金剛經中佛常讚歎受持四句偈等．未知云何是四句偈。　答佛經原本都以三十二字成行．八字爲句．適合四句．四句卽成一偈。經云四句偈者．卽任何四句經也。否則金剛經祇有兩偈在後．何以前已云四句偈耶。

問淨土一宗．除阿彌陀經及持佛名號外．尚有何種經典。　答尚有無量壽經觀無量壽佛經及往生論．應當持誦者也。

問無量壽經以何註爲最佳。　答無量壽經註．某所見者唯隋慧遠義疏一種．清彭紹升居士著有無量壽經起信論．亦可參考。

問觀無量壽佛經．以何註爲最佳。　答此經現見兩註．一爲智者大師疏．四明知禮鈔．一爲善導大師四帖疏．並皆佳妙。然以淨土專家而言．則取善導疏也。（卽觀經四帖疏。）

問無錫萬氏校本地藏經末載有佛說盂蘭盆經，首句爲聞如是三字，是否如是我聞之誤　答經首有作聞如是者，非誤也。

問佛說般若心經，自亦爲佛所說者。今據宋施護譯本，似爲舍利佛威力而請問於觀自在菩薩，故觀自在菩薩遂說是經。然則是經究爲佛說，抑爲觀自在菩薩說。　答是經爲觀自在菩薩說，即是佛說。何以故，佛所印可故。蒙佛許說故。查般若心經施護譯本在咒後有云，「爾時世尊從三摩地安詳而起，讚觀自在菩薩摩訶薩言，善哉善哉，善男子，如汝所說，如是如是，」然則雖是觀自在菩薩說，已爲佛所印可，故同於佛說也。又法月譯本有云，「爾時觀自在菩薩……白佛言，我欲……說……般若波羅蜜多心，惟願世尊聽我所說，……爾時世尊……告觀自在菩薩……云，善哉……聽汝所說，」是觀自在菩薩先蒙佛許而後說也。然則是經舍利弗既承佛力而問，觀自在菩薩又蒙佛許而說，又何不可云即是佛說耶。故大智度論云「佛法非但佛口說者是，……有五種人說，一者佛自口說，二者佛弟子說……」

問心經題有以摩訶二字起者，有不用摩訶逕以般若二字起者，究從何爲準。　答不用爲準。現誦本係玄奘法師譯本，原無摩訶二字故。

問觀世音普門品，地藏菩薩本願經，藥師七佛本願經，三經有無軒輊。

答佛菩薩宏願度生，有何軒輊。

問觀音諸經，有何最善之箋註本，可向何處購請。　答普門品有智者大師之玄義疏最佳。佛學書局可請。

問楞伽科解序第三篇第四行云「楞伽阿跋多羅寶經，先佛所說微妙第一眞實了義，故謂之佛語心品。祖師達磨以付二祖，曰吾觀震旦所有經教惟楞伽四卷可以印心祖祖相授以爲心法」以此觀之楞伽當爲禪宗之經但查佛學書局之書目禪宗部內無此經名復於法相部中見之究竟楞伽應列入何宗爲當　答楞伽之初百八非句的示禪宗離言之旨故禪宗傳之其後大慧菩薩問義開一心爲識乃是法相之教故列入相宗禪宗至六祖慧能以後皆以金剛般若印心故楞伽但列相宗矣。

問性宗相宗之要典。　答性宗要典爲般若經及中論十二門論大智度論等相宗要典爲解深密經及雜集論百法論成唯識論瑜伽師地論等。

問據玄奘義淨所記五天竺所行大乘只般若唯識兩宗吾地近年盛弘唯識淨土台宗間有傳述獨般若一宗爲此時救病良藥而問津者寥

家．經論（大智度論）既無疏抄．除嘉祥三論疏外．關於入門方便．又無如歐陽大圓印光諦閑等之著作。般若綱要一書內容如何。黎端甫之法性宗綱論有發售否。以外有此宗入門書否。祈指示。　答有譯本三論宗綱要。

問高王經或謂僞造．而觀音靈感錄又謂誦此有靈感．不知孰是。　答高王觀音經原無是經．故曰僞造。當北齊高歡爲丞相時．有夢中爲老人傳授．誦之得免刑戮者．因從高王府中傳出．故曰高王經。但經雖僞造．而所稱佛菩薩名號極多．感應功德．卽獲於此．念誦者可當佛菩薩名號集觀。

問大乘起信論。或謂係僞造。又楞嚴華嚴法華亦有以爲後人僞造者．若諸經均是僞造．則一切經典皆難確信。　答此等謗法之言．不足爲據。

問或謂涅槃會上拈花微笑付法迦葉．不見經文．無可根據。達磨神光太虛法師皆以爲影射（見文庫禪宗）實無其人。楞嚴起信近亦證爲僞造。夫傳法何等事．祖師何等人．經論何等物．乃可任意捏造。否則又何可任意誣謗．二者必有一落無間獄。　答拈花傳法．據宗門雜錄引．謂出大梵王問決經。經云．梵王至靈山會上．以金色波羅華獻佛．捨身爲牀坐．請爲羣生說法．世尊登座拈華示衆．人天百萬悉皆罔措．獨有金色頭陀破顏微笑．世尊曰．吾有正法眼藏．涅槃妙心．實相無相．吩咐摩訶迦葉云云。達磨神光均見僧傳．但事不甚顯。楞嚴起信認爲僞造．實出偏見．不足爲訓也。

問鄙意佛說大乘．如孔子之言大同．孔子以時機未至．故僅於顏子言其體．（克己復禮章）於子游言其用（子之武城章）以致性與天道不可得聞。然禮記莊子猶詳載・（禮運莊子言顏子心齋等・）可知當時並非罕言・不過如子貢聲聞輩不得預聞而記論語者又出於此輩之門人・後世遂以大同非孔子敎。今觀涅槃般若諸大乘經・身子善現迦葉阿難親曾當機・不應於結集時獨遺大乘偏出小乘・是當時三藏必有大乘經在內。彼方所傳僅四阿含者・乃上座部諱莫如深之私見・亦如吾地古今文家經學耳。鐵圍之說出於龍樹・或說偏見至菩薩處胎經迦葉命阿難結集佛說・一字勿使缺漏・中有摩訶衍方等藏・較有根據高明以爲然否。　答此說頗是。又當時窟外大衆部結集有類大乘經典者。

問成唯識論述記八種・請舉其名。聞日本有將八種合刊者・請示知出售處。又日本有何種便於初學之唯識學書・及專門出版流通佛學書報之書局均祈詳示爲感。　答關於成唯識述記之書有(1)成唯識論別鈔、(2)成唯識論樞要、(3)成唯識論了義燈、(4)成唯識論演秘、(5)成唯識論義蘊、(6)成唯識論疏義演、(7)樞要記、(8)了義燈記、(9)演秘釋、所謂八種或是除別抄而言、日本將合刊者未見其目、亦未明其售處。日本著作關於唯識甚夥、以手頭無日本書目、無可舉陳。近有新登洪欣然居士所譯日本良遍所撰之唯識大意甚便初學、因舉以告、至日本流通佛書書局、有東京之融光堂名古屋之其中堂爲最著者。

問成唯識論文釋併記內容如何。　答此書係明人著作、陳義不及唐人古疏、唯其論文處、甚便初學也。倘能根據唐書、仿其體裁、重爲製作、則亦研究唯識學者之一種有價値之工作矣。

問梁任公謂牟子理惑論非漢牟融所撰。疑爲劉宋間人僞作。其引證頗多。似非世俗妄言可比。不知爲定論否（梁氏此說見近著第一輯中卷二十一頁）　答評論佛教在理論。不在考據。縱文是僞作。理則是眞。

問圖書集成中之高僧傳無達磨以下六祖傳。何故。　答查唐道宣律師所撰之高僧傳（高僧傳二集）卷十九有齊鄴下南天竺僧菩提達磨傳。及鄴中釋僧可傳。又卷二十六有蘄州雙峯山釋道信傳。又查宋贊寧法師所撰之宋高僧傳（高僧傳三集）卷八有唐蘄州東山宏忍傳。及唐韶州今南華寺慧能傳。然則達磨以下六祖。惟三祖僧璨傳不見。殆因三祖行迹甚隱。直至天寶年間建塔時始著聞於世。故道宣律師不及傳之歟。查道信傳云「又有二僧。（其一必是三祖）莫知何來入舒州皖公山靜修禪業。聞而往赴。便蒙授法。隨逐依學。遂經十年。師（二祖）往羅浮。不許相逐」云云。與禪宗記載相同。此卽二祖當時迹隱之證也。又達磨以下六祖。爲敎外別傳。與高僧傳所載之習禪科稍異其趣。故其記載如正宗記傳燈錄等。禪宗所傳者。有詳略之殊也。

問「東林傳」一書。檢佛學書局目錄無之。不知何處有買。請示之。　答此書名「東林十八高賢傳」。見續藏第二編乙第八套第一册。有無單刻本未悉。

問紀載叢林制度僧伽規則之書。有幾種。名稱爲何。　答有叢林清規。

問禪門日誦末載某年生人欠經若干卷。欠某曹官錢若干貫。此說是否出自佛經。所云某曹官冥府。是否實有此官。彼以六十花甲生人而妄定欠負殊不近理。疑係後人僞造。未知是否。　答是後人所僞造。

問閱二課合解禮大懺悔文作一百八禮。惟近流通朝暮課本自南無皈依金剛上師起至一時同得阿耨多羅三藐三菩提止均皆不錄。卽各地叢林名剎。亦不持誦。如照合解作禮。應缺少三禮。此節經文。因何節删。請示。　答禮大懺悔文中南無皈依云云係密宗修法之常規。所謂先皈依上師及三寶。次發菩提心也。本不應節删。今各地叢林不持誦者。殆係禪宗家風。不與密宗同故。因此朝暮課本上亦有改爲小注及並不列入者。均非原文意也。

問如若作禮。照流行本不能合一百八禮有無妨礙。請示。　答有妨礙。不應照流行本。應照原文完全作禮。禮一百八拜者除百八煩惱之意。故不應缺少也。

問中國佛教宗派最著只有八宗。楊仁山居士著有十宗略說。是否加顯密二宗。欲購此書。以何本爲最詳。　答楊仁山佛教初學課本中較詳。十宗者小乘二宗。大乘七宗。加律宗。八宗綱要一書甚詳。唯缺禪淨二宗。

問駁斥韓愈闢佛之書。有湘陰郭涵齋所著佛骨表糾謬一書。指摘極詳。不知此外尚有古今其他反對韓愈闢佛之文否。又朱子全書其中闢佛之言論亦多。不知古今護法人士有駁斥其謬誤之書否。　答駁韓愈之文。散見於古今人著述中者不少。而以明教大師鐔津文集內之非韓篇爲最詳。駁斥程朱之說者。以明沈士榮之續原教論爲最詳。盡而淸彭際淸之一乘決疑論。沈善登之報恩論中。亦多精闢之談。發其陽儒陰釋之隱。其餘護教之論。當尚多。（如歸元直指中亦有之）特吾人見聞有限，愧未能多舉耳。

問釋門眞孝錄所引之經典若干種，有無單行本。　答按釋門眞孝錄所引者有九十二種，其中全部經典之關於孝親者，有大方便佛報恩經，佛說父母恩難報經，孝子經，佛說淨飯王般涅槃經，佛說盂蘭盆經，五經均有單行本。至集論則有明教大師輔教篇之孝論，蓮池大師崇行錄之紀孝，卽此釋門眞孝錄，可謂集大成矣。

問邵堯夫之先天圖，是否定中得之神傳。　答邵子先天圖未見，不能臆斷。但先天後天之名詞，出於孔子之傳，易曰先天而天弗違，後天而奉天時，天且弗違，而況於人乎，況於鬼神乎。或云邵子之學傳自穆修，穆修傳自陳摶，其殆有淵源乎。

問佛法止觀應閱之書及蔣維喬居士之著，有若干種。　答佛法止觀卽打坐法，可觀禪波羅蜜次第及小止觀摩訶止觀等書，又有坐禪三昧經及六妙門止觀教授等。蔣居士著作有因是子靜坐法及其續編二書，並中華佛教史大乘五蘊論註，其他所有待查。

問平時省察自以功過格爲最佳，但後學所見者，僅文昌功過格及袁了凡功過格，皆惟有世間法，而無出世法，似不適於學佛者，未知坊間有否專從「五戒」「十善」及「攝守六根」立法之功過格發行否。淨土問辨功過格之內容如何，佛學書局有發行否　答適於學佛之功過格未有專書。但佛經中關於戒律之書，亦彷彿相似。現有五戒相經箋要補注一書，可以代之。至功過格之關及佛學者，又有蓮池大師之自知錄。淨土問辨功過格，未曾寓目。

問言因果最詳者爲何經。　答唐世道撰有法苑珠林百卷，蒐集經典談因果事·分類詳載。常州天寧寺板三十本·有正書局流通·可請閱之。

問輪迴投生等理·未能明白·宜看何書。　答請看楞嚴經第七八九卷及瑜伽師地論第一二卷。若以淺顯言則華嚴原人論合解下卷·及周安士全書中欲海回狂卷三·可檢閱之。

問西康諾那呼圖克圖活佛到粵·余購得佛說大白傘蓋總持陀羅尼經一本·內中呪音與鐵航師授者有異·究竟此經呪音合否。　答呪音無不合·其有異者·原本不同耳。

問現在東密西密日本密宗·爲大日如來說·西藏密宗·時輪金剛說。而大藏經典有頓有漸·或顯或密·無不是釋迦如來所說·獨密宗非佛說·人言婆羅門典籍·未知實否。　答密宗爲毘盧佛說·金剛薩埵傳出·但顯教經典內都有呪·可知同是佛說也。

問大悲心呪上佛菩薩、是否八十四尊。呪上首尾之南無喝囉怛那哆囉夜耶……等四句、是一是異。答照不空三藏所說、祇有五十相、今之八十四相、是每句一相、相相各不同、未明所本。

問彌陀經及大悲呪、有無音字之單行本。呪中之字、苦無方法檢查。請示。

答音字經呪、卽有亦不全。音呪中之字、須依能誦者受學之。不必自己檢查。

問大悲呪集成一書之內容。答大悲呪集成一書、係杭州周達權居士所輯。光緒四年刻本。今錄其目次、以示內容。像贊、序、凡例、持法、持呪科儀、大悲符篆、漢滿蒙藏合璧呪、合音呪、離句呪、近音譯註圖參（附手印眞言、大悲印訣、廣大法門。）

問大悲呪中之註解不同、有兩句作一解者、有一句作一解者、如（甲）悉囉僧阿穆佉耶娑婆訶・（藥王菩薩本身行療諸病）（乙）悉囉僧阿穆佉耶・（藥王菩薩本身）娑婆訶・（圓滿菩薩身著朱衣母陀羅手）究屬甲是還是乙是請教。　答呪名陀羅尼義本無盡。不妨兩解俱是。

問大悲咒古本「夷醯唎摩訶」五字爲一句。今僧俗均以上三字爲一句。將摩訶二字屬於下句讀。究竟此句係三字抑係五字。　答查是有兩讀。五字爲一句者。梵僧陀弗曰「夷醯唎摩訶是菩薩現摩醯首羅相度化衆生。」三字爲一句者。續法大師曰「夷醯唎華言無心也摩訶菩提薩埵華言大道心勇猛者。」

問大悲呪經中願文「火湯自枯竭地獄自消滅」有作「火湯自消滅地獄自枯竭」消滅與枯竭按文會義。當有區別。然則於大悲呪經中能否互用。 答依經作火湯消滅地獄枯竭・依行法作火湯枯竭地獄消滅・分用不妨也。

問大悲呪見於何經・ 答密部有千手千眼觀世音菩薩廣大圓滿無礙大悲心陀羅尼經・即大悲呪之出處。

問觀世音菩薩稱讚大悲咒是廣大圓滿善攝一切陀羅尼・顯密圓通說準提經言總含諸部神呪之王・那麽大悲不及準提了。 答大悲之善攝一切陀羅尼・與準提之總含諸部神呪兩語並無高下・何云不及・何以故・陀羅尼即是神呪之梵語・一切即是諸部・攝與含義亦同也・

問但是「佛魔一如」「諸法平等」不分高下・怎麽還有呪王。 答咒王之王・自在爲義・從用言也。「佛魔一如」「諸法平等」從體言也。體無高下・用有差別。

問佛學半月刊觀音聖誕特刊中逸厂先生的觀音典要說準提是觀音所應化地。不知是依什麼經籍。　答東密特以準提爲六觀音之一。屬蓮華部之一尊。語見日本佛教大辭典。依何經籍未詳。
問究竟準提大悲孰高下。請你費心直接答覆我解釋我的疑團。（那我是很感激的）　答準提大悲本無高下。差別之用在衆生機。如你的機與準提應。即準提高與大悲應。即大悲高若問如何識得應。祇要問你的發心及決心耳。如果不決。可在佛前至心拈取。
問壽春本金剛經之往生呪點句法與龍舒淨土文之往生呪點句不同。究以何本爲正。　問龍舒文中之句。實與梵音不合。
問淨土十要第八要妙叶所述念佛直指內有拔一切輕重業障得生淨土陀羅尼。（亦名無量壽如來根本眞言）未悉卽往生呪之詳譯否。

是一是二。希示。　答此呪爲普通念往生呪之大呪，凡呪皆有大呪小呪及心呪等，均以詳略爲斷。

問往生呪或謂非佛所說，爲龍樹夢中所感，未知確否。若此呪果係夢得，則與高王經同一價值矣。因之信仰持誦之力，未免減弱。乞示教。　答此呪名爲「拔一切業障根本得生淨土神呪」一是劉宋求那跋陀羅重譯。龍樹夢感之說，出阿彌陀佛經不思議神力傳。但龍樹係初地菩薩佛授記往生極樂之人，其夢感之力，當非此土夢傳可比。又高王經原係高歡相府傳出，原係普門品之僞，不可以彼例此也。

問往生呪上之迦字大悲呪上之皤字，宜讀何音。請分神示。及因此方讀者各有不同，故此遠煩。　答迦字見加切，（牙音第一紐，）皤與婆字同音，爲並加切，（重唇第三紐，）按我國切韻三十六聲紐，分牙舌尖舌上重脣輕脣齒頭正齒喉半舌半齒十類、亦仿梵文字母所製、故用以切音較宜。

問往生呪見於何經。　答往生呪有廣略二本。廣本亦名阿彌陀佛根本呪、又名無量壽如來根本眞言。出密部無量壽如來供養儀軌、（略見密呪圓因往生集金陵刻本）略本即常誦本。爲宋元嘉末年求那跋陀所譯。經本未來、今附在小彌陀經之後。

問準提陀羅尼經會釋、載毘盧遮那佛大灌光眞言、其眞言即「唵、阿謨伽尾盧左曩、摩賀母捺囉、麽抳、鉢納麽、入嚩囉、鉢囉韈哆野、吽」等五句。謂以此眞言加持土沙一百八遍、散亡者死骸上、或塚墓上、彼所亡者、若在地獄餓鬼修羅旁生等中、以此眞言加持力故、應時即得光明及身、除諸罪報、捨所苦身、往於西方極樂國土、蓮華化生、直至成佛、更不墮落云云。不知此呪出於何經．雖見禪門日誦顯密圓通大藏祕要等書皆有載及．然其根源究在何處．幸指教之。　答此呪出不空羂索毘盧遮那佛大灌頂光眞言經．此經在淸藏微字函．在頻伽藏閏字函第七册。

問普菴呪是否普菴禪師所說。該呪出自何經。或曰．誦此呪用三囘九轉讀法．方有靈驗。若如尋常誦讀．則無靈驗。是耶非耶。　答普菴呪祇見禪門日誦所載．當是禪師所說。此呪類似梵文字母切音囘轉讀之．較爲詳盡。頃多傑尊者曾將梵文字母口授．名曰舌呪．所以調舌便利．讀一切呪也。

問穢迹呪梵本與藏本合．較之世本少十字．據云乃唐太宗所删．確否。

答梵本既與藏本合．宜從梵本。何人增删未晰。

問諸呪譯音、極不一致、欲見諸呪及佛學半月刊六十四期所載持呪須知中之大輪金剛呪原文、不知應讀何經。　答應讀「佛說大輪金剛總持陀羅尼經」、此經在續藏經第一輯第三套第一冊內。

問佛學半月刊第六十四期載有持呪須知一節、所錄大輪金剛陀羅尼與第六十六期八頁張君所錄者、稍有不符、「如呪名及囀幾梨之與拔闍唎等」、致使學者罔所適從。乞指示以便持誦。　答陀羅尼是梵語名、眞言是譯名、非不符也。眞言又譯爲呪、凡呪之音、欲求正確、須以梵字爲標準。而梵字之音、又非親口傳授不可。因爲注音反切等、須識得字母。尚有梵音非他國字母所可翻者、亦非口授不可。若僅以普通字音之、則爲方音所礙、決難正確也。居士是溫州產、亦須居士之同鄉人爲之注音方可靠耳。至此大輪金剛呪六十六期中既與梵字對照、請以此爲標準可也。

問有居士口傳避兵呪曰唵•訶達喇耶•娑訶。謂誦之能避槍彈。又傳解寃呪曰唵•三多囉•佉多娑訶•謂誦之能解前生寃仇。此呪是否眞確•出自何經。如不眞確•請另開示。　答呪語似眞•然未知其出處。如有疑欲另持他呪者•可持六字大明。即「唵嘛呢叭𡅏吽。」

問經呪中字有音讀特異者•當其譯時•何不直取本音之字。如六字大明神呪•僅嘛呢二字音如右旁之字•唵叭𡅏吽四字•則謂如盎百昧哄•何不直取盎百昧哄四字譯音。又每字必加口旁何故。　答咒音譯字•在當時必音同梵音•我國古今音變•南北音異•遂有現在之不準耳。加口旁者•表須照梵讀也。

問佛經呪多奇字•即平常之字•亦有讀別音者•如南無讀乃馬。不知有否專註經呪之音及解釋之字典，價目便宜否。內容程度，是否爲我等所看得懂。　答有一切經音義一書，佛學書局可代購，價不甚貴。懂否當以國文程度爲準。至於南無等音，乃方音不同。若令湖廣人讀之，即合矣。

問考唐人讀「南無」原音「吶嗼，」後代音韻迭變，人多妄解「南無」爲南方無有之義。南宋某大儒（忘其名）言「南方屬火，西方屬金，佛生西方，被火克制，故南方不能有佛」，荒謬之見，洵堪噴飯。奈何今之學佛大德，不直改「南無」爲「吶嗼」，使人一望而知其爲譯音，省却瞀儒俗士許多誤解乎。請教。　答南無有譯作南謨曩謨捺麻等，但彼妄解者原是門外漢，若輩即換他字，安知其不解南謨爲南方之謨誥，曩謨爲昔日之謨訓，與捺麻爲手捺芝麻乎。

問同文韻統統攝有梵文字母、然不全。若欲見咒即能誦、應讀何書。　答韻統梵文字母已全、惟二合三合等未備。因此書以藏文字母爲主、但能讀藏音者、卽可依此誦咒矣。

問檢查咒語音韻有何書籍。　答有漢滿蒙藏四體文咒藏、可以參考。此書商務有影印本。

問諸咒能解釋否。　答咒語亦可解釋。續法大師有咒疏一册。楞嚴咒尊勝咒大悲咒往生咒皆有解釋。

問佛經上字句音義異常深奧。而初機者頗難了解、有無典集參考、何處發售。謹請詳答。　答有佛學辭典大小兩種、翻譯名義集、一切經音義、佛學書局均有售。

問法滅盡經云、法欲滅時、比丘所服袈裟自然變白、況三藏經典乎。佛經楞嚴經最先去，彌陀經最後去。現在學界潮流提倡物質文明，力詆佛學爲迷信，似有滅法之悲。然三藏經典俱在，又有佛學社居士林賡續護法，足見尚未到滅法時期。究竟去楞嚴在此住劫何時，去彌陀經在此住劫何時，是否人壽減至十歲之時。請詳細開示。　答經言佛正法一千年，末法一萬年，釋迦佛出世已來不過三千年，則雖已末法，而尚未即盡也。以減劫人壽算之，將至人壽十歲時矣。

（三）　出家之意義

問出家一道是否權法，抑婆羅門流傳之苦行，爲釋迦所未革者。誠充其說，則世界不能成立，得無墮入空邊，有乖中道否。　答佛法固有判分權實之說，然此就理言，非就事言，就果言，非就因言也。理有了義不了義，以了義爲實，而不了義爲權。果有三乘一乘，以一乘爲實，而三乘爲權。至於事之權，實因之權實，雖可視其所對之理與果爲斷，而其實皆權也。出家者，乃因地中事法之一，謂之爲權，未嘗不可。出家亦婆羅門所有事，然非所謂苦行也。婆羅門之苦行，如尼犍子之臥刺倒懸焦身投水，彼以苦爲樂因，故設爲教法。世尊雪山修行嘗日食一麻一麥，庶幾近之，固捨而不取矣。若所謂杜多（或作頭陀）行者，何嘗非佛法之所尚。要其意在捨欲去愛，示不爲三界所繫，非以爲得樂之因也，出家一法，何獨不然。家爲愛欲之藪，罪惡之府。龍樹毗婆娑論言之痛矣。圓覺經謂輪囘之本，在於愛欲，不斷輪囘，不成佛果，故欲求佛果，非捨欲去愛不可。若是乎出家者，乃斷輪囘趣佛果者所不可已也。且子之所懼出家者，蓋僅出妻子家庭之家耳，此所謂家，惟凡世界有之，亦惟凡世界之欲界有之耳。若色界，無色界，本無家之可出。卽使因出家而致世界不能成立・亦惟空此欲界耳・色無色界固儼然存在也。世界衆生善惡無定・業力有窮・上升者有時而下沉・下沉者有時而上升・縱一時欲界空矣・而異時色無色界之衆生下沉・又得使欲界成立・苟衆生未達度盡之期・卽令人盡出家・三界決無破壞之日。且世界本是生滅無常之物・經一期之成住壞空・謂之大劫・是卽衆生未嘗出家・而三災起時・則世界亦有壞空之日・但移時而業感循環・又將自空而成・是則衆生未達度盡之期・卽令人無出家・三界本有自成而空自空復成之事。於此可見世界之成立不成立・與衆生之出家不出家・初無重要之關係矣。至懼世界不能成立者・因不識世界爲何物耳。世者常言謂之時間・時間起於剎那。剎那剎那者・吾人心念之動相耳・吾人動念不已・相續乃成時間。界者常言謂之空間・空間生於有對。有對者吾人心念之幻相耳。吾人幻念不已。分別乃成空間。自吾人心念妄動。羅織而成世界。遂因其妄動力之往返屈伸。而現染淨苦樂權實之異。染者爲六凡世界。而此六凡世界內苦世界三。地獄鬼畜也。樂世界三。天人修羅也。淨者爲四聖世界。而此四聖世界內權世界二。聲聞緣覺也。實世界二。菩薩如來也。此十界者。猶是賅約之言。若繁而演之。則十界互具十界而成百界。更互具百界而成萬界。依此而推。則億兆京垓寧有邊際。然則子所懼者。將謂一人世界不能成立乎。則猶有多世界足以慰子矣。將謂盡凡聖世界不能成立乎。則世界原由心念之妄動而起。實同幻化。有之不足貴。無之庸何傷。若謂此乃墮空。有乖中道。則又不然。蓋若世界實有而强欲無之。是乃墮空。今世界本空。是乃隨順法性之道。豈得謂有乖中道哉。夫家之爲言。猶牢籠也。父母妻子之家庭。不能盡其義矣。約之則有軀體，此軀體之家，非至得無生忍不受後有，不得爲出。廣之則有世間，此世間之家，非至斷惑證眞究竟涅槃，不得爲出。惟有行滿果圓，自在無礙大解脫者，方可謂之眞出家。今凡夫耽於家庭之欲愛，故以捨離家庭爲出家，而羣相驚怖。不知所謂出家者，其義正大有在耳。雖然，此就俗諦言之也。若就眞諦言，則家者多數人之所謂父母兄弟妻子緣會相聚耳，若此所謂父母兄弟妻子者而緣散不聚，則又何家之可言乎，卽當其緣會相聚，而所謂家者苟求之於父母兄弟妻子有情者，而卒不可得，求之於其父母妻子等所依之宮室器具無情者，而亦不可得。故曰家性本空，本空則入無入相，出無出相。而所謂出家者，亦祇成名言上戲論而已。

問，不佞觀於佛門僧尼之禁偶，似屬無爲。不拒居士之加入，似屬有爲。觀於居士而尤以茹素爲宜則似屬有爲而兼無爲。觀於鄉間之僧尼不忌葷腥似屬無爲而兼有爲。觀於濟公之茹葷成佛扶弱抑强似無所謂有爲無所謂無爲既無所謂有爲無所謂無爲則當然一例平等無僧尼居士之別。何以獨禁僧尼有偶殊多疑義。爰擬疑問十則於後請仁者詳答之。(甲)如有家室而足爲修行之障礙。則維摩詰何以有六神通力。(乙)如修行本諸宿根家室原無妨礙。則一般僧尼何以不得有偶。(丙)淫欲爲修行之魔障則意淫是否足以妨礙修行。(丁)內心未修而重其外形是否增其修行之魔劫。(戊)凡物洩之則暢暢之則和遏之則鬱鬱之則爆佛教對於僧尼不使之洩不使之暢而定欲遏之鬱之。但對於居士則不禁其原因何在。(己)一般劣根下愚不守戒律當時爆發者姑勿具論。卽一般上根上性者中途受魔或竟墮落是否爲過鬱過甚之所致。(庚)孟子云食色性也，逆性而行，對於明心見性功夫，以理想推之，似受妨礙。而釋氏提倡絕色，其原理安在。並何以祇提倡絕色而不提倡絕食。(辛)釋迦佛講道，其要旨在無著無得。僧尼強其性之所欲，是否失之著相。強令無著，是否失之有得。(壬)一切修行應出自願，何以今日各廟均有購買貧家子女養作小僧小尼，及至長大成人，或竟有清規難守，還俗無術，作出種種不端事情，此時貴教用何法以制止之。(癸)僧尼涅槃後，是否盡證仙佛，抑有再入輪迴者。如有再入輪迴者，則勢必投入禽獸胎中。而論彼因果，不應受此惡報，則將用何法以補救之。　答佛教宗旨，以無爲爲體，以有爲爲用，而體不離用，用不離體，故有爲無爲，離之則兩傷，合之則雙美。夫體者基本也，用者條達也，故佛教端本於僧尼，發展於居士，二者不可偏廢。況一切僧尼無不從居士中來、（凡人莫不有家、初發信心即是居士、進而出家乃爲僧尼、）原非佛教之有何作用於其間欲區而二之也。但鄉間僧尼受世俗化、不足爲法、濟公成佛原屬滑稽、不可爲訓。此爲總答。再就逐條所疑、分答如次。（甲）沈溺於家室之樂者、即爲障礙。警惕於家室之苦者、即爲佛道。維摩經述維摩之家室曰「示有妻子常修梵行。」而其神通力有自來矣。（乙）人能修行、本諸宿根者其因、得諸環境者其緣、緣強於因、則結果從緣、故修行者以無家室爲穩固（丙）淫爲十惡之一。業所從生、在身口意、意淫即意惡業也。當然妨礙修行。（丁）心能生境、境亦能引心。故心未修者、得制之以境。禁其外形而內心漸伏、於修行有益也。況外形易制、內心難伏、從易入手、亦修行之方便。（戊）佛教以衆生無不從淫欲中受生、生即有滅、生滅中間、衆苦充滿佛爲度苦欲令入於不生不滅故於受生因緣之淫欲視之若毒蛇呵之爲怨賊勿使墮其彀中。受持佛戒而爲僧尼自有種種方法從厭惡心理畏敬心理改變普通心理。又復於飲食起居遵守律儀改良環境習於清淨生活保合太和自能不洩而暢煥發精神充實軀幹。古來不少高僧均從守持淫戒中來不可以現見下劣僧尼心不潔淨身不持戒因而引起生理上種種障礙而爲病也。須知佛教原具信教自由之精神發心受僧尼戒者則爲僧尼發心受居士戒者則爲居士並非強迫支配若爲僧尼若爲居士也。問語「對於」二字似乎世間固有僧尼與居士階級而佛教特分嚴寬差別之對待殊屬根本差謬。(己)守持戒律亦有學習次第方法近時律學不明教授無術修持失當致有流弊原因在放縱豈在過鬱哉。(庚)絕色原理已見前答。食非其例故不絕食。又色係消耗．食係補充．故絕色無礙生命．絕食則必致死．故但節而不絕。至食色之性．乃一種慣習之性．非明心見性之爲心性也。況人之心性本來通達自在．正爲食色習慣之故．而於心性發生障礙。絕色節食．正是明心見性功夫．不可不知。（辛）色欲正犯著相之弊．絕色原隨順無著功夫。至「強」之一字．與（戊）問中「對於」二字意同．已於前答指其差謬。（壬）作僧尼與否．其界限乃在受戒與否．其弊在受戒之濫．而不在購養也。況貧家子女．失人撫養．僧尼能代爲撫育．亦是慈善事業．不當禁止。補救方法．乃在施以教育．嚴格受戒。現在佛教會正設法厲行也。（癸）僧尼死後．除生西方淨土者外．勢必再入輪回。佛說輪回．乃有六道．所謂天人修羅畜生餓鬼地獄也．即是衆生之果．其因乃在業之善惡．善惡各有上中下三品．即六道之因．（天因上善人因中善·修羅因下善·畜生因下惡·餓鬼因中惡·地獄因上惡·）因六·故果六·自然不差。倘此僧尼既入輪回當亦受此六道因果律之支配·不僅畜生一惡報也。然論補救方法·即以念阿彌陀佛發願求生極樂淨土為最穩最妙。

問三寶為世福田·其中僧寶但指賢聖僧乎·抑並指一般僧乎。　答可寶者法也·非人也·苟其人而曾受出家佛戒·即入僧數·皆是衆生福田。所謂依法不依人。

問經有說出家人過失及詆毀者·皆犯重罪。然若是賢聖僧·果然有罪。如果有可訾議者·豈亦有罪耶。　答說過詆毀·本屬口惡。對於常人且不可·何況佛弟子耶。蓋出家人無論如何·總是福田。如失道者但當悲愍。切勿嫌惡·以自損福德。

問佛家修行重在出家，倘全世界人均出家，則人類豈非從此消滅，如此是否卽係無生之旨。　答出家斷欲，義取無生是也。衆生六道輪回，欲消滅人類，亦非易易，勿作杞憂。

問出家修行，較之在家修行，究有何殊勝之處。譬有二人，其信願行及修學勤篤皆同。所不同者，甲出家具戒而乙在家。是二人所成就之功德道果，抑相同，抑有別歟。　答吾佛讚歎出家功德，而亦歎在家菩薩之難能可貴。修學工夫，果能相同，出家在家，原是一樣，但於持戒一門，在家人不能行出家之法，較遜一籌。因既較遜，結果可知矣。

問世尊係王子出家，如何定要在舍衛城乞食。抑出家人定要受磨折而受辱乎。　答乞食爲出家人苦行之一。然亦有謀道不謀食之意。今暹羅緬甸之出家人，仍行乞食之風，送食者皆敬之如佛。並非受辱之事也。

問昔之名僧出家修行，何又學武。　答昔梵僧達磨至嵩山少林，彼處多盜，僧教以從拳技中悟道，而盜咸改善，爲佛門弟子矣。

問欲出家當具行何種手續。　答欲出家須先投師。如果懇切請求，及無社會家庭各方障礙，當然得師許可。許可之後，必先留寺執役，如能茹苦者，師乃擇日爲之薙髮。薙髮之後，隨時受戒。既受出家戒後方可爲出家人也。

問茲有一友，性和藹，極信佛，現擬出家，專修淨土，但以無人介紹，未償所願。請問無介紹人，直接投師，能收受否。　答如果發心眞切，雖無介紹，亦有收受之可能。

問出家手續若何。應拜幾師。師之名稱爲何。請詳示。　答出家先尋剃度師。如剃度師在寺作客，則寺主爲依止師。

問出家比丘無鬚者極多，是何意義。　答經云薙除鬚髮而爲沙門。薙鬚亦爲比丘表相也。蓋鬚是一種飾美品。出家離欲，不尙飾美矣。

問六祖慧能大師得五祖衣法後，避於獵人隊中一十五年，後遇印宗大師爲其薙髮。豈當時衣法付於未曾薙染具戒之人耶。　答六祖開悟，勝於上座神秀。五祖以得人而付之法。但六祖薙染因緣未至，故令藏器待時也。

問我國佛教信徒，女子占十之七，而全國比丘尼之數，乃猶不及和尙四之一。夫以比丘尼爲女佛教徒之導師，負勸教糾正之責，自較男僧爲方便而適當。今女佛教徒若是其衆，而比丘尼乃如是其少，則爲宏法計，比丘尼之需要尤切。而言出家之機緣與可能性，女子尤勝於男子。

何以發心爲尼者。反少。其故安在。 答女子煩惱重於男子。女子執見亦固於男子。所以耽著塵俗而不肯捨離也。又女子怯弱甚於男子。故於出世大丈夫行。爲不敢嘗試。況佛制比丘尼戒。嚴於比丘。可知出家修行。難於男子。佛世已然。以現狀論。尼寺尼師均少。出家後安身不易。佛制尼須親近大僧。現在大僧堪與尼衆親近者。幾不可得。則出家後之好師範亦已無人。宜乎出家之不多也。

問出家是否必先落髮。其意義何在。女子出家爲尼時。剃度落髮之儀制。與手續之繁重。庵各不同。未識依法究應如何方合。抑可請任何人。於任何時日地點。隨便剃髮。請示其詳。 答出家剃髮。捨去裝飾。示與世俗不同之意也。去飾則身淨。不爲男悅。則心淨。身心淸淨。易於入佛。此其殊妙勝益也。剃度儀式。並不繁重。此乃形式上出世因緣之始。理宜鄭重。當於某寺或某庵．請比丘或比丘尼僧爲剃度師．在佛像前懺悔歸依舉行之可也。出家之後．不宜與在家同住．故覓依止處．當費簡擇耳。

問帶髮修行．亦能認爲出家稱尼．而收徒傳法受人皈依否。　答帶髮修行不合佛法出家制度．不得稱尼．不得受人皈依。至於收徒授學原不妨礙。傳法二字．乃宗門之熟語．亦不適用於在家人。說法談經．係講學之事．可爲之耳。

問勸人出家．成全他人之剃度志願．有無功德。勸阻他人之發心出家者．有無罪過．僧尼自身既已出家．對於有志有緣出家學佛之善男子善女人．應否加以勸勉化導。　答勸導人出家功德無量．阻止人出家罪過無邊．經有明文。（出家功德經）但於機緣未熟或志趣不定者．亦宜令鄭重考慮，恐未獲其益，先受其害也。（如受戒破戒之類。）

問：吾自幼信佛，十七持齋，今已六載，立志不嫁，爲尼修學佛法，乃雙親堅不允可。且逼令婚嫁，不知有何方法，可遂素志。若萬不得已，而不告私行，俟受戒後，尼相既成，再禀雙親，不知亦爲佛法所許否。能無違孝道否。　答：立志不嫁，是大好事。婚姻自由，又爲現代法律所崇尚。如果立志堅強，雙親何得而強之。方便之法，先學修行人捨去一切女子裝飾，示人以不愛塵俗，則他人亦無與爲媒者矣。如其已經許字，亦不妨表示不嫁態度，令前途改訂。若雙親逼迫，正可以出家抵制，必俟得許可不嫁之後，再行徐圖出家，此時因緣已熟，便易舉行矣。蓋爲父母者，必爲其女之安身計，既然不嫁，若不出家，如何安身耶。故曰易行也。

問：今人往往有因親長或本人病重而許願出家，以求病愈，不知所獲益亦較大於許他願否。又諺云一子出家七祖超昇・若女子出家・其祖先得益亦相同否。若已嫁而寡之婦女落髮爲尼・其已故之翁姑夫壻等亦能因而離苦得樂否。　答出家弘願・當得巨益。子女出家・必爲其親屬多作佛事。故先祖等易於超昇也。男女平等・當然一樣。

問如親戚長幼輩同依一師爲尼・是否即作師兄弟而不分尊卑。若同胞姊妹出家・妹先現尼相・而姊後落髮・是否即以妹爲師兄姊爲師弟・而不以年齡分長幼。　答照佛制以先出家爲長・因其於出家禮節知識・學問先者比後者爲早習知也。出家年齡・依僧臘之多寡爲長幼。若同臘・（同年）可依俗年及輩分而長幼之。出家人長幼稱謂現在都同俗家稱呼・如兄弟伯叔等。似從明代始。見明初洪武時・有旨令出家人用如是稱謂也。其弊也・幾與俗家等・重情而不重法矣。

問居士林女林友中、近數年落髮爲尼者必有其人、請示其法號庵址等等、此外如有大德比丘尼與清淨庵院、幷祈指示、擬逐一參禮、擇一明師依之出家。成全之德、當永銘不忘也。　答居士林林友之出家爲尼者、實不數覯、尙未聞知。至外間大德、如杭州漢口武昌等處、聞尙有之、但未詳晰、無從答覆。均俟探悉後奉告。

問居士答某女士問、謂「不婚嫁是大好事。」但身爲女子、豈能終身長依父母兄嫂。或其他家長長而不嫁、在家庭中、名不正而言不順、所處地位殊爲困難。且卽能自食其力、亦總有老弱疾病之時、又豈可不求安善之歸宿乎。然則果守貞不嫁、立志修行、求清淨安定、而期精進、當以乘早出家爲上歟。抑以在俗爲宜歟。　答學佛以離欲爲上、非但女不嫁是大好事、卽男不婚亦是大好事。且抱獨身主義者、修身則寡欲而易進德，處世則無私而易大公。況能持佛戒，則精進一心忍辱慈悲，無所之而不當。在家則有益於族，出家則有益於僧（比丘尼亦僧數也）來問所舉，非眞發菩提心者之所慮也。雖然若心志怯弱者，自當以剃度出家爲上。

問予友朱女士師範畢業，發心出家。其父母亦信佛，經女士再三哀求，始心動。因問之某大法師，蓋欲得法師一言以爲決。豈知法師以女士貌美年青，且誤於重男輕女之舊思想，並誤解度女子出家減正法五百年之說，竟謂不宜出家。致女士父母誤信其言，私爲女受聘而強令婚嫁。女士又苦求其皈依師某比丘尼，懇爲私行落髮，以死父母之心而成其志。尼以其未得父母允可，力拒其請。戚族人衆，又均以修行不必出家，及不應違忤父母爲勸。致女士孤掌難鳴，有志未成而殁。揆之居士所引出家功德經「勸導人出家功德無量阻人出家罪過無邊」一之語而論女士之父母戚族及一言喪邦之某法師與不肯方便成全之某尼亦均有罪過否耶。又萬一再有朱女士其人處同樣之境亦將有何法可以自全乎。　答出家功德原非俗士所能領解。不知而阻人罪亦可稍減。倘再有朱女士其人者應勸彼父母允其出家正可引朱女士事實彼此兩損以爲警告。則朱女士雖賚志以歿可作後起者之津梁亦菩薩化身歟。

問爲父母者莫不憐愛子女何以對於其子女發心出家必力予阻止每有允其不嫁而絕對不准其出家者世俗淺見將何以闢其謬而解其惑。爲女者處此家庭狀況之下又將有何法可以回其親之心而見其非俾遂其志耶。　答改進世俗心理端在普及佛學兒童家庭教育先入爲主。故在家女子學佛，爲正俗之根本辦法。今婦女信佛，實未有眞正之認識，故視出家爲畏途而阻之。苟眞知佛法，豈有愛之者而阻之乎。闢謬解惑，惟折之以理，徵之以事，固非抱簡單出家之念所可勝任也。雖然，今之出家者之學問性行，鮮能高出世俗，不足以爲人尊敬，欲囘人心之難，蓋在於是。將有何法耶。

問出家何以必經父母許可。（略）　答父母不許，不聽出家，佛作此制，因當時有投佛出家而父母未知者，其母悲病失子，走責於佛，謂爲不仁。佛爲息嫌，故制之。但云父母，他人不與焉。若已告父母再三而後行者，雖佛不許，正所謂從權，未嘗不可耳。且正可以爲出家自勵之緣。謂既冒不孝之罪而學佛，又不成，將何以對父母耶。

問寡婦宜出家事，（略）　答再嫁不如全節，身殉不如出家。此中利害比較，來問亦已說明，更何庸疑。至有兒女者，可托則托之。不可托，則攜之共出。惟兒女之同剃與否，須視其成年與否，及志願何如耳。

問應赴僧始於何時代。　答應齋主之請而赴齋主之家以作佛事，則曰應赴。據省庵法師語錄，梁武集天下高僧建水陸道場，一時名僧咸赴其請，此應赴之始也。

問閱淨土聖賢錄中有，……因試經得度。此何解。又「白衣」二字何解。

答清代以前凡出家者，須經政府考試，合格方許得度。以明代定有金剛楞伽等經以爲考試命題之用，故曰試經得度。白衣對緇衣而言。出家人服緇衣，故以白衣指在家人也。

問經稱一人出家，波旬怖懼，敢問波旬何故怖懼。　答梵語比丘，華言怖魔，謂若人出家，能了生死，即出魔界。波旬懼眷屬減少，所以驚怖。

問如惡劣境遇所迫、倘忍心別親出家有罪否。　答佛制父母不許、不得出家。

（四）外道之辨別

問自達磨一祖、傳流七祖、輪流祖名何處人氏、懇祈詳示。　答達磨初祖、神光二祖、僧燦三祖、道信四祖、弘忍五祖、慧能六祖。以下但稱師不稱祖。云有七祖者、便是旁門外道。詳見指月錄傳燈錄等。

問無爲教五部六册大經、是正是邪。　答古農眞正信佛三十六條之中、早已批爲外道邪說。今試更引明季密藏禪師之藏逸經書標目以爲證其標目云五部六册正德間山東即墨縣有運糧軍人姓羅名靜者早年持齋、一日遇邪師授以法門口訣、靜坐十三年、忽見東南一光、遂以爲得道、妄引諸經語作證、說卷五部、其破邪卷有上下二册、故曰六册。時有僧大寧者．親承而師事之．而蘭風又私淑而羽翼之．俾其教至今猖熾宇內．無從撲滅。曰無爲曰大乘曰無念等．皆其教之名也。

問山字會闇經十三步滿道．世間修行人當學否。　答此即無爲教之修法．而非佛教徒所宜修學者也。

問三升六合佛飯食者．果如聚沙成塔爲要道否　答此乃彼教引人入迷之術．更無足道。

問檀香會以點燭爲規．天地君親師各一對．是正是邪。　答香燭供養固亦佛法所有．但於天地等各一對之規式．却非佛法所有也。

問專行靜坐．以六識獨頭擬議．謂爲明道。然否。　答靜坐爲禪定之初門．不依佛法正軌．易入邪途．至以六識擬議．即非靜定．安能明道。

問不讀大乘經．不念彌陀佛．是佛弟子正修行否。　答讀大乘以開佛慧．

念彌陀以淨業，塵捨是修行，尚不得其正，安有佛弟子而若是。
問某居士深信無爲教，而入居士林，仍以五部六册爲主，可否。　答居士林乃佛教團體，非彼無爲外道團體。如果入林，宜歸依釋迦世尊三藏十二部經，不宜歸依外道典籍。
問龍蛇混雜，皂白不分，邪正濫廁，是否宜與改良。　答是應改良，查現在此間世界佛教居士林林章規定，初入林未學三歸依者，但作隨喜林友，而不得稱爲居士。必入林三年以上，及已受歸依者，作本林普通居士。林中每年於春秋請佛教中法師講佛經時，卽開受歸戒會，請法師特授林友三歸，以便林友得趨正軌也。
問廿七期半月刊答問八則，明無爲教底蘊頗詳。然尚有問者，五部六册盡是有道法語，何以謂之邪說，十三步關經乃祕密要道，必須發誓乃得眞傳．何謂非佛徒所宜修．三升六合飯乃是表法．何謂引人入迷。然則眞正大道究竟若何修入。請慈悲開示．俾令捨邪歸正。我無爲門實繁有徒．不妨詳細答示．以希治爲一爐。　答道有正偏．語有深淺．以偏爲正．以淺爲深．即是以僞亂眞．故云邪說。祕密不過故爲神奇．或是道家修煉之法．佛教三藏中無此等修法也。表法亦可．然此所表何法。貴教以闇經爲主．引用佛經以爲裝點．不過作對外門面語耳。

問五部六册經．是無爲教．爲外道典籍．不宜參閱．恐使學佛者裹足不前．望洋興歎．何以三藏十二部內亦有道及一切有爲法．如夢幻泡影之句．金剛經一再叮嚀．若以色見我．以音聲求我．是人行邪道．不能見如來。愚按爲閉門造車．出爲一轍．九品九生．各歸階級．然乎否乎．請開示。

答佛典自有淺深次第．無須此五部六册也．此書乃外道雜以佛語．

不足爲法。金剛經言如夢等、非眞是夢等也。言以色見聲求不能見如來、非謂不以色見聲求而能見如來也。須知離相者、有無二相皆離也。無住者、不住於有亦不住於無也。此乃金剛經之旨。離有相不離無相、不住於有而住於無者、五部六册之旨也。一味墮空。故非佛法。

問佛門內有六師外道、是何等行爲。請詳答。　答佛在世時、不與佛同道者、名曰外道。種類甚多。最著者爲六師。一富蘭那、主張一切法斷滅性空。二末伽黎、主張苦樂不由因緣、但從自然。三删闍夜、主張生死有盡、道不必求。四阿耆多、主張苦行是道。五迦羅鳩馱、主張諸法亦有亦無。六尼犍陀、主張罪福前生注定、非行道能增減。來問云佛門中有、非也。

問濟公禪師係和尚身、應現今之各地乩壇、均有濟公臨壇開示、率以世事爲多、未有一語道及佛法。然則吾人之於濟公、認爲奉行佛法之人耶。抑否耶。　答乩壇大率是靈鬼把戲．托名濟公．原不足法。

問諸佛菩薩有從善壇臨鸞所傳經典．全國很多．佛法亦深．能否入佛藏。但貴局亦願印行否。　答壇上鸞語多係善神託詞。雖間有佛法氣分．然究係神道設教．不同佛藏經典之依人道立教也。故不能入藏。佛學書局亦不願印行。

問敝處有金丹教．信者頗多。彼等言佛法修持．在家人獨得眞傳．不傳出家僧尼。此種宗教．是否外道。　答佛法必備四衆弟子．斷無但傳在家之理。故此種宗教是外道教。

問外教多借重金剛經．妄加註解．或演爲金丹大道．與佛說甚爲矛盾。惟意義頗深．足資研究否。　答既是外教．即無研究之價值矣。

問世之所謂三乘教．未知是何宗。晚曾。一度訪問彼云彼敎爲後天敎三乘法門。故又名三乘教。其所禮拜之菩薩。則爲觀世音。所誦之經典。則爲金剛經心經彌陀經。尙有苦功悟道地母經等。其始祖爲菩悟師父。其行爲似僧似道。乃在家設教者。未卜是正教抑外道。　答據彼所云後天教及所誦苦功悟道地母等。且其教祖爲在家人。則爲一種外道無疑也。

問敝友胡君經友介紹歸依三乘教。其歸法亦念五戒三歸（乃傳教者念）並在觀音菩薩畫像前發誓。但發何誓。未說明。只令歸依者說刀山地獄一句而已。敝友因聞人言。該教非正宗。且係在家人所傳。深恐歸依外道。故囑代問。　答此教顯係外道。宜急改依有道比丘爲師。

問敝友既在該教歸依。然依人爲活。釜碗或有未淨。且妄語每不能戒。未卜是否犯戒。　答有戒方有犯。犯否。須問彼教師父。

問四川龍鳳山有述古老人者。自稱燃燈古佛應世。教同善社人誦萬佛救劫經。念南無天元太保阿彌陀佛十字。此人不知是何來歷。大藏經內是否有萬佛救劫一經。學佛者能兼誦此經否。　答老人是外道首領之化名。經是外道所造之典籍。大藏經內安有是書。所念佛號亦是杜撰可笑。均非學佛者所當誦念也。

問四川龍鳳山有述古老人者。自妄稱爲燃燈古佛應世。掌三教合一同善社。敎人誦萬佛救劫經。念天元太保十字佛。以兩眼齊平運用六字坐功可能成佛作祖。又以守鼻樑工夫（即外道之玄關）爲佛正法眼藏。如此魔民。妄稱古佛。謗毀佛法。瞎人慧眼。應得何罪。　答應得地獄罪報。

問同善社之學說。雖與佛敎不同。然其坐功是否能強身。　答亦不盡然。

頗有傷身者、因其戒律太不講究所致耳。

問嘗見有淨業居士、既皈依佛法僧三寶、念佛諷經持戒修行、又入同善社坐工、練先天氣、却病延年、斯人佛道兼修、然其志願不望成仙成神、仍以超出三界往生淨土爲主、並未變其求生淨土之願、不過藉道教之坐工以圖却病強身、聊爲有禪有淨土之意、斯人究竟能得生西否。

答昔曇鸞法師先修長生之術、及遇菩提流支棄道術而修淨業、乃得往生西方。若既皈依佛門而反習道法、恐佛法之果未成、道法之果先熟、則欲生淨土而仍留穢土耳。有禪有淨土之意、觀印光法師文鈔中解釋四料簡義、可知道法之非禪矣。

問洪江一隅、眞正佛徒甚少、不過四五人而已、餘皆信仰同善社者。學人常閱各種佛化刊物、始知該社實係外道。友人中有入該社者、學人亦常秉佛理以勸之。然彼則曰社中注重打坐。即佛家之禪定功夫也。又注重誦金剛經及受持彌陀觀音名號，亦與佛家之淨土法門吻合，何得謂爲外道，反謂學人爲門戶之見。學人以知識有限，難與之辯。究竟該社之打坐，是否與佛法相合。此外尚有幾件顯違佛道者。祈一一明示，俾得據以振聵拔迷。能多喚醒幾人，則仁者之功德不可思議矣。

答，打坐雖類似禪定，並非出世間法，前條已答。誦經求福，原不定佛教中人爲然，況彼於金剛經之義解，是否不謬，尚未可知。（如道教中人有解金剛經成彼法者，）誠以彼所念阿彌陀佛上加天元太保四字，可知非佛法矣。佛教須以皈依佛法僧三寶爲基礎，彼則以精氣神爲三寶，此其大別也。彼自以三教混合爲其宗旨，可知其爲非佛非儒非道矣。

問南通鄉人率多喜入理門，奉持其所謂五字眞經，云現生可獲種種利益，而其所謂五字眞經也者，上不能教父母，下不能傳妻子，一味祕不宣示其道之所在，人莫由知之，諒係外道之一。然返觀佛教中持密宗者，又非經阿闍黎傳授不可。其故安在。　答密宗諸法具載藏典，並非祕而不宣。其所以貴師承者，令學者生殷重心，不敢輕忽。非具阿闍黎資格不肯告人者，恐自於法未熟，未能詳切開示，則聽者一知半解，易生錯誤，致失利益，及增疑謗。若外道故示神祕，其實所授亦極平常，甚或鄙陋不堪。嘗聞理教中人朱君寶霖云，所謂五字眞經者，即觀世音菩薩名號，祇許默念，不許出聲，猶尊諱不許說也。然祈救急時，亦許大聲疾呼。

問理門之教主爲誰，有謂即佛教所出，有是理乎。　答理門亦念觀音名號，但以默念爲法。至傳人法概是在家者，與佛教須出家人傳法不同。決非從佛教別出也。

問後學原本在理，在理之始祖姓楊，係明末清初進士，看破塵凡，一心修道，至誠感孚得龍舒居士現法身指引靈性與大士接緣，親授五字眞經，（即觀音聖號）八條戒律。（乃貪慾殺妄煙酒香像）後入岐山瀾水洞，面壁九年，大悟玄理，傳道祇教遵守戒律，受持聖號，並無其他如丹客修煉功夫。似此與學習淨土有背謬否。 答聖號與淨土不背。但戒律中香像兩戒，究係如何。倘非禁止不用香不觀像不拜像者亦與淨土不背也。

問鄭州有名空空道，念誦心經等，爲人戒烟治病有奇驗入會時須殺一雞或一猪一牛，名爲放花。是否佛法有此一門。 答此全係邪教。其誦佛經者。蓋其祖師係學佛不得法而入魔道耳。

問奉佛另有「先天」「龍華」一派。別內容如何。可依從否。　答先天龍華均係外道。以在家人爲師。不以僧爲師。且認彌勒佛爲現已下生。與佛教事理相背。烏可依從。

問先天會可皈依否　答先天會非佛門。不宜皈依。佛門有受三皈儀式。將其中皈依之語。在佛案前長跪合掌自誦各三遍及懺悔偈發願偈亦各三遍。行之七日。亦所謂自歸依也。遇有高僧時。再請證明可也。

問太虛法師破斥某教之上帝。云是散位獨頭意識所行法處所攝之徧計所執色。是獨影境。彼教中人有見之者反駁云。佛教中之阿彌陀佛千手千眼觀音……等等。亦決非實有。當亦同於心所自證之上帝。學人雖知其妄。然以學識淺陋不知當如何破之。　答佛教之佛菩薩皆有其本生因地，有因有果，此爲眞實。若彼教之上帝，但有果而無其因，無因有果，便是虛妄。又佛教以有爲法如夢如幻，本非眞實，故不受破。若彼教認上帝爲眞實，故受我破。

問一僧嘗爲予言，釋迦文佛示生數百年後，時當正法，然娑婆衆生心性剛强，難調難伏，亂臣賊子，前仆後繼，名利熏心，相爭無已，佛慈大教信者寥寥，佛深愍之，因命迦葉尊者示生講道，易殺盜淫妄酒而爲仁義禮智信，出深入淺，且以科第爵祿歆動之，所謂先以欲鈎牽，後令入佛智，緊何人，斯則至聖孔子是也，等語。我佛化導法門無量無邊，然則孔子降生，信乎爲佛慈之一種善巧方便，此約理言之也。然關於此層未見載籍，其殆予讀閱之未廣乎。敢請約事言之。　答此種援儒入佛之談，全是附會。況五常之與五戒，乃泛切之異，非深淺之殊。而科第爵祿，並非孔子所設。其誣實甚。

問達磨祖師行程戒牒，及十僧冥報靈驗記二書之眞僞如何。義理正否。藏經中有其本否。其頌中有「依佛有粒子，不誠至如今，」二語作何解，　答二書藏經所無，是外道邪說。頌語故作難解以示祕密，是外道惑人故技。按頌句如欲其通，文可改作「依佛有舍利，不滅至如今。」

問敝處相傳有妙沙經，且云誦此四卷，可折金剛經一卷，究竟此經是否僞造。　答是僞造。可折金剛經句，鄙俗可笑。

問關帝明聖經是道經，抑係佛經，誦之有礙學佛前途否。　答此書非佛經。學佛者不宜誦。

問關聖帝君護國佑民，疊加封號，稱「蓋天古佛。」佛典中有此事實否。

答並無此事。

問近坊間流行一種釋迦牟尼佛金剛還劫娑婆眞經．有觀世音菩薩及關聖序文。惟經文似非佛說。有研究價値否。　答此是僞造不經之作．宜燬板。

問威遠縣靜寧寺傳布觀音普門九品經．爲眞爲僞。　答此經大藏所無．必係僞本也。

問晚讀觀音本願經溯源第一章．「……俺生在佛祖後七百餘載．作一女子身……」「於是商同俺兄地藏王菩薩學佛祖之大道……」但我佛釋迦世尊在忉利天說地藏經時．佛尙未涅槃．何以有觀世音從座胡跪合掌。呢請道其詳。　答此書一派胡說。當是僞造。所謂瞎人眼目者也。

問嘗聞諺云．六祖道落火宅。究不知若何落於火宅。何代何時傳於居士。

祖師何故。居士何名。何處人民。　答此乃一種外道自矜爲得佛祖傳統之語。其實六祖以後高僧輩出。試閱宗門傳記、可知其誣

問齊公煉氣出神之說、是否、外道行爲。又齊公教始於何人、可以歸併正法否。　答亦是外道行爲始於何人。未詳此輩能不執己法、爲究竟皈依正法、有何不可。

（五）　眞理之研究

問佛經所說一小世界中、有須彌山日月繞之等說、與近世科學家說不同。又極樂淨土、在此土西方、然依科學家說、則地球圓形其轉之方向自西至東、則此土方向亦不固定、（餘略）　答佛說世界與科學所說不同、果如來問。但佛眼圓明、是現量境、故其說一。人眼偏暗是比量境、科學所說均係測驗所得、全是比量、故其說異。或圓或方或動或靜

繞日日繞、古今殊致、靡有定規、安能作爲定論耶。佛說極樂在娑婆之西、吾人在娑婆之一閻浮洲上、主地靜之說也。地球旋轉、主地動之說。二說不同、不可爲例。

問近世地球圓說、由飛艇環繞地球一週、更顯明證。以佛教而言、此南贍部洲在須彌山外鹹海之中、似乎地是方、非在空中。究竟佛說地形如何、宇宙如何。　答地球是我人之依報、與我衆生正報同一幻妄。地在海中、平而不動、此舊說也。地形如球、在空而動、此新說也。舊新兩說、各有根據。蓋以觀察點不同、故所見遂異。此乃衆生心理之變遷、不得據以認爲孰眞孰僞也。我人不能離地在空中一望、觀見地球之半體、即不能斷地之眞爲球形。況地面上蒙氣甚厚、幻影正多、總不若佛具五眼之所見爲眞確也。或曰須彌四洲、亦是印度舊說、佛不過隨順他語而已。總之人生宇宙·均是佛之俗諦法門所攝·固亦隨順時代而有變遷·未可是今非古也。

問虛空無量世界無量·現時科學家說太陽有幾個·佛教說太陽有幾個·祈用經論證之。　答佛說三千大千世界內有百億日月·亦見俱舍瑜伽等論·大小乘諸經典之常談。

問嘗見佛學論文中·承認科學家謂天上無數星球·是虛空中有無量世界。偶見有星球遷移散壞時·光明閃長·是否爲一世界之壞劫乎。　答亦可如此說。

問佛經上有云日繞須彌山。按西國地理及天文學均言日不動而地球繞日而轉。此何不同也。　答地靜日動·古說也。地動日靜·今說也。佛經據古說·有何足怪。我友王小徐居士·曰新相對論證明動靜祇是相對的·言天對地爲動·與言地對日爲動·其爲誠爲妄·實無軒輊之可分。卓見以爲然否。

問細胞未知是否由四大所造。　答萬物不出六大·豈細胞而能外是。

問極微有堅濕煖動四性·卽地水火風四大於其性質有偏增之處遂成種種各別物體。如堅性一部增勝時·餘三性卽潛隱·故成金石等之固形物·濕性一部增勝時·則成河水等之流動物·煖性一部增勝時·則成火焰等之燥性物·動性一部增勝時·則成風氣等之氣體物·其學說似乎與現代之原子電子相彷彿·蓋原子種類之差別·由於電子之排列差異而成·未知與極微性質有偏增之說·是否相成。　答極微之說外道數論等師均有之·認爲實有。至於佛說·以此乃觀念分析·並非實體·此與電子等說相似而不同。

問一切衆生中唯動物方有識・但植物中如含羞草之類・一觸卽倒下・似與八識中之身識相類。未識然歟。　答含羞草之觸而倒下・乃機械作用。但是物質狀態而非精神狀態・故不得謂之身識・草木之根能吸水質・與手巾之端能吸盆水（巾一端着盆中水・則盆水盡被巾吸而滴於地・）相類・豈手巾亦心識歟。按此等機械作用・在百法中屬於不相行法之「相應法」一也。

問宇宙唯識造・其理如何・於俗諦上有何顯確之事實證明乎。　答宇宙卽環境・唯識卽唯心。心貪者・常憂不足。心寬者・處處安樂。非明證乎。又李廣射石而沒羽・催眠術施行時・被催者唯催者之命是聽・皆其證也。

問佛說三千大千世界・以須彌山爲山王・該山居大海之中・下踞金剛際・上齊忉利天・東南西北分四大部洲・南贍部洲卽地球上之五大洲・至

其他部洲，則另有其所在，即各天亦有名定及處所，均散見於經典及注疏，惟未說及創造者耳。宇宙天地萬事萬物，在基督教則說係上帝所主宰，且引儒家齋戒沐浴可祀上帝，獲罪於天無所禱。科學家則不談。哲學家則說宇宙之謎。如此重大關係，尚在紛紜，其說究竟是否即係上帝所主宰。抑在佛典另有一定之參證。請開示。　答佛說世界為衆生之依報，亦是衆生造業所感，一人之世界為一人之別業所感，衆生之世界為衆生之共業所感，所說與基督教不同。有理有事，讀佛典者自能了然也。

問十方三世所有一切世界，何故有成住壞空之劫籔，為何有此種種循環變化。若用科學推求，能否得充分之理由與證明。　答生滅循環在世界上之動植礦物固液氣質莫不皆然。科學家目之為自然現象。理由證明觸目皆是。以是而推世界自體，當然亦不能逃出自然現象之外。人壽增減，亦有歷史可徵，物象可見。（太古人壽以萬計及地層中有巨體骨）若以佛理論之，此種種現象，不外時空兩間而時空間性，由於心念而起，諸佛聖人證得無念時，卽不見有時空兩間之分別。心念生滅一剎那間有九百次，故世界之組織，實際爲無數之片段，相續之幻象。如影戲然，佛已證得無念故能洞見生滅之現象。大中小劫等之分別，但舉生滅現象之大者耳。

問世界山川人物，皆是因緣會合而成。先有世界乎，先有人物乎。何以有成住壞空四劫。空劫時，衆生同具之佛性何在。　答所問世界人物，孰爲先有，卽有二義。以世界住持人物而言，似應先有世界。以人物依止世界而言，似應先有人物。究之世界人物旣皆是緣會而成，則世界之成。需人物爲緣。人物之成。需世界爲緣。互爲緣起。同時成立。豈得有先後乎。所問何以有成住壞空四劫。須知此四劫者。世界生滅之相也。世界既曰緣成。則緣會故成。既成名住。緣散而壞。既壞曰空。尙復何疑。所問空劫時衆生佛性何在。夫佛性常徧世界。衆生之本體也。空劫者。世界衆生之空相。非無體也。譬如波浪滅時。水體不失。故空劫時佛性宛在。

問世界山河大地。爲衆生依報。其成住壞空四劫。是否爲衆生業力所感。抑世界自有其成住壞空之性。至空劫時。衆生何往。（指識神）夫世界既爲衆生依報。則衆生同業力一日不滅。世界卽無自滅之理。然此同業力除衆生全數成佛外。實無得滅之一日。世界安能自壞自空。

答世界成壞。亦是衆生業力所感。至空劫時。衆生仍在空處。（識神無形能與空合）猶今日之草地上已無其根、仍在該地之下。世界之空是現象滅、非本質滅。蓋一期之同業力雖盡、而繼起之同業力又待時而發。故亦成輪轉之象。

問佛法導論緒論第六頁、「而這現實界中一切的存在、都是因緣所生法」初起爲一切之因、何由生成、何自而來。　答現實界中的一切、是整個的。察其相互的關係、有親有疏、有顯有隱、有動有靜、名曰因緣、原無來去、亦無始終也。人之知識、但能分別、即有漸次、不能盡知。佛知一切法、乃係智之所證、故無遠近先後、整個皆了也。

問佛法導論第八頁、既知「人生行爲、是永久相續不滅的」、何能通達到佛。　答人是生死凡夫、佛是解脫生死者。人能依佛所示、用功改善行爲、令離生死、即達於佛。人生行爲、本是生滅無常、惟賴相續、故能永久不滅。亦惟相續。故有改善之可能。

問佛法導論世法篇十八頁「宇宙從業力而生。……」「造作名業。」「由業而生的叫業力。」此都屬唯心論說法。於物質世界如何解釋。須有物質始能作爲。否則空作空爲。何能有物質界。「宇宙是生命之流。業力之網。」其流無所始耶。如何意義是無始。無始與因緣所生法不一致。又如何能流出現實之物質界。即業力之網內。何能有物質實際物質的本體。是否即心的現象。果爾。則爲何空處不能見物質。不能引起心的現象。　答生命本是生滅不常。似有整個的宇宙。猶瀑流本是水點。先後相續流動。似有片段的瀑布。故曰宇宙是生命之流也。業力似非物質。但因力所組織之網。即成物質。猶今科學家以一切物質爲由以太速疾運動所成者。佛立五蘊。有色有心。業亦色心徧有。故能造身心世界也。物質之本體。即心的現象不差。空處亦是現象。苟非現象。何以知空。既知是空。即是能引起心的結果。猶日光七色皆隱則成黑色是也。

問古偈云一粒粟中藏世界。作何解釋。　答此明眞如離相法界無礙之義。粒粟至小。世界至大。小中藏大。則大不大而小不小矣。蓋大小者事相也。不大不小者理性也。因理性之非大小。能令事相之大小融通相入而無礙。法界原來如是。諸佛證之。凡夫背之耳。

問余於藥師法門。極爲契機。惟誦本願功德經至七難。有「日月薄蝕難」一語甚疑。日月薄蝕本無所謂難。且能預推。夫佛大能知諸天諸世界。小能察見微生物。故近代科學愈發達。愈能發揮佛之所言。何於日月薄蝕之尋常事。當時獨未能透知耶。　答宇宙世界都是衆生之依器。

對衆生有情根身而言．謂之依報。亦是衆生造業所感之果。故一切現狀影響於衆生界．自有一種關係發生。如今歲大旱爲災．而天文家謂日中黑點增大之故。豈得謂日中黑點科學家可以推測．而所感之旱魃不復爲災耶。夫天文學中所有各種現象．皆與氣候有關．氣候不調．其影響於人生爲禍最烈。如雹如颶風等。日月之蝕．亦其例也。但既已有常度可循．故所云難者．或微而不著．或習焉不察耳．

問雷擊原因如何．祈詳解之。　答雷擊古言天罰。今言觸電。所說雖異．其實事同。蓋雷擊即是觸電．慘死．必是惡報。不過天罰者言其因．觸電者言其緣耳。

問劫初世界成時．光音天降來地上．食地味．後地味食盡．自然稻生．地味如何食盡。稻無種子．如何發生。　答衣食是衆生依報．所攝是業感所招。業盡則報窮，故地味盡。稻雖無種子，業感所招，亦能化生。若必欲詰其種子，則業識即其種子也。

問　無始之初，何從有含識。佛教之修，最初第一尊佛，誰教之修。如謂彼自知修行，則何故以後衆生自知修行者，惟有獨覺。如謂彼自然成佛，則何故吾輩凡夫不能自然成就，而待行種種苦行。如謂彼自無業障與吾輩異，則何故彼獨異也。現前含識，於理亦有不必行六度萬行而能自然成佛，如最初第一尊佛者否。伏求慈悲本諸經教依理窮之，明白示我。

答　既是無始，又安有初。衆生與佛，相待而有，同是空華病目者見。衆生無始，佛亦無始，故不可言最初第一尊佛。此等問題，楞嚴經圓覺經及大乘起信論均有說明，須善悟會。然緣覺獨覺係小乘果者，但知眞諦，未知俗中二諦。故蓋覺未究竟，非在獨不獨也。華嚴經說佛成道時，嘆曰，奇哉奇哉，一切衆生皆有如來智慧德相，但以妄想執著而不證得，若離妄想，則一切智自然智無師智即得現前。讀此數語，即知衆生與佛之關係，及成佛之原因矣。按衆生有佛智，即生佛同源。不證佛智，故有衆生。離妄想故，非修行不可。佛得無師智，則知成佛本不須師矣。

問佛家有他心通天眼通諸法，英國心理學家麥當哥爾氏（W. medongall）所著（Bodyand mind）亦詳言之。吾人欲證得此種神通，當至何果位。（現今歐人瑞登保（Swedenporg）於衆客筵席間忽停盃遠矚，謂六百里外某地正肇焚如，後向該地調查，果曾失火，恰當瑞氏宴飲之時也，此爲天眼通證得之人）　答通有自然得者，須修佛法至六根清淨位，小乘三果，大乘初地。有作法得者，須習禪定。但前者不退，後者有退也。亦有報得通者，意謂先世曾習禪定功力未衰，至今生而以相應因緣，遂又得通，此亦不能持久者也。歐人之能此，即其後二種也。

問歷觀各處所示及吾人夢中所現天地神祇地獄罪鬼等像，都屬中國人面目。夫同一世界，何只中國人可爲神，歐美人則不能爲神，中國人有地獄，歐美人則無地獄。且凡夢遊西方見七寶蓮中所坐，亦未見一歐美日本人。彼之信佛較盛於我，又何以獨無此善果也乎。　答六道衆生各異依正，我輩既是人道，則凡所見者皆屬有緣，有緣本於習慣，故類於人道者爲多。且中國人多見爲中國人面目，歐美人多見爲歐美人面目，一切圖畫塑像均是如此。試觀日本人神像均類日本人，歐美人神像均類歐美人，足以爲證。此乃心理中對像之關係，與其本質也。來問云云，頗有誤會。

問初創天地，他種動物與人類孰先孰後，科學家言人類由他種動物進化而來。然歟。　答天地猶器也。人物猶器中所貯之物也，未有有器而無物者。故一有天地，動物與人類必同時而有。科學家言，想當然耳。

問人生宇宙之間，隨業受報，修道則可爲仙佛菩薩，作惡則轉沉禽獸濕化。按諸經典，是說早知，則仙佛菩薩禽獸濕化和合總數，定屬無增無減。而今均屬增加。若謂菩薩現衆生相說法，則世道人心何以日趨危險乎。　答法界眞如，超諸數量，無增無減，是乃正義，來問云今均屬增加，此但就一方面說，豈眞能舉全量耶，況佛說衆生，乃有六道，來問但云禽獸濕化，似偏言畜生一道。則又烏能得衆生之全量耶。至菩薩現衆生相說法，而世道不減險惡，則正同疫疾之區，病夫衆多，醫生充斥也。又何庸疑。

問無始爲何有無量衆生。　答衆生由於業報・造業由於煩惱・煩惱起於無明・煩惱無盡・故衆生無量。

問無始爲何有佛　答斷煩惱・淨無明・不受業報者爲佛。故有衆生即有佛。

問無始衆生界內・未有佛以前・爲何有一衆生先欲成佛・以致燈燈相續・有佛可言。現在一種作惡衆生・爲何於當初未有佛以前・與此佛同等根性時・不與此佛同成佛道耶。　答一切衆生皆有佛性・若一衆生遇苦衆生・發大悲心・行度生事・行滿成佛・若未發心・如何成佛。

問佛言一切衆生皆得成佛。但科學發明後・知人體內有種種蟲・如十二指腸蟲及微生蟲等・未識此類能成佛否。如能成佛・則人體內豈不有無量數佛。　答人體內蟲・亦是衆生之一・不過寄居人體內耳。既言一切衆生皆得成佛，則此等蟲類當然亦能成佛。但衆生成佛，須經相當之修行。人與蟲類，未必一時同成佛耳。使果能同時成佛，則所云體內有無量數佛，亦屬當然。

問一切衆生皆具如來心性，爲最初一念之妄墜入輪迴，究竟未墜之前住在何處，是否如十方三世一切諸佛住在常寂光中。　答衆生具佛性，爲一念無明，致受輪迴，此係菩薩修行成佛返妄歸眞時經驗之談，非謂衆生本來是佛，後入輪迴也。故未墜之前云云，實不能成立。

問圓覺經云，金剛藏菩薩問佛說「世尊，若諸衆生本來成佛，何故復有一切無明，若諸無明衆生本有，何因緣故，如來復說本來成佛，」仔細思索，實難了解。若眞如與無明同時而有，則不當說本來成佛，若無明後起，則已成佛者，豈非仍有退墮乎。此數句經義，當如何解答，始臻圓滿。敬祈開示。　答眞如是實・無明是妄・雖同時有・而妄者不能礙實・故仍應說本來成佛也。金礦中金・即是眞金・不得以其雜有沙土而謂本來非金也。

問眞如與無明・旣同是無始・而修行成佛・總說返本還源・不增不減・是仍修到眞如老地位。則即可云眞如與無明同是無終。則也許無明復動。又何以云成金以後不復爲礦。且後旣不復動無明・前究因何而忽動無明耶。　答衆生從無始來無明不覺・違背眞如・故流轉六道造業受苦。今修行者隨順眞如・由始覺而達於究竟覺・親證眞如・號之曰佛。無明已盡・故謂之返本還源。眞如覺性始終不二・故無增減。無明有盡・云何無終。無明旣盡・如根源萎涸・何能復動。然此無明徹體虛妄・本非實有・妄認爲有。譬如病目見空中花・空本無花・病者妄執・忽動無明亦猶是耳。成佛以後，如目已健，全永不再病，故花不復見。若云再病，則是尚未成佛。所謂地前菩薩，尚有退轉者也。

問諸佛書咸言衆生因一念無明而流轉六道，是則無明未妄動之時，是否爲佛耶。果也，則豈非佛位尚有起無明之虞耶。　答衆生因一念無明而流轉六道者，蓋依諸佛菩薩逆流修離念工夫，至破一念無明而證佛果，故知衆生流轉之根源在一念無明耳，非謂在佛位再起無明也。若如子言，應云諸佛因一念云云矣。須知衆生從本以來，未曾離念。所云「無明未妄動時」之語，實不能成立也。秖可云「無明至斷盡時，卽是佛。」

問某宗說起信論者，謂眞如不守自性，忽生一念無明。據此則眞如先有無明，後起矣。然唐大圓居士著唯識方便談，又謂眞如與無明同是無始・同時而有究竟孰是。　答眞如與無明同是無始・此說爲是。但謂眞如不守自性忽生一念無明・亦不可據以爲眞如先有無明後起。何以故・眞如一向隨緣・即一向與無明俱也。圓覺經金礦之喻・最爲妙譬。

問一切衆生均有無明與眞如・成佛後無明始盡。但此無明・未識本來有歟・抑如何而生歟・又未識成佛以後・仍能生無明乎。圓覺經雖有礦中金及純金之喻・然究竟未明。　答衆生無明本有・非從無而生。若無明除盡・始能成佛。如礦中本有砂土・砂土除盡・乃成眞金。此喻顯然。來問云成佛後無明始盡一語・乃倒果爲因。所以有成佛後仍生無明之疑。若知無明除盡始能成佛・安有此疑。

問中峯國師三時繫念中云・但念自從無始迄至今生・一念違眞・六根逐妄・隨情造業。既云無始・何有一念。想有此一念・即有始也。不審在此一念未動之先，衆生本體如何。　答衆生本來是佛，以衆生離念得成佛故。但以衆生從未離念，故說無始。

問衆生無始本靈，是各有一個，抑或共同一個。若是各有一個，則無始本靈因何而有。數量若干。又無正確典籍以資證明。若云共同一個，則衆生與釋迦乃是一體，何釋迦則常住寂光，衆生則沉淪苦海。證自吾人靈性同時不能分作二途，故云迷爲衆生，覺則爲佛。釋迦與衆生本靈既共一個，何同時能分迷覺二途。豈可云釋迦是衆生乎。　答迷爲衆生，覺則爲佛，故佛之本體曰本覺眞如。衆生之本體曰無明業識。眞如平等，故諸佛法身與衆生法性不異。衆生爲無明所迷，故於平等中妄生差別，而遂若不一矣。譬如覺人忽睡，夢境中見有多數人者，及其夢覺，則此夢中之多人均不復現，依然惟我一覺人也。佛與衆生，即覺人與夢人之例耳。思之。

問佛學大海。茫無津涯。然古德言心即是佛。佛即是心。心外無佛。佛外無心。果能將此一個心字認識淸楚。或者得門而入歟。自來說心者大約有四。(一)肉團心。(二)緣慮心。(三)集起心。(四)眞實心。此眞實心之體。則至爲淸淨。而其用又至爲神靈。一個心如何區別爲四。大乘起信論言心有二門。儒家亦有人心惟危。道心惟微之說。蓋除肉團心外。緣慮心集起心皆爲人心。而眞實心乃爲道心也。吾人能降伏其人心。安住其道心。則成佛作聖。皆由於此。然此眞實心在何處。楞嚴經載佛與阿難論心七處徵心。不得但斷言心不在內。不在外。不在中間。其實無處不在。細思其理。所謂眞實心者。乃爲假定名詞。並無實在物質。意者殆靈魂歟。靈魂有神無迹。不可取不可說。與生理學家言神經作用相近。然似是而非。今以靈魂爲眞實心之代名詞。然乎否乎。　答四心中唯肉團心是物質。餘三心皆非物質。緣慮心者。卽是見色聞聲等六識心也。集起心者。積集功能發起作用。卽第八識名藏識。梵名「阿賴耶」也。此藏識爲有情之主人翁。來先去後。以此擬靈魂。猶或相似。但世人之稱靈魂。以爲有其實體。而佛說藏識。亦是緣生無性耳。眞實心者。卽八識心性。稱爲如來藏。緣慮心無常而有間斷。集起心生滅相續。雖無常而無間斷。唯眞實心則眞常而不生滅。圓滿而不增減。在纏出纏。體非垢淨。卽是衆生之佛性。諸佛之法身。如是理會解釋經文。思過半矣。

問楞嚴經言地獄。則言因心而生。言淨土。則言唯心本有。據此地獄與淨土。除心之外。實無此眞實境界。而何以地藏本願說地獄如彼其了了。無量壽三經言極樂。則阿難韋提希皆是親見。然則地藏本願無量壽三經皆釋門弟子僞造乎。　答心造地獄。唯心淨土。心外本無眞實境界。但心外無境。心內卽有境矣。凡夫但認離心之境。未識卽心之境。而佛菩薩與言地獄淨土者。若認爲心外卽心外眞實。若識爲心內卽唯心眞實。要皆不可無也。佛經如語實語。並非僞造。

問佛經中言無我。應如何解釋。若眞正人人無我。則輪迴於六道中及往生西方或作佛菩薩又是誰。　答佛經說無我。我原有二種。一爲人無我。一爲法無我。今所問者。乃人無我。我者常一主宰之義。沒有常一主宰之人。謂之人無我。換言之。卽沒有眞實的人。但有假名的人也。夫輪迴於六道者。卽此業報因果之生滅。非有人也。故六道是假名也。往生西方卽淨業之結果。作菩薩卽是行菩薩道。作佛卽是行菩薩道圓滿。均非有人也。故往生及佛菩薩皆假名也。然則佛何爲而說此假名耶。曰。

衆生我執未破、不了假名、認有我輪迴六道、而枉受六道之苦、佛爲度衆生苦、故說此種種假名耳。往生西方爲破我執之方便、作菩薩爲破我執之次第、作佛爲破我執之究竟也。如不得已、卽可曰輪迴六道乃至作佛者、是假名之我也、是未破我執之人也。

問五十六期半月刊登答人無我之義、惟未開示法無我。阿難結集每經首冠以如是我聞四字、經文中有常樂我淨之語、是明明承認有我。何以又曰法無我。　答以法爲有實體者、爲法我執。一切諸法從因緣而生、如幻如化、但有假名、了無自體、謂之法無我。如是我聞之我、隨順世俗所稱、原非我執也。常樂我淨之我、指大自在言、亦非執我之我、亦非隨俗稱我也。又人無我者、言人但是一法、此人法中並無有一我體。然此人之一法、亦不過是四大和合以成身、四蘊假合以成心、何嘗有人之實法耶。簡單言之・人爲身心因緣而生・並無自體・此卽法無我。

問學佛以滅妄歸眞爲目的・乃佛書多有全妄卽眞全眞卽妄之語。其意義是否妄全無卽眞・眞全無卽妄・抑別有解。　答妄未滅時妄卽是眞・眞未歸時眞卽是妄。妄卽是眞・非分是眞・乃全體是眞也。如全波是水。眞卽是妄・非分是妄・乃全體作妄也。如全水是波。

問第一義諦如何解釋・是否卽實相之另名。　答諦者・眞實之法也。第一義・對普通道理說也。言非普通道理・所謂眞實法者・曰第一義諦。其普通道理・所謂眞實法者・曰世俗諦。實相對妄相非相說。

問實相無相・學人難明・請於無可言說中權用文字講解。　答凡所有相皆是虛妄・是故實相不在有相中求・當在無相中領取矣。又此無相者無定相之義・故應言「實相無相無不相。」

問學佛以了生脫死爲目的。具縛凡夫有分段生死・固無足怪。菩薩有變易生死・是生死尚未能了。必如何始能二死永亡。或謂凡夫之生死・隨業輪轉不能自主・菩薩之生死・純由自主所謂意生身隨緣化現。或謂菩薩爲化衆生示生世間・在衆生見之・則同有生死・在菩薩分上實無生死・譬如夢幻・雖有非實・是菩薩之生死乃爲衆生示現其相耳・非未了生死也。以何說爲是。　答二死永亡・必至佛位。菩薩變易生死・是意生身・因大悲願力應化度生・故雖如夢幻・而夢心幻心隨緣變化・亦有起滅之相・故曰變易生死也。所舉二說皆是無非。

問往生佛國・遠載簡篇・近經見聞・百無一失・深信勿疑。茲錄陳甲乙兩說・何說爲是。乞賜示。(甲說)乘願回入娑婆・仍借母胎・示生化度衆生・已得不退轉・故無入胎之迷・竟斷輪迴之苦・所謂大權示現・頻頻現生・數數示滅，(乙說)衆生往生已在安樂，得阿耨多羅三藐三菩提，乘願回入娑婆，似無再入母胎受四苦之煩惱，在虛空界神通示現，正是作人天之導師，演法音於塵剎。　答諸佛菩薩現身說法，或示胎生，或示化生，隨願隨緣，原無定軌。極樂衆生得無生忍，分證菩提，回入娑婆，或現佛身，或現菩薩，胎生化生，亦無定軌。甲乙兩說，均屬可通。

問教中常言佛是衆生心內之佛，衆生是佛心內之衆生。然既是互在心中，佛之智慧神通等，衆生云何不得受用。衆生起惑造業，亦卽是佛之起惑造業。既然起惑，何名之爲眞窮惑盡。　答生佛雖互在心中，然迷悟有殊，生心中佛，惑業所障，故不能受用。佛心中生，眞如所熏，故漸離惑縛。起惑造業，是衆生外背佛心所致，豈佛之咎哉。

問衆生數量有定額否。　答從迷而言，衆生無盡。從悟而言，衆生本空。有無不二，此謂不可思議。

問心佛衆生同一法界。覺悟一衆生，是否清淨海中添一佛，輪迴中少一衆生。　答生佛相對，可作此說。若論同一法界，則是不增不減。

問敎中有云，衆生成佛，生界不減，佛界不增。然既言生界佛界，似不但約理。若兼事相，如何是不增減義。　答界有因依義，生界佛界同是一心，心佛衆生，三無差別。尙何增減之有。此應約理事無礙說。

問大乘敎中每云一切衆生莫不有心，凡有心者，皆當作佛。若以此義，衆生雖廣，終有盡時，如其盡者，則生界斷滅，如來於法不說斷滅相，此義又復難通。又常云衆生無盡。但不知如何是無盡義。將非成佛後再來作衆生，或衆生另有來源，如泉水然，或一分去成佛，一分仍作衆生，但此三義，佛敎均不許可。除此三義外，如何是無盡義。經論中常有如此問答。但問處甚是明了・答處確是囫圇團圓・難於了解。敬請明白指示・是但約・理性或兼事相。是了義之言是不了義之言・　答心佛衆生三無差別・不增不減。有盡無盡・皆爲戲論。此乃不思議境・唯證了知聖智所緣・宜無世智所解矣。當是事事無礙法界・了義極則之談也。

問諸法不自生・亦不從他生・不共不無因・是故說無生。何解。　答例於諸法中取筆爲說。凡無而忽有曰生・此筆本來沒有今有此筆・則曰此筆生。然若謂此筆自生・則先已有筆・如何更生。若謂從他羊毛竹管而生・則此羊毛仍是羊毛・竹管仍是竹管・安見有筆生。共者自他和合也・自者筆也・他者毛管也・今自既不生・他亦不生・合此兩不生者・謂爲能生・安有此理。且筆外無毛管・毛管外無筆・安有自他和合之相・故不共生也。既自他共均不生矣・或曰乃是無因而生也。此又不然。有因尚且不生，安有無因而反能生者。假曰無因能生，則應隨處有筆，何必合毛管而始成筆也。故曰不是無因生。四處檢生皆不可得。是故說爲無生耳。

（六）對於懷疑佛法者之答辯

問校中寫日記，學生謂佛教不是迷信，乃破迷者。而校中主任先生，卻在上面批之，謂佛學是一種哲學宗教，是以神爲主，是虛僞的，不見有神靈效驗，佛學可研究，若去崇拜偶像，甚而想入非非，要去成仙成佛，則不可，或以寶貴光陰去作燒香化紙作揖叩頭的事，則尤不贊成云云。其說當否。居士對於佛學極有研究，解疑祛惑，竊願聞之。　答佛法非哲學，非宗教，有王恩洋居士一文可參考，茲不贅述。神靈有無，須從心理說明，心理有用而無形也，但神像所代表之神，是天人鬼畜之類，未嘗無形象也。顯靈效驗，是有遠近先後不同，有障無障之異，故不即現，但論因果關係，可以斷其必有。不知其理而信之，謂之迷信。未曾見過之事，即以爲無，此乃武斷，非通論也。成仙成佛，有事有理，有因有果，並非想入非非之事。偶像既是代表，如十字架之代表耶穌，銅像代表偉人，崇拜之者，是崇拜所代表之人，學佛人崇拜代表佛的偶像，亦非分外。燒香頂禮，即所以表示崇拜之忱。至於化紙等事，則本非佛法中事，世人不察，牽拉並用耳。

問有人以爲今世之人，無不欲解在信生，未解而信，是謂迷信，佛家以信解行證之說，解人疑惑，其爲迷信與否，不可知也，此種似是而非之言論，其根本錯誤之見解安在。望指明之。　答信者有認識有佩服有願樂之三義，解者有審問有慎思有明辨之三義。故先信而後解，若先未信，安肯取以問思辨論乎。即有問也，亦挾故挾賢之類，成見橫胸，從何悟入。彼所謂解在信先者，即信義中之認識，可謂之知，不得謂之解。蓋先知而後信其說成立也。既知矣，即不得謂之迷。今世人智慧太劣，必種種說法種種譬喻令其認識令其佩服而發願樂之心，夫然後其信成就也。若云解也，談何容易。復次信解行證四步功夫，每一步內仍含四步，如信要有信此信，解此信，行此信，證此信，而後信成就。來問所云要先解者，即此信中之解也。

問 有人謂佛教宗旨，先欲使人起信，教理正確與否，一毫不容置議，爲罣礙思想之自由，阻止人類之進化。此種反對佛法之言論，當用何詞闢之，以糾其謬。 答 欲知山下路，須問過來人，佛教教理之正確也，已懸在二千數百年前矣，菩薩羅漢皆親歷者，列代祖師高僧居士皆過來人也，豈有以後生小子而致疑於父兄長老者乎。夫世間無常之法，可論進退。眞如不變之理、不增不減、豈得以進化繩之。佛法從正徧智中流出、依此而爲思想之標準、則縱橫自在、有不可思議者、尙何窒礙自由之爲慮哉。

問淸世宗深入經藏、而對手足多殘刻、其行解何尙未能相應如是。　答行解相應、本是難事。蓋以業障所牽、作不得主耳。

問闢佛者每以梁武不應有臺城之難、印度不應亡國、某國不應橫暴。請解釋其理。　答國家興亡、係乎共業。梁武一人信佛、何能挽救。卽以梁武一人而言、亦有宿業所追、不能免於侯景。其信佛之報、當別有在耳。印度佛法衰頹之後、亡於回教徒、非佛教之罪也。若某國受我國及朝鮮之佛教、餘緖至今、亦徒存空談於紙上、雖稱信佛、而國家觀念太重、以致橫暴。若美其名、則當曰威德矣。出於謗佛者之口、欲加之罪、何患無辭。

問有云梁武信佛亡國・現今外交風雲・國亡無日・若是人人宗淨・則誰挽救危亡。　答信佛與亡國・並非因果關係・如何相難。譬言喫飯身死・今人無不死・亦無不喫飯・亦可相難乎。尙德終勝尙力・但恐未能實踐耳。

問每觀佛典・皆言眞能學佛者・不起貪瞋癡・逆來順受・不計是非人我・不與人爭。若國人盡如此・豈無亡國之憂。　答果能如是・愛人者人恆愛之・敬人者人恆敬之・道德不亡・國誰亡之。再學佛者須人人發廣大心度生心・如以國爲念者・要從國際提倡佛化。

問印度乃佛法最盛行之地・何以亡國。　答佛法盛行之時・印度不亡。及後佛教衰落・他教侵入而後亡國。然現在國雖亡・而民族性質仍不失爲善良。故識者知印度復興當不在遠也。

問謗佛者常說，假若人人淸閒念佛，社會上的事誰做，個個出家守佛戒，豈不要絕種。愧我無所對。　答念佛修心，但不作惡事，好事仍當做。於社會有益無損。個個出家，俗種固絕，佛種亦不斷矣。

問「一身乃招苦之本，厭乃得樂之基」譬如吾人一切皆厭聞厭見厭爲，世界上之人豈非皆變爲懶惰者，然則五穀蔬菜無人耕種老幼殘疾無人撫養，世界上一切衆生，豈非皆呈不安之象乎。　答眞俗二諦，權宜施說，能斷邊見，中卽圓融無礙，如先生所云厭聞厭見厭爲，猶是落於「厭」之邊見。當知「厭」與「欣」對立，離欣則厭不成其爲厭，此理既明，則衆生不安之疑問自可渙然冰釋矣佛家能厭故我法二執俱遣，反之佛家能欣，故淨土實唯心造。而亦太虛法師「人乘通佛乘」妙論之所以建立也。

問近有闢佛者評論佛法·其言曰·「魏晉以還·佛法流入·生事日毀·民性益偷·由厭世而灰心·由灰心而消極·由消極而腐敗墮落·一切向上有爲字曰妄想·出世無期·而世法大壞·無政府黨人所否認者政府而已·佛徒取世界有爲法一切否認之·其何以率民成教·此其弊也。此種非難佛法言論·其謬誤之處何在·請以佛法眞義一一糾正之·　答此固不知佛法者之妄談也。佛法有出世有入世·以斯世之濁惡·欲其潔己也·故出世。以斯民之沈溺欲振拔之也·故入世。出世是佛之智·入世是佛之悲·悲智雙運·而佛教以立。又復智以自利·悲以利他·自他兼利而佛教以成。彼闢佛者·但見其不同流俗·而遂疑其消極·目爲墮落。殊不知人有不爲也·而後可以有爲·孔孟且然·而況於佛乎。

問基督教與天主教·有設孤兒院或養老院者·或施醫藥·或立貧民學校·

若戰地則設婦孺救濟會，諸如此類，善舉頗多，何佛教中反少也。　答此在佛教不普及之故，今已有提倡舉辦者矣。

問列强之凌辱我國及其他弱小國，有謂輪迴苦報使然。惟查各强國國內之天良道德，並未超越吾國及弱小國之上，何竟弱國獨然，而彼則否。又謂列强係賴物質文明，則精神終勝物質，唯物不逮唯心等說，應付打倒矣。　答請觀波浪起伏，即知因果循環之理。唯自立於不敗之地者，雖暫受屈，終得伸耳。

問某言佛徒好言護法，不惜獻媚貴人，以宏教大業求諸天下萬惡之魁，如尊武則天爲菩薩化身之類，此類言論，究竟根據何書，何人如有此種事情，對於佛教有妨礙否。　答佛徒猶醫生，佛法猶醫藥，醫生用藥，但知醫病，不揀人之貴賤善惡。至欲保存醫藥，豈有揀人貴賤善惡耶。

佛徒原無政治意味．但知宏法爲歸．菩薩化身之頌．卽以其能宏法耳．豈媚諛耶。（按慧遠法師有沙門不敬王者論五篇亦可參考）

問章某嘗謂佛徒妄詆程朱．而程朱決不苟稱帝王之德齊諸孔孟．此言意謂佛徒獻媚貴人而程朱則否。余思佛徒而獻媚貴人．實爲下劣。不知章氏之說何所根據。望指明之。　答歷代帝王宏法譯經譯師譯經畢．呈於帝王．當然不無恭頌之語。佛法平等．狗子且有佛性．卽頌帝王爲佛化身有何不可。況但稱菩薩耶。章氏之誚甯可一概論哉。

問梁任公謂佛教之信仰．乃入世而非厭世．其言確否。　答大乘佛教以度生爲事業．故信仰者當非厭世．但必先有厭世之心．然後方便入世．度衆生出世。否則與衆生同化矣。梁氏祇說得一邊。

問梁任公曰．佛教之信仰．乃智信而非迷信．故曰悲智雙修云云。按梁氏乃主修學佛法・當先求知而後起信・不知而強信・是自欺也。對於大乘教義・確有明證。然凡夫根機淺薄者・未具智慧・多難明瞭佛理。即上根者・亦須久經研究・方能了解眞義。準上理論・則無論利鈍根而未研求佛理者・皆無信佛資格。遑論眞修實證耶。　答學佛首在信心・有信而後肯學。但未信之前・亦需起信之方。此起信之方不一・總之不外一種認識。或認識佛之史實・或認識佛之德相・或認識佛之智力神通・或認識佛之教義之一斑・或認識佛法之廣大・或認識聖僧之奇蹟靈感等。此種認識・不可謂之了解。蓋未經研究也。若了解者・須待信後而能。必在中上根而後能。彼粱氏之言・於信前之認識與後之了解・未曾分別・故有不甚通達之病耳。

問有一老學究云・現今大都篤信佛學・則孔子所謂敬鬼神而遠之・請何

以解之。答佛爲大覺者之代表。親近大覺，如何非智。須知佛非鬼神之類。老者所云，擬不以倫也。

問有人謂佛法爲制止弱肉强食之主義，向強國推行，固爲善法。若弱國而以佛化灌輸，必呈衰頹不振之狀。以無勇敢抵抗之心，必致亡國滅種。因此反對佛法而闢之。此等人非難佛教，其謬誤之觀念安在。答既云制止弱肉强食，即制止彼强者來食我之弱肉，豈非即有抵抗强者之勇敢心在內。可惜國人皆具弱肉强食之心理，實行弱肉强食之工作，而不去制止，故國民自相陵暴，一遇强於我者，則靡然倒矣。又佛法在積極使人改惡行善，提高人格，乃以德勝力之王道主義，幸勿懾於亡國滅種之危言，而諉過於佛教也。

問又云孔子因長沮桀溺之避世，深責不可與同羣。現今憂患頻興，危如累卵，欲人人坐守念佛，無爲而治，其可得乎。　答學佛是志業，救世是職業，未可混爲一談。須知坐守念佛，乃是修養功夫，藏器待時也。念佛人皆體佛慈悲，發菩提心，則學佛豈礙救世乎。

問學佛之人，外雖消極，內實積極。此有識者所公論也。然晚因學佛後，心境實趨於消極，視榮華富貴，皆若水月鏡花，同時視鰥寡無累者，反羨其自由有福。心理變遷，豈非消極乎。　答有此消息，正爲他日度生積極基礎。不看破，不足以建立也。

問倘以佛教爲國教，則政治風俗教育，應作如何觀想。　答吾佛教法具世出世，其言人乘也，則以五戒爲本，以十善爲增上。五戒者，不殺仁也，不盜義也，不邪婬禮也，不妄語信也，不飲酒以亂性智也。十善者，身三善，不殺盜婬同於前戒。口四善，不兩舌惡口妄言綺語，則廣乎妄語。意三善，不貪瞋癡，則正心之事，而萬善之根也。佛少言齊家治國而廣言正心修身，凡以立本而已。誠能奉爲國教，則政治之平正，風俗之淳美，教育之義方，有非庸近所及思議者。昔何尚之之對宋文帝曰，百家之鄉，十人持五戒，則十人淳謹。千室之邑，百人持十善，則百人和睦。持此風化以周寰宇，則編戶億千，仁人百萬。能行一善，則去一惡，去一惡則息一刑，一刑息於家，萬刑息於國。洵乎可以垂拱坐太平矣。然則政治風俗教育之如何，不從可知耶。

問人多以佛法於現世主消極的，障礙人民生計，及國運之發展。當持何說以闢之。　答消極積極者，猶兩端之左右，猶二面之表裏，猶流水之高下，猶步武之舉止，未有不共存，未有不並立，未有不相濟，未有不互成者。農夫之耕稼也，芟夷蘊崇，消極也，壅培灌溉，則積極矣。工師之營造也。斧斤繩墨消極也。接構丹朱則積極矣。至於玉人之治器。欲成其美而先施琢磨。商賈之營業。欲獲其利而先投資本。未有不事消極而僅施積極者。亦未有不先消極而能成其積極者。萬事盡然。何獨疑於佛法。佛經云。諸惡莫作。衆善奉行。自淨其意。是諸佛教。莫作云者消極也。奉行淨意非積極乎。又曰破乎三惑證乎三智成乎三德。破惑云者消極也。證智成德非積極乎。又曰煩惱無盡誓願斷。福智無邊誓願集。法門無量誓願學。無盡誓斷消極也。無邊誓集無量誓學非積極乎。復次五戒十戒二百五十戒。消極法也。三千細行八萬威儀。非積極者乎。眞諦泯一切法。消極法也。俗諦立一切法。非積極者乎。無常苦空無我消極法也。常樂我淨非積極者乎。空無相無願。消極法也。海印森羅無邊相好。無量行願。非積極者乎。他若不生不滅不常不斷不一不異不來不去．不垢不淨．不增不減．莫不消極與積極並談．而令衆生遠離二邊歸極中道者也。孰謂佛法偏主消極乎。且也佛法之主消極者．皆爲對治不善而設．樹德莫如滋．去疾莫如盡．固不嫌其消極矣。故死亡病苦．人之大惡存焉．不主消極．則生存何以維持．憂患何以消弭。飲食男女．人之大欲存焉．不主消極．則紾臂奪食而不之怪．踰牆摟人而不之恥。刀兵凶器也．製造精多．而歐戰困三年之久。競爭危言也．唱導不已．而斯民成強暴之風．此皆不主消極者之大過也。而謂此消極之法．可以或廢乎哉。現世之法．時間之名．假借之法．非有實在者也。時間起於心念之生滅．前念既滅．謂之過去．後念未生．謂之未來．惟此一念暫住．謂之現在．心念之生滅無窮．則所以成三世者．何限．積此無限之三世而爲時．爲日．爲月．爲年．爲紀．爲劫．於此時日月年紀劫之中．欲定其孰者爲現世能乎否乎。子謂佛法於現世主消極者・試問此現世也・爲有定量乎・爲無定量乎。若有定量・近之則遺紀劫・遠之則失時日・舉一而廢百・吾知其難也。若無定量・則又安用舉以爲論斷乎。雖然・吾知其故矣。請試言之・因果之法・必通三世・過去爲因・現世爲果・現世爲因・未來爲果。子之所謂現世者・現世果也。何以知其然・經云・菩薩畏因・衆生畏果・現世果者・世俗之所極爲注意者也。故所遇而順境也・則始也患得・終也患失・所遇而逆境也・則此也怨天・彼也尤人・其於飲食之甘・衣服之麗・宮室之美・妻妾之奉・惟恐現福之不足・不顧後患之疊乘。菩薩則不然・知現世果之有其因也・因屬過去・非現世所得而增減・但可順受・不可强違也・而現世之足以致力者・惟在造因・故澹泊以明志・甯靜以致遠・非禮勿視・非禮勿聽・非禮勿言・非禮勿動・惟恐失德之堪虞・毋甯克己之太甚，所以畏因也。惟菩薩與衆生所畏不同，故於衆生之所汲汲者，菩薩有所不爲矣。此爲佛法於現世主消極之見所由來歟。至於人民生計及國運之發展者，固於斯世有幸福乎，無幸福乎，玆姑不論。第就佛法之與彼有無障礙者而辨之，夫人民之生計者，非謂飲食男女乎，飲食之源來自耕稼，而佛法有乞食之風，將以此爲不事耕稼障礙發展乎。然試思世之耕稼者，僅有農夫，其他不耕而食者，奚啻十百千萬。佛法乞食，惟制出家，使出家者而盡屬農夫，且更禁人繼業乎農，則固可言有障礙矣。苟或不然，出家乞食者本非耕稼之人，則又何傷於農而謂有所障礙乎。且佛制出家日中一食，則於不耕而食者，隱有限制其食量之益，是佛法果行，將見生之者不減，其衆而食之者反形其寡，謂非謀人民生計發展之一道乎。男女居室而生齒以繁，生齒繁而不足以養、則侵奪之事、起而刀兵之劫開、此生之適以殺之也。夫既生之而又殺之、此固發展之道乎。佛法在家弟子不許邪婬、則有實行一夫一妻之制也。不但以欲寡養成高潔之風、而亦隱消生齒過繁之患、出家弟子果無夫婦之道、然未出家前非必盡無生育之事、亦惟以隱消生齒之過繁、使毋陷於爭奪相殺之慘而已。且佛法慈心不殺、於鳥獸昆蟲、尚不欲絕其生計、況我同類人羣乎、是佛法果行、將見弭兵息爭、而人民之已生者、舉得悠悠以盡天年、則於輔助生計之發展者、爲何如哉。況夫世界主義而非國家主義、一切宗教同此性質矣。今之列強、何國無宗教、而國運之未嘗不發展、是宗教之無礙於國運之發展者、既有徵矣、孰謂佛教而不然乎。且也所謂國運之發展者、不過曰富強而已、然國也者人民之積集體也人民而能勤於職業、則國未有不富、人民而能忠君親上、則國未有不强。佛法有八正道、其曰正業正命正、精進、謂非勤於職業之金科乎。佛法有報四恩、其曰報國主恩報衆生恩、非謂忠君親上之玉律乎。是以佛法果行、則富强之本立矣。富强之本立、而國運有不發展者乎。古今來謀國者、多以奪人爲富、以殺人爲强、縱其暴戾恣睢以博一時之名利、其卒也奪人者人復奪之、殺人者人復殺之、而亡國敗家相隨逐、閱中外古今之國史、誰不深治亂興衰之慨耶。惟佛法以慈悲爲宗旨、以與拔爲事業、以之治內則刑政脩明、以之交外則威德相濟、展其輪王之法行、直可致世界於大同、豈僅一國之運能發展而已哉。以是論之、佛法之無礙於人民生計及國運之發展、斷可知矣。法華經云、治世語言資生事業、皆與實相不相違背、此之謂也。

問王充論衡主張無鬼論甚力・（見訂鬼篇）以爲鬼之發見乃心理作用・並非實有其物・而佛家則以因果輪迴之說導人起信・今若主張無鬼・則淨土六道皆爲謊謬騙人・佛教便無立足地。請將王充此說逐條駁斥而辨其惑。　答王充以精念存想爲致鬼之由・即目爲無鬼。我佛亦以精念存想爲起萬法之由・且主張萬法皆空矣。須知念而曰精・想而曰存・則精者堅而不可破・存者持而不可失。鬼之有無且不論・試問此不可破不可失之念想・有耶無耶・可滅耶不可滅耶。若曰無也・不但無鬼・且無王充其人矣・如曰有也・則此精而存者・豈可滅哉・不可滅矣・則必死而復生矣。輪迴之義・即由是立。且充但論病之見鬼・未論不病之見・豈精念存想而必病者耶。彼好學深思之王充・其念之精想之存・恐亦不亞於見鬼者・彼固見鬼乎・即不見鬼・亦必有所見者・此所見者皆鬼類也。故以此所見者爲有，則鬼亦有，何以故，精念存想同故。若以見鬼爲無，則凡所見者皆無矣。故推王充之說，適足以成立佛教之宗旨。三界輪迴衆生安見，譬如病目見空中華，佛經之常談，子何懼乎充之辨。

問我佛輪迴之說，雖見於經乘諸書，卽儒道聖人亦曾數數言之，無如一般愚頑者不得親見親聞之確鑿證據，總以爲神道設教之託詞勉人爲善之工具而已。此層若不使愚頑者誠心相信，恐終難堅於爲善也。

答先生對此輪迴問題，欲求實據以啓愚頑，但旣是愚頑，卽實據當前，恐亦不信。何則，如以穀種下田，他日生苗，穀與苗已不相似，雖因果宛然，使疑者曰，今之苗安必昔之穀，其將何詞以辨。須知輪迴者業報之狀也，祇要信業之必有報，卽不必問今世之張三，卽前世之李四矣。

夫所謂業報者，如影之隨形，響之答聲，食之得飽，火之得燃，敬人者人恆敬，愛人者人恆愛，殺人者人亦殺之，罵人者人亦罵之，至於今日後日前世後世，特時間問題耳。故須多方曲喻以曉彼愚頑。天下事貴善推測，舉一反三，若必一一接諸見聞而始信，人不見其背，謂無背可乎，亦不見其心肝，謂無心肝可乎。曰背可撫而知也，心肝可剖而見也，則又安知不撫不剖之時，不有誤認無背與心肝者乎。此所以云愚頑者，即實據當前，恐亦不信也。

問科學家發明一切，萬事萬物皆以實驗為證，方可啓發民智，不使民衆落於迷信。分內聞佛家說唯識學，亦是佛家之科學，以實驗成智為證，恆見近代佛學言論中。如已出三界之大德，雖復不多，而亦若不無，何故未見有能顯神通聖人出世，以印證佛家科學之說。令執科學者生信佛法，亦是方便利生事耳。或謂神通一事，因中國易滋鬼神迷信，故不宜有其人。往見刊物登載我國大德法師居士所發表言論，皆如具辯才無礙，任隨法界一切物質研碎皆成無量微塵數，皆變爲世智辯聰之人，尚恐不能推倒該法師居士分毫之智，難道具神通者，將通一顯即欲落鬼神迷信分內而不能挽囘佛理。試問目連尊者等顯通者，究有其事否。因科學家懷此疑甚厚，佛家因此神通事不能與科學家開方便門導入正軌，尚得謂之佛學能補科學之偏，以及理事圓融辯才無礙者乎。　答科學家雖重實驗，然實驗根據仍在假定，唯識學則不然，眼能看即是眼識，凡所看見之物，（佛經名色塵）與所依而起識之眼，（佛經名眼根）皆係屬於眼識而爲眼識家之事，故曰唯識也。耳識鼻識舌識身識意識，莫不如是，故曰唯識也。進而推之意識之根特名爲意，又稱末那識，而此七識各行其事，但有關係而無統攝，故必有根本識以統攝之，名曰藏識，此種八識乃賅攝萬物萬事，罄無不盡矣，故曰唯識。都是根據實事而爲言，非以假定爲先而後以實驗爲證也。今問中乃欲求能顯神通之聖人出世以爲唯識之證，何其紆乎。唯識之學，尙精神者也，科學尙物質者也，精神虛靈能用物質補其偏者，謂以精神調和物質，能使物質更有效用，卽科學益進步矣，豈必推倒科學始見佛學之足尙哉。若說神通約有六種，天眼天耳他心宿命神境，此五通者，出世聖人及天人鬼畜皆可有之，（今世之催眠術以及日本之天眼通卽人有之通）不過大小之異耳。若第六漏盡通者，惟出世聖人之已證果者有之，有此一通，則前五通具足矣。（此佛家不尙神通之所以也，）又何疑於目連尊者耶。

問佛法離染入淨，端寄僧寶，西藏爲完全政治佛化，宜可兼善天下，然遜淸迎接活佛來京時，儀節隆重，黃沙鋪道，盛飾宮室，比之古禹王卑宮室之旨，佛教六度修證之旨。軌範何在。　答西藏活佛（因其能轉世自在不昧前因故稱活佛）從五世達賴起，以法王而兼國王，原非尋常僧寶可比。然此但其應供之福，威德感人，亦莫之爲而爲者，於活佛何尤。如有失當之處，或其臣僕所爲，亦末法之現象矣。

問佛家以慈悲平等爲懷，乃西藏達賴與班禪二喇嘛糾葛連年，迄今未解，此豈非與佛制相違乎。雖彼輩皆有政治關係，然以佛義而掌政權，論理定當臻於極治，何亦有爭端發生，以苦其民乎。　答此亦末法魔熾之現象也。亟宜宏揚正法以調伏之。

問諸天有無統轄權，天壽有限，佛法無窮，倘此天王一心護法，若再一天王，未必能信仰三寶，若遇壞法之天王，則一切天人之信佛者，必爲天神所惡而降以殃矣。答諸天有統轄權。壞法天王。卽是魔天。其餘天王均有善根能信法者。又或有大菩薩發願作天王者。况佛能降魔，尙有何天不護法耶。

問宏法事業，必有諸佛擁護，但黃茂林居士爲國中能以佛教宏宣於世界之功臣，何反溺死以招惡果。若謂宿業太重，則黃居士此生法施功德，何尙不能以功抵罪乎。又影印宋版藏經，闡揚佛法，亦爲希有功德，何以印出四分之一，卽延燒乎。若謂魔劫，則佛法尙不能制止乎。又前年湖南居士林亦被回祿，不知何故有此，不生靈感之事。是三者非余懷疑，佛法實有人對此生退悔之心，余以使人生信仰，起見欲祈解釋他人疑端也。望詳細開示。答佛論業報，有定業難逃之例。黃居士宏法之功，非不足以抵罪，但溺死為定業，故不可挽。然其宏法之功，卽其速得菩提之因，或已生淨土，或再來宏法滿願成佛，均在理中。印藏被炬若繩以佛法，則彼印工人非盡奉佛。必有褻瀆之處，故損及主人也。又以被炬之後，必有發心捐足之者，是毀之亦以成之也。除舊有新，世法且然，況不可思議之佛法乎。湖南居士林囘祿，亦必非無因也。吾人學佛須洞明因果，而深信之，苟遇逆境，須作善知識策勵想，又作我空法空諸觀，方是精進波羅蜜。

問敝舍就客堂中供佛，日與家人戚屬數人敲念晚課，行之數年，竟有人譏詆不應唱念。又近日境況不裕，更妄詆為衰敗之兆。有是理否。　答唱念卽是伎樂供養，或是稱讚佛德，如具恭敬心，均屬法行。且在佛像前，有何不可。至於境況，乃前業所感，與唱念有何交涉。且我佛本以世問無常警策弟子令急修道。菩薩畏因．勿畏果也。

問後學皈依三寶近三年．信願眞誠．修持亦頗自勵．每遭逆境．其故何在。

答處境順逆．皆自己業報．無量劫來所造罪業．豈短時間淨業所可遽消。況不明佛法人．逆境更長煩惱．更增罪業．明佛法人逆境正堪自勵．是我良導。淨土十要內念佛直指卷下有十大礙行一篇．閱之自悟。

問子歲餘卽夭．（從略）　答壽命脩短．係令郎前業所招．應得之報．居士照佛法慈愛之．欲令種善根．獲善果也。况以修短論．乃比較之詞．安知此子非本生來而卽死乎．今得歲餘．已增壽矣．是宜深信因果．不爲所動也。抑此子或者爲討債而來．今得速滅．輕居士負擔．則又安知非念佛之功乎。

問後學對於利他之事．努力奉行．如請書公閱及贈人．何以遭此打擊．豈作善獲殃乎。　答居士作善自宜降祥，但生子而夭，亦非概是不祥。所謂「塞翁失馬安知非福」也。須知惡人得福亦是禍，善人得禍反爲福。幸勿爲俗眼所蒙。

問當子病時，後學並虔誠禮拜觀音大士，但無效，不知係不誠乎。　答非居士不誠也，乃令郎定業難逃耳。釋迦本師身證佛果，何以釋種爲琉璃王滅盡而不能救。蓋釋種生天之因熟矣。幸勿謂無效應也。

問書云生子有四因，討債還債報恩報怨，後學作此四因想，總覺疑團難釋。請求指示更作何想。　答世間有爲之法，皆由因緣聚散而現生滅，如幻如化，何足道哉。頃閱玉琳國師年譜有偈云，「東嶺西嶺木南山北山泥，忽焉相支拄，喚作碧梧枝」，衆生五蘊色身亦復如是，尚復有一顧之價值乎。

問佛學大綱，釋迦本行記，釋迦成道第二年，釋迦有疾，王命耆婆治之，釋迦病愈。夫釋迦既已成道矣，理宜無病，即或有病，亦可以哲理治之，何必有待於醫生之手耶。　答此有三義。一是應身佛尚有微苦義，大乘起信論云，菩薩少分見於法身，隨其願力能現成道，然是菩薩未名法身，以其過去無量世來有漏之業未能決斷，隨其所生與微苦相應，亦非業繫，以有大願自在力故。二是示現有疾度衆生義，如維摩居士示疾之類。佛以同事攝化衆生，令諸衆生念言，此身危脆，佛尚且然，何況凡夫。三欲顯示醫藥是佛法所攝義，經云，佛法於五明中求，醫藥明者，五明之一也。若謂佛既成道，理宜無病，何不云佛既成道，理宜不食，而金剛般若經猶隨衆乞食何耶。

問釋迦牟尼佛爲大聰明人，其所述各種修行方法，皆是隨機而設，一種施教之手段・要之異途同歸・曰誘人爲善・所說淨土常寂光土等・皆無實境・故令人不執著經內常用兩面模稜之詞・若非有非無之類云云。此說如何。　答來問云云・全是門外語。其病根卽在誘人爲善一句・其所謂善者・未能剖解內容分別染淨之故耳。須知佛說世間善是有漏善・佛說出世善是無漏善・有漏善善而染・以帶有貪瞋癡慢等煩惱習氣故・無漏善善而淨・以無貪等煩惱習氣故也・貪煩惱起於我見・成於我執・故佛說法門雖多・其目的所在・在破我執・而我執之中・尙有粗細兩層・粗者爲人我執・細者爲法我執。(法執)但破人我執・未破法執者・小乘法門也。先破法執・兼破人我執者・大乘法門也。非有非無之說・卽是破法我執之法門・蓋以非有破執法有・以非無破執法無・極而言之・須離四句・有句無句亦有亦無句非有非無句是也。豈得以模稜目之。

至淨土常寂光境．乃是佛果境界．既以淨善爲修行之因．自然當得淨樂之果．因實果亦實．豈得目爲無實境乎。若但修世間有漏善行．亦但得有漏染果．未可以因地不淨不得淨果．遂謂淨果之烏有也。

問學人究心內典．以還遇拂逆之境．頗能排遣。是知人能皈依三寶．身雖未能即生極業．而心君已泰然自利矣。但世人多以事屬虛無．恆將疑將信。我佛何不大顯威力．使娑婆世界一現莊嚴妙境．豈不立足以堅世人信願行之志。　答世人信心未具．乃是因緣未熟．何容強迫。蓋佛視衆生本來是佛．但衆生未自知耳。如能常聞說法．常讀佛經．自然信能堅固矣。此乃擔任弘法者之責．不必勞佛力也。

問佛曾具弘誓救度衆生．且寬大爲懷．冤親一律．即帶業者亦可往生．何不將三塗撤去．逕令離迷就悟．導使往生淨土．豈非救度者方便中之方便。何又謂無緣不度，非自行覺悟發願往生不可者歟。　答佛願無盡，任衆生之業障如何，終必有獲度之一日，但時節早晚環境難易，隨衆生業緣而有差別，事實如此，非佛所能强也。按此卽佛教之特色，否則衆生怠惰性成，非所以爲教矣。又佛具無緣慈悲，度人本不必藉緣，但就衆生邊說，則因果難逃，不能無緣耳。

問一切衆生未經佛力化導者，率皆執迷不悟，兼以無緣不度，勢必永陷輪迴而無超脫之日，至謂衆生皆是未來之佛之說，謂爲虛誑可否。

答有緣無緣，要看時節環境及發心與否，豈無緣者終古無緣乎。

問菩薩度脫十方衆生，必發虛空有盡我願無窮之菩提心，故地藏有言衆生度盡方證菩提，地獄未空誓不成佛，其發心之廣大可知矣。然諸佛菩薩既發衆生無邊誓願度盡之大悲願力，則不能限制時間，當盡未來際以種種方便悉令解脫．若此時間縱經過極長．我願究竟恆無盡．故知衆生之能度與否．亦視諸佛菩薩發願大小爲轉移．如發心廣大．則任至何時衆生皆可受度。為何佛祖有言末法萬年之後．一切佛法僧皆自然毀滅．豈度脫衆生之期．佛菩薩早有限制時間歟。限制時間．則衆生欲聞佛法而不可得．何能謂之廣度乎。此理不明。望詳開示。

答子但知菩薩宏願無盡．而未知衆生亦無盡．衆生障重．旋出旋入．度脫爲難．故勞菩薩常期救拔．然正惟衆生無盡．故菩薩度生之願隨之而無盡．凡事必成於因緣．衆生有感．佛乃有應．固不能偏責諸佛菩薩也。至於時期問題．則不過爲一期起伏．亦以衆生業感使然．非佛定有此時期也。釋迦佛法盡後．即以彌勒佛法出世．是仍然無有窮盡．寗得謂爲限制乎。況末法萬年之後．佛法毀滅．佛知衆生業障因緣而預示警策、非佛廣度之願之所表顯乎。苟使衆生而知所警惕精進不懈、續佛慧命、將見佛法永不毀滅、豈非足以大慰佛心乎。欲聞佛法而不得、乃衆生受共業所障、不當委過於佛之預言也。

問佛典謂再閱數千年、人壽只十二歲、地皆變成焦土、五穀不生、草木變成兵器、人自相殺、人類幾盡、法亦滅盡云云。諸佛菩薩既預知有此一日、何不早將人類化度、免致成此景況。若謂限於定數、則人定尚可勝天、況在佛法。若謂隨業流轉、人所自招、何不早將度脫。且佛宣經典、以佛法力尚不能保存耶。　答來問所述佛典云云、乃佛根據衆生不肯信佛用佛法挽救劫運、故遭此報。若衆生能堅固信佛、佛法永遠昌明、安見有此劫盡狀態耶。此應衆生自己努力、不可怪佛法也。又佛度衆生、原無成見、金剛般若云、滅度無量無邊衆生、實無衆生得滅度者、何以故若有我相人相衆生相壽者相、則非菩薩。居士一再何不云云、責菩薩、且不當、而況責佛耶。

問諸佛菩薩均以慈悲爲心、普度衆生、如人類多爲六塵昏蔽、忘却眞如。不知般若法門觀照、修習、何不因時因地明白顯示一二、使有警悟。三惡道衆生孽海沉淪、痛苦萬狀、何不令其無餘而滅度之、而必任其隨業流轉輪回六道、使衆生各自隨緣受用、普度之義謂何。　答此問誤會、亦如前問。諸佛菩薩度生法門、盡載佛典、衆生自己不肯取學修習、反怪佛菩薩之不明白顯示、何異戴盆觀日、而曰日何不放光相照耶。佛遺教經云、大悲世尊所說利益皆已究竟、汝等但當勤而行之、我如良醫知病說藥、服與不服非醫咎也。又如善導導人善道、聞之不行非導過也。又云自利利他法皆具足、應可度者皆悉已度、其未度者皆亦已作得度因緣・自今以後・我諸弟子展轉行之・則是如來法身常在而不滅也。又請讀地藏菩薩本願經・便知佛菩薩度生心切・尚未度盡者・衆生負佛・佛不負衆生也。

問佛菩薩六通具足・對於過去未來之事・瞭如指掌・則千百年以及無量數年以後之事・當能預知・既能預知未來之事・則未來之事已屬定業可知・未來之事既屬定業・則作善作惡何以又能轉業。　答定業不定業・乃造業受報者之事・非具神通能預知者之事・何得相難。須知彼預知者之知未來事・亦如吾輩之知現在事・與定業不定業・原無交涉也。若子所論・乃是推測・非眞預知矣。

問孔子删書斷自唐虞・前此盤古天地人皇氏之壽・皆缺而不載・嫌荒誕故。乃內典謂增劫人壽增至八萬四千歲・自此過八百八十萬六千餘年至十小劫、彌勒出世掌教、將來之事、人多懷疑、最好就已往以證將來、以前八萬四千歲時、何佛出世、何人壽至八萬四千歲。居士多聞、第一、請列舉事實而資證明、以執謗法者之口。　答據經以釋迦佛為賢劫千佛之第四尊、而在今第九小劫出世。第九小劫增劫時、並無佛出。釋迦佛生、已在減劫人壽百歲時矣。而所問無其他可以證明之。然我國古史既有天皇地皇人皇等長壽說、與佛經相合、是已足為證也

問近人論宗教、分神怪推測實理三階級、以耶教居神怪與推測之間、以佛教居推測地位、而猶以為未達實理之域。其說當否。　答實理之域、吾佛謂之眞如、謂之法界、佛已證入究竟、非已達而何。且學佛之道、依乎三慧、一曰聞所成慧、信位人、二曰思所成慧、三賢位人、三曰修所成慧、菩薩十地修習、窮滿智證法界、而後究竟佛位、若云但居推測地位、

則是尙屬思慧・尙未入地・菩薩且未成・而況於佛乎。近人之論・何其瞽也。昔章太炎先生有建立宗教論・以三性判一切宗教・以耶教屬徧計執性・以佛教屬圓成實性・斯爲當理。

問佛教是往生西方淨土・基督教是進天堂・請問此淨土天堂・是一是別。

答一切法界・唯心所造。基督教人造天堂・佛教人造淨土・造法不同・結果自異。若欲指定何處者・佛說西方淨土・是在此世界之西方・要經過十萬億世界。彼天堂者何在・要問彼教中人。若云卽在此地界之上・則佛經說有欲界天六・色界天十八・皆有國土・我曾說佛說天較詳者・卽謂此耳。

問佛教與耶教有何分別。　答耶教宗天・不離三界。佛教則以出三界爲究竟。

問佛教與耶教有何關係。當同化耶。當分立耶。　答佛教教義無所不包。其所流布，亦隨順衆生，故在中國有與中國禮教及神道教同化者，在西藏蒙古則有與彼民族性樂習俗同化者，在南洋在日本亦莫不然。以此而推，他日佛化西漸昌明於歐美時，亦必有與彼國基督教同化之者。近年來我國張純一居士，提倡基督宗，以佛教學說點綴基督教義，蓋欲挾基督以入於佛也。而彼教徒均以魔目之矣。則欲同化之也，恐亦不甚易言焉。至論佛耶關係，極爲淺薄，蓋耶教在佛教義中爲執邪因邪果之外道耳。當日印度外道有執大自在天主宰萬物者，與耶教爲類，我佛經中辭而闢之矣。按日本之淨土眞宗專仗念佛生西而不捨世務，其與耶教求生天國而不捨世事相同，殆亦有化於耶乎。

問佛教與孔教有何關係。當併合耶。當捨孔耶。　答佛教之在中國，多宏大乘·不撥入世·卽其與孔教同化處也。不觀宋以後之講孔學者·多出入於禪理乎。卽其禮儀以超拔祖先·焰口以施食鬼道·均以其與孔教尊祖敬鬼之說相契合而得流行。蓋佛教與孔在入世法上關係較切·雖不可併合·亦無庸捨離。

問佛教與道教有何關係。當分立耶。當混合採用耶。當捨之而求純一耶。

答佛教與道教·在出世上不無關係。然道教但出人道世·非盡出三界也。且所以出之之法亦復不同·未可混也。以上三問·大意相同。究其與佛教易合者·當推孔教。蓋孔無宗教形式也。若耶若道·均不易合·以均有宗教形式爲之隔閡。況孔祇談入世·與佛教之判別也易。耶道均尙出入世·與佛教之判別也難。耶從外入·其疾異教也甚·故不虞其與佛混。道則竊取於佛·其附會也巧·故最易與佛相混。總之佛孔耶道各有宗趣，不宜混同。爲佛弟子，當究佛義之廣博，若者攝孔，若者攝耶，若者攝道，以爲化導異教，使之反正有途。若竟捨己從人，與孔合與耶合與道合，均非所宜。

問孔孟之學，程朱之學，與陽明之學，孰優。佛教與何者較合，或竟採用之。

答程朱陽明均宗孔孟，孔孟之有程朱學。猶佛教之有法相宗也。孔孟之有陽明學，猶佛教之有法性宗也。未入佛門，而以程朱陽明之學爲導引，均可也。若已入佛，則又烏用程朱陽明之學爲。

問小子最不主張三教一家之說，（或有爲隨順俗諦權巧方便可也若有以合作第一義諦會則視爲師子蟲）自北魏道士寇謙之創此一體俗說，傅會者不少。報恩論已陳利害。如印度佛滅後，婆羅門數勝各家一味混和，平固平矣，於佛之精義日湮沒。於知當爭則爭，如比丘戒中不讚他法、良有以也。比翫了根阿彌陀直解正行一卷、解念佛三昧云、卽孔子曰吾道一以貫之、曾子曰唯、此種淺嘗自註之說、何足以示天下後學。時下以道傅會佛者已尠、而以儒傅會佛者則正未艾、故及之。請示決擇。　答三教一家、本是邪說。但迹有相似、而淺深高下不同。如道家修養有似禪定、儒家經世有似戒善、不過得佛之淺下者。若其增上三學、惟佛教具之。非二教所可望其項背也。以儒附佛義、亦未可。

問佛教與宗教有何區別。佛教高超宗教之特點、祈請示知。　答宗教教主專制、佛教人皆可以成佛。宗教賞罰由教主、佛教說各人業報。宗教重迷信、佛教主理智。

問佛教之宗旨、究係以救世利人、使現今之世界太平耶。抑使人死後生天生淨土耶。　答佛教宗旨、曰悲曰智、惟其悲也、故急於救世。惟其智也，故急於自度。菩薩之道，證法性無我，故以自度爲度人之準備，以度人爲自度資糧，自他不二，救度同時。今生死後，時間問題，並非功夫問題。苟有其因，必有其果。故有使今世太平之因者，亦必能得生天生淨土之果，有生天生淨土之因者，亦必能得今世太平之果。試讀十六觀經三種淨業之文，苟人人能修此淨業，現今世界有不太平者乎。死有不往生淨土者乎。

問佛說是否以出世爲究竟。抑以不出而出爲究竟，抑以出而不出爲究竟。　答出世不出世，亦出亦不出，非出非不出，此四句者，執之則成四謗，不執則爲四悉檀。（檀此云施普與衆生爲悉，說法利生爲施）何謂四謗，言出者爲增益謗，本無可出而言出故，言不出者爲減損謗，本非不出故。言雙亦者爲相違謗，出不出二相違故。言雙非者爲戲論謗，無實義故。何謂四悉檀・一曰世界悉檀・言不出者令人歡喜也。二曰爲人悉檀・言亦出亦不出者令人生善也。三曰對治悉檀・言出世者令人除惡也。四曰第一義悉檀・言非出非不出者・令人入道也。雖然・此尚就俗諦言之也。若就眞諦言之・則吾佛四十九年未嘗說一字。

問法華所說・佛說法時有十二小劫不起於座・二十小劫三十小劫不起於座・至五十小劫默然而坐・滿六十小劫不起於座・聽衆亦然・照其數而計之・佛縱能常住・而四衆安能坐數萬千年之久乎。若作開權寓言・單說二十劫三十劫足矣・何以有五十六十之分數。且六十復加以滿字・法華是顯實之經・諒不至於虛談・於滿字當別有精義。解經者求其義而不得・謂縮劫於時・未免臆斷。若劫可作時・經但談時・何必說劫以惑人乎。即或以時論・衆生不能不飲食不便利・而飲便安能至六十時之久乎。又謂如來神力所持。如摩詰經謂縮一時爲七日。卽以此計之。聽衆亦不能久坐如此。且詰經是寓言。法華是顯實。意義不同。請詳開示。　答法華一經。咸是妙法。妙名不可思議。經中所舉。原不可以凡情知見論斷之也。劫長時長。佛聖生凡。本是權說。法華既於權說之中開示實義。解之者苟仍滯於權。安能相應。佛無妄語。言言是實。卽維摩居士亦是古佛再來。其所言說。皆從實相中流出。豈同世書莊生寓言哉。來問云云。正經所謂止止不須說。我法妙難思矣。然則宜如何理會也。則經云。諸佛隨宜說法。意趣難解。汝等當信佛之所說。言不虛妄。

問佛經曰。十方如來。憐念衆生。如母憶子。何以佛說五無返復經。內其父耕田。視其子被蛇齧死。不去營救。如來贊美之。修士某怪其父母姐妻奴五人不悲憶。余不怪其不悲憶。而怪其父不救。或曰救子害蛇。無兩全。或曰其父欲子學如來捨身飼虎。果爾。如來爲大商主時。同船五人落水。又何以劍斷己命救出五人耶。請訓示。　答五人未死而捨命救之。悲也。其子已死而不去營救。智也。對於路人不易發心。應學佛之悲。對於眷屬易纏癡情。應學佛之智。

問佛說長壽滅罪護諸童子陀羅尼經云。「有一優婆夷名曰顛倒。聞佛出世。求欲出家。悲號啼哭。白彼佛云。世尊。我有惡業。求欲懺悔。唯願世尊聽我具說。我於昔時身懷胎孕。只滿八月。爲家法故。不貪兒息。遂服毒藥。殺子傷胎……普光如來告顛倒言。世間有五種懺悔難滅。何等爲五。一者殺父。二者殺母。三者殺胎。四者出佛身血。五者破和合僧。如此惡業罪難消滅」。繼後「普光如來爲此顛倒女人說長壽滅罪經……爾時顛倒女人聞法歡喜。心豁明淨。了了而悟。以佛神力。昇於虛空高七多羅樹．安心靜坐．一何以既言罪難銷滅．何以又能仗佛神力而昇虛空。此是何意。　答此正顯滅罪經之功用．與佛力之難思也．佛法神妙類多如此．所以能令衆生作歸依處也。

古農佛學答問卷六終

古農佛學答問卷七

佛化常識門

（一）法會之儀式

問茲讀居士林出版朝暮課誦排班東西對立次轉向上問訊隨復東西對立三慢板接鼓向上禮佛三拜一問訊兩陣鼓畢末後三鳴大磬不知作何表示。或云此三大磬係和尙上殿拈香進殿一下至蒲團下一下開具一下果爾則集衆念佛居士拈香不當三鳴大磬。　答居士拈香不妨作隨和尙後著想因此上殿大禮應具四衆弟子。

問讀黃智老解釋三皈依云和尙聖衆這一句實在並不在三皈依正文裏頭的念三皈依的大衆只要念到一切無礙就完了這一句是應該敲磬子的人唱的。照此說來居士集衆念佛唱這一句似乎以維那自居，可以不必。　答敲磬子人，卽居殿上維那之職，應讓他一人獨唱，卽在最後三拜前唱之。

問偶參加各種法會時，以彼等誦經咒極快，每有脫落文句之處，俗有錯經如銼骨之說。竊意每有持誦四句偈者，功德尙殊勝，今此不過功效之不大而已。如上所說，諒非正言。　答此却不然。法會誦經本應全誦，不可以持誦四句偈爲例。銼骨之說，雖近俗俚，然錯經似非所宜也。

問舉行佛七，倘無相當比丘，可否由居士主七。主七之居士趺坐及經行時，應居何處。　答居士主七，可不須出家二衆加入。

問彌陀經云，執持名號，一心不亂，善導大師示念佛法門，亦以專修爲倡。是知佛七期內，除一卷彌陀經三遍往生咒外，其他經咒，當以不念爲宜。近有舉行佛七，不廢普通早晚課，而念楞嚴大悲等咒者，衡諸一心專修之旨．似有未合。且晚課既唱警衆偈以作一日之結束．而課後復念佛大回向．更覺次序不妥。拙見如斯．未知然否。　答卓見甚是。

問佛七儀規．定起香誦彌陀經．念佛．除彌陀聖誕打佛七外．他若釋迦觀音勢至文殊普賢地藏諸佛菩薩聖誕．舉行佛七．爲各符其本願本事．則起香應分別持誦楞嚴呪大悲呪心經圓通章行願品地藏經等。然爲逗末世衆生根機．則無論何佛菩薩聖誕時打佛七．自以信願持名生西．照佛七儀規所定而行爲宜。（祝願應各別不同．如祝儀所定．）蓋信願持名．釋迦金口親宣．觀音勢至乃西方二聖．輔佐彌陀接引衆生．文殊普賢均發願往生．地藏亦極讚歎．斯於諸佛菩薩之心願正相符合也。又儀規中佛前大回向．於舉行釋迦觀音勢至文殊普賢地藏各佛菩薩佛七時．可否通用．抑另用他種回向否．有謂平時舉行佛

七、祇可持彌陀或觀音二種聖號。然否。　答佛七本是修淨業之專課。若移用稱念其他佛菩薩名號、自應別作儀文。如紀念其他佛菩薩而起七、若仍依念誦彌陀、概作淨業修持、亦無不可。惟至誕日另加上供一課。如觀音誕日、則上觀音供。其他例此。

問佛七每天大回向前、擬加入蒙山施食、以資普利、不審有礙一心之旨否。　答既如前問、此可不必。

問佛七期內對衆開示、似宜專說淨土、而以厭苦欣樂爲警策、若講述一切不關淨土之經論法門等事、是否有擾亂大衆淨念之嫌。　答自不宜講述他經。

問主磬者未受五戒、有否罪過、繞念時手擊引磬、應隨搭衣之後、或可導行。　答依法次第、自當以已受戒者主磬、若受戒衆中未習威儀、亦不妨以未受者權代。繞念導行其事易辦、不必權代、由搭衣者導行可也。

問佛七期內可否早赴暮歸。　答佛七道場應分精進與隨喜兩衆、要分界坐、或規定隨喜衆每日只可參加一時、庶幾道場清淨、不妨礙精進者耳。又佛七期內精進衆當完全無缺、再鄙意、最好佛七終後另外念佛一天、俾大衆隨喜。總之佛七乃尅期取證用功辦法、否則不過學學形式、非眞佛七也。

問慶祝儀規悉遵世界佛教居士林刊本、惟所舉香讚概是戒定眞香。有人謂內有昔日耶輸、似可慶祝本師、其餘能通用否。　答香讚原是祝香、不妨通用。

問淨土宗以西方三聖並舉、而宏揚獨重彌陀觀音、對於大勢至僅附帶隨誦名號、少有舉行佛七紀念、若謂此尊與娑婆無緣、則南通狼山且爲其應化之所緣亦重矣。何以宏揚有厚疏之分耶。　答狼山之大勢至菩薩道場。聞得諸日本之感應。如果屬實。當亦應設法紀念。

問佛學半月刊曾登載答某君問。謂已受戒之居士可以升座講經云云。今之三時繫念佛事。主者登座說法。與講經同例。非若瑜伽𦦨口之爲登地菩薩利生之事。其理甚顯。而或者謂受戒居士亦不當爲其說。然否。　答講經與說法不同。講經是不作佛菩薩語口氣。說法即作說者口氣。三時繫念作於中峯禪師。故亦宜出家人說也。

（二）　病恙之療治

問身嬰疾病之人。宜誦何種經典。是否須持齋念佛。　答疾病無力誦經。不如念佛。能持齋更善。如欲誦經。當以維摩詰經爲宜。

問或人有寃業病。宜用何法代爲懺悔可愈。及病之輕重有分別否。　答宜誦大悲咒或金剛經代爲懺悔・幷多念佛號回向淨土。然病輕者易愈・病重者或多無效・以定業難逃也。

問民十五年倏生濕瘰（即疥瘡）延至三年告痊・友人亦云是魔・是否。

答疾病惡報因在殺生傷物・或係今生業・或係前生業・不可諉之於魔。宜放生持齋。

問聞靜坐可治病・究須幾時方能生效。　答靜坐治病・不如念佛一七乃至七七・定能生效。

問學人有濕困以致念佛時多疲倦昏沉・不知是何因緣・有何治法。　答此係四大失調所致・治法可於念佛時多行少坐・

問舍妹年十九・患邪病已深・鄙人除日誦大悲咒外・無他法使之速愈・但不知有何辦法。敬求法施。　答誦大悲咒甚好。如求簡誦六字大明呪・

唵om嘛ma呢ne叭bad彌me吽hon。再誦阿彌陀佛心咒．唵om阿a．阿ā彌mē怛dā囉wa吽hon

問家伯母年老多病．煩燥痛苦．是否須家中念佛誦經齋戒放生．以斯消除宿業方可全愈耶。抑必須醫藥治療耶．　答消除宿業為治「病之因」．醫藥治療為治「病之緣」．若緣淺醫藥可廢若緣深亦需醫藥。

問有疾之人是否須供養稱念藥師如來誦讀藥師經．以祈消災延壽乎。又此經有註釋之本否。　答在三寶前作功德均可消災延壽。藥師經有註釋本．可查佛學書局目錄．

問遇人有病以淨水置觀音像前．至誠為其念大悲咒廿一遍．復念觀世音菩薩數百聲．以此水給病者服．究竟有效否。　答極有效．念畢須作菩薩放光滿此盃水．變成甘露．并令服時念觀音名號．病人不能念．看護者代念之。

問人壽自有定數，壽盡自脫軀殼，何以必先病而後死。即功夫純熟生西者，亦多先示疾，其故何哉。　答人之軀殼，四大所成。當其生也，攬四大以爲體。及其死也，四大分離，感生痛苦，即現病相。亦自然之勢也。然生西者，於四大分離之際，能爲佛念所激盪，而解脫病相。所謂身無病苦者，往往而是。不爲病困，自在解脫，惟念佛人能之。

（三）　夢境之解釋

問伍廷芳先生謂做夢即是靈魂脫體之鐵證。然僕嘗留意夢境，覺而思之，往往無其地無其人無其事。乃知做夢確係神經作用，與日間游思亂想無異。惟日間神志稍清，迥不如夜間恍惚無定耳。未識先生以爲然否。　答念慮之心，佛謂意識。意識有三種狀態，與眼耳鼻舌身等五識、同時緣色聲香味觸五塵境者、曰明了意識。緣病中錯亂境者、曰亂位意識。緣影像境者、曰獨頭意識。此獨頭意識又分三類、曰定中獨頭意識、緣定中境。曰散位獨頭意識、緣受所引色。（過去五塵）曰夢中獨頭意識、緣夢中境。此皆不與眼耳等諸識俱起、故曰獨頭。按此則做夢正是獨頭意識作用。伍先生指爲靈魂脫體、彼靈魂脫體之靈魂界說、不知與意識之界說等否。脫體之體、但指眼耳鼻舌身等五根、不知亦兼五識而言歟。日間遊思亂想、是散位獨頭意識作用、其緣境正與夢中類。足下謂確是神經作用、又不知神經之與意識何別。總之言靈魂、言神經、乃旁皇於唯心唯物兩邊、不若言意識之爲唯識了義也。（唯識謂識有二種功能一爲能覺二爲所覺蓋於哲學家唯心唯物之上再尋一根源處）至謂夢境無地無人無事實、不盡然。夢中之境、大約爲日間所習者居多・所謂日有所思・夜有所夢也。亦有所夢者爲隔世事爲未來事・見於記載者不盡誣也。若夫日間所爲之事・以緣境簡單・（但現前境）且習以爲常・故若清爽而有序。返思夢境以獨頭意識所緣複雜・（多過去境）且未習慣・故若恍惚無定耳。雖然・正在夢時・何嘗以爲恍惚無定・而若恍惚無定者・在醒時所覺則然。豈得據以論斷哉。

問自發心學佛以來・每間旬餘輒夢食葷酒一次・自悔破戒而醒・然後學自在杭縣黨部聞說某匪殺人狀・後每遇屠門見血肉模糊作人畜同樣想・回思前曾食此・不禁喉痒欲嘔・從無半點欲食之想・何以尚有此夢。又對於某婦（詳見後學之學佛因緣中）當立願學佛之初・曾先入靜室面壁自訟・作「設彼復來媚誘・則當如何・又退墮否」之自問・

久之久之思及「世事無常轉瞬又變媚誘似前時情變如今日到這時恩愛又成空惟餘諸業在」於是覺悟大開逕絕不復思而每間旬餘必夢見彼一次夢中並不拒彼欣然重圓。未知是何因緣致有此幻惡之夢。　答殺婬兩業一順一逆逆則易戒順則難除。然既皆立願解脫但取醒時不犯睡夢中因慣習性使然覺能生慚愧久久自然消滅幸勿退轉也。又佛法中以廢止晚膳為可減少婬欲之法。盍試之。

問古云道高一尺魔高一丈有魔必有道。凡人睡中多魘醫家云病於肝。鄙意魘不離魔僕前常患之停止多年近復如是。魘重者一卷大悲咒尚不能醒。僕初起念佛仍幹他事近六七年來專以念佛為主行住坐臥口不離佛以致於夢寐之間亦然。友云勤於念佛引起自身之魔然否。　答厭眠之鬼經云鳩槃荼屬於四天王之南方增長天王。患者當多念觀音名號。此爲自己業障所致，非關念佛也。

問夜夢非常奇怪，毫無次第，既非人之思想所能及，關與鬼神入夢之說，亦不相似。何故，　答夢是獨頭意識之現行，與醒時意識不同境界，其奇怪亦宜然。皆過去未來現在之心理片段交參，又何足怪。

問睡眠時無知覺，有同於死，（略）　答熟睡時毫無知覺者，因此時六識（眼耳鼻舌身意）俱伏而不現，非心死也。猶冬日地上無草，非草死也。但草根中萌芽未茁耳。草至春日而復萌，亦猶心至寤時而後覺。若至沒後則心靈已遷，不復存在肉體，故永無知覺矣。此其區別也。

問持齋念佛三年，仍間有淫夢，且對方爲背理不應入夢之人，其病根何在。　答病根在多淫欲，縱少身業，意業必多也。

問某於民國十三年秋日，靜坐後，夢見前身是一比丘，法名舍守，又夢繞頭放淡黃色光高寬約二寸餘。此種夢幻究屬何因。　答苟非自己前生之影響。卽善神化現之所警覺。是祥夢也。

（四）感應之認識

問前人有誦經時得舍利者。亦有刻經時得舍利者。不知何故。　答經本諸佛法身舍利。其所得者乃精誠之極。卽所謂感應道交也。

問「舍利」譯「靈骨」。究生人身何所有無一定地位。肉身如不焚化。可否得知。呂元益刻龍舒淨土文木版刻出三顆舍利。（載初機淨業指南）何自而來。不明其義。乞示。　答舍利乃焚化後所得。在身安有一定地位。不可得知。佛菩薩舍利俱有靈異。往來不可思議。大概是精神專一。相互感應。刻板出舍利。其義如是。

問居士林有舍利室。其形式如何。　答舍利室者室內有舍塔利。塔內供佛舍利者也。室形四方，四壁裝大玻璃，形像重重，能現一塔爲多塔，不可思議。

問有謂舍利之大小顏色不一，乃隨緣之深淺而定，非人人能見者，有是理乎。　答舍利本爲極細之粒。居士林所供者是白色，至人各異見，亦或可能，本是靈骨，當然有靈異也。

問社友蓮居士信佛甚虔，一晚在本社禮佛，甫進佛堂，忽見爐中香烟繚繞，近觀之則香焰全無，僅餘涼灰。敝友大疑，詢之社中同志，有謂係自己心香者。未卜其中究竟如何。　答此係杜君意識中香塵影子，現此幻像，謂之心香，當無不可。

問去夏至寺，念佛虔禱，願一見亡妻，翌日早課，下殿，天尚未明，假寐牀上，乃亡妻竟至予室中，面目衣服，了了分明，豈佛有感歟。　答此乃一種念力所感。謂仗佛力亦可。

問某平生未皈依三寶。近年亦信佛。臨命終時。助念人（因其哲嗣數人為三皈弟子為念佛助生淨土）見有一人影遠遠入三聖接引像內。命終半點多鐘。有一陣異香。引磬內發現音樂二點。後額仍冒熱氣。以上諸端。是否生西瑞相。　答信佛。即是皈依。助念時本人當亦念佛。念佛往生現瑞宜也。

問北平拈花寺首座和尚省元。前清麇生出家。夙修淨業。二十一年十月二十六日圓寂。坐化之室。異香數日不散。予於和尚圓寂之第四日入其室。覘之室中空無一物。進門果異香撲鼻。顧其香氣與世間沉檀等諸香迥然不同。似乎一種香木之香。然畢竟不可言說。但亦無殊勝妙感。是予之障深罪重。福緣淺薄。故不獲殊勝妙感乎。　答如此異香不散．已是往生淨土之徵。無甚勝妙．殆爲日已久之故。

問持誦經．咒．功德無量．又云若見網捕生類者．持誦七佛名號．或往生咒揭諦咒等．可使網捕者不獲。但屢試不驗．雖由誠意少．惑業多所致．然則此項持誦功德目下不生效力．已落空亡．而持誦功德生於何處。

答此種都要論感應．感而不應者．有障故也。魚類業重．是彼有障．非汝無功也。又此功德雖不見應於此．終不空亡．仍可見應於彼．但我等自無道眼見不及耳。世間因果複雜．愼勿謂無功德也。

問求佛加護當用何法。　答勤修供養禮拜讚歎懺悔發願等法．以及誦經持咒念佛等法．自然得佛常加護念。

問見問答章無淨室念誦做回向．祇須閉目著想。僕亦蝸居不淨素來閉目著想在極樂處如見彌陀．描摹心切．竟身入其中矣。此是魔否。　答此亦是一種感應。非魔也。但當平易處之。經云。若作聖解。則受羣邪。

（五）　俗務之指導

問或問何謂大雄寶殿及臘八粥之由來。乞代答。　答佛稱大雄。出楞嚴經。經云大雄大力大慈悲。又佛將成道。出雪山。浴於尼連禪河。受乳糜之供。今食臘八粥。卽食乳糜之遺意。所以紀念成佛也。

問常人祀神祭祖。輒用香燭飯菜等。飯菜係布施。而用香燭燈等有違佛制否。　答燭以明幽。香以達信。并可以資鬼神之身。故用之亦不違佛制。

問僧尼掛單。朝山。如朝南海等地。是居士亦可掛單否。　答居士宜供養僧。沒有吃十一方之理。故無此辦法。

問建築廟宇及居士林等。密教頗有種種儀式。但不知在顯教方面亦有何種經典說其儀式者否。　答所云建築儀式．未知何指。是否爲如破土落成等典禮。顯教中此等儀式有否．須查律藏。小乘經中之無常經．弘一法師曾書寫流通．其序文有凡斬伐樹木及建築屋舍時．均須念誦此經之語．不但爲送亡而已。按佛門禮制均載律藏．現在通行之清規作自禪門之百丈．已變通古制矣。未知今律門所行者如何也。

問甯省寺廟破壞居多．居士民衆出資補修作念佛堂．住持無人．請居士暫住。居士夫婦住寺分居同居．何者相宜。　答應分居。因寺宇爲修梵行之地．暫管之人．宜身心清淨．免致汚僧伽藍之嫌。

問五九月十三日．因祭祀關帝．獻牲唱戲．祈保平安如何。　答關帝曾於智者大師處受五戒．不宜祭以血肉．應用蔬菜。餘不妨。

問敝鄉常地有人毀廟宇壞神像．未知有果報否。其神豈無靈感乎。　答當有果報。但時緣未至而未遭。或事相不顯而不覺。遂若無靈感耳。

問直接毀拆佛寺者。要何時方能受遭果報。或應得如何報。　答應墮地獄。但何時受報。要視有無福業維持而定遲速。速則現身卽報耳。

問佛教對於鬼神認爲異端不可信的。然則上海靈道研究會是鬼神的作用還是佛的佛用。　答鬼神在佛教中認爲六凡衆生之一。佛教中認佛爲至聖。如認鬼神爲聖者。乃目爲異端耳。如其鬼神亦信佛者。則此鬼神亦爲佛教徒。非異端矣。靈道會是自己心力之作用。間有爲鬼神所利用。不可認爲佛力作用。

問學佛者可否行醫。有謂行醫難免錯誤。刀筆殺人。有謂拯民疾苦。功同良相。大約醫而良則後說是也。醫而庸則前說是也。然錯誤二字則雖良者亦難云無。然則行醫之於因果究如何。　答醫術救人。須自量力。

苟能謹慎，容有錯誤，亦可原諒。至於因果乃定律性質，無可解免，不過有心造者亦有心得報，無心造者亦無心得報耳。

問庸醫殺人應坐何罪。　答庸醫殺人，屬於誤殺，雖無罪名，不免果報。誤殺人者，人亦誤殺之，因果必不爽也。但時間問題耳。

問余曾執行律師職務十年以上，民十六後服務軍政界，倏忽五載。近日家居擬重理舊業，辦案悉本天良，並須力戒虛妄。不知高明贊成否。

答律師本以法律保護民衆，亦處高尚導師之地位，世俗視爲貿易生涯誤矣。苟能一秉至公，不枉不欺，正是菩薩度人方便，何不可之有。但不可事與願違耳。

問曾見海潮音某期內刊載太虛法師鉅著，列有一表，認定國防軍警察律師等，均爲有爲法中應有之組織，是娑婆世界徒憑無爲法本不足以維治安老居士對於國家律師制度是否贊成、亦或抱有改善之見解否。　答律師如果辦得好、上以輔政治、下以導民俗、亦治平之基也。但新法律與舊道德似有衝突處、宜設法救濟、可建議立法機關耳。

問佛律既戒殺、若佛教徒爲法官軍官、依法殺人、亦種惡因否。　答如果但像機器無容心者、自可免罪、然或事前計劃、事後徘徊、含瞋熾盛、慈愍毫無、欲不受報、恐無是理。

問軍人身口意皆伏殺機、交鋒之時、殺人盈野、何以佛弟子可以治軍當兵。　答軍在示威以服敵、不在好殺也。至不得已而戰、當以爲民除暴爲前提。故於雄武之中、不失慈悲之念、惟此爲佛弟子所可爲。若夫黷武窮兵、則非佛徒所宜爲矣。

問有友託問伊所營業務係包席館、有殺生之咎、不營又無生活之方、有何法兩全。又常遭遇逆境，請指示改良法。　答無兩全法。難免逆境，不如改業爲妙。如爲相應起見，提倡素菜館，如功德林蔬食處之類。

問一切衆生皆過去父母，固不宜殺且食，然人類中婚娶大事，尙敢爲乎。　答此佛制之所以令人出家也。

問前問衆生皆父母婚娶尙敢爲乎，蒙示云此佛制所以令人出家也。然不能出家而又不能不婚娶之在家兩衆，有法可以補救婚娶不亂倫乎。　答有欲爲亂倫之本，人道作嫁娶之禮，卽所以節制其亂，毫無徹底辦法。維摩經云，「示有妻子，常修梵行，」差堪法爾。

問經云「生死根本淫欲第一」，邪淫爲非禮之行，固不論矣。伉儷間若盡絕之，世界不將無人類耶。　答六道衆生天道優於人道。如果人盡斷淫，則人盡生天。擴充天道範圍，豈非善事。子何愛於多苦少樂之人類、而憂其絶滅耶。　按世人每戀戀此百苦交煎之人道而不肯捨、即學佛人亦或不免、並佛典成住壞空之說而亦忘之、殊不可解也。

問凡有人在社會歷受煩惱激刺失望等、欲潛心剃度、又因上有慈親下有妻子、仰仗慰養、一時不克如願、應以何策應付之。　答語云、隨緣了宿債。

問晚年及五旬、而現時心理頗以長壽爲慮、覺處世無味、頗以度日爲難。高明何以教我。　答作塵勞事、自然嫌日長、作佛法事、常苦來日短矣。然不管日長日短、但努力佛法、前途時至、則即西歸耳。

問若因貧及失業等痛苦、可祈禳許願（許願爲放生施濟持戒）以求今世之福否。（信佛之人固不可求來世之福報然現世之痛苦不知能依仗佛力減輕或除掉否）　答應先行其願以俟福、不應空許其願以要求。來世福報非不可求．但不如出世之福大耳。

問營謀職位久久未遂．家居既困於食用．復爲婦孺哭擾．夜以繼日．難獲安時．未知是何業報以致於此．當作何懺悔．有何法可禳解之。　答此乃求不得苦．係慳貪不施之報。當廣結善緣種福田以懺悔之．但係前業所招．或非今業可挽．故須忍受如飴。婦孺亦須空令念佛行善．所謂安貧樂道．自然解除有日也。現在求業可以登報或托職業介紹所介紹．但須有一技之長．而性行馴良者．必無失業之憂也。

古農佛學答問卷七終

校閱佛學答問既竟歡喜讚歎而說頌曰

大范老居士　多聞稱第一　浩浩窮三藏
妙義遍能悉　隨問隨解答　無礙辯才出
文字獲三昧　橫說復豎說　爰契居士劉
發願爲結集　上座與大衆　體例如古昔
搜羅既廣博　編纂尤精勤　分門而別類
眉目燦然陳　以此希有事　遇此希有人
我今惟讚歎　舍此復何云

二十五年六月另一編者述於同一編校室

國家圖書館出版品預行編目資料

古農佛學答問 / 范古農著. -- 初版. -- 新北市：華夏出版有限公司, 2023.10

面；　公分. --（圓明書房；023）

ISBN 978-626-7296-40-0（平裝）

1.CST：佛教 2.CST：問題集 3.CST：佛教修持

220.22　　112006365

圓明書房 023

古農佛學答問

著　作　范古農
印　刷　百通科技股份有限公司
電話：02-86926066 傳真：02-86926016
出　版　華夏出版有限公司
220 新北市板橋區縣民大道 3 段 93 巷 30 弄 25 號 1 樓
電話：02-32343788　傳真：02-22234544
E-mail：pftwsdom@ms7.hinet.net
總 經 銷　貿騰發賣股份有限公司
新北市 235 中和區立德街 136 號 6 樓
電話：02-82275988　傳真：02-82275989
網址：www.namode.com
版　次　2023 年 10 月初版一刷
特　價　新臺幣 960 元（缺頁或破損的書，請寄回更換）

ISBN-13：978-626-7296-40-0